物理
课程理论与实践研究

WULI
KECHENG LILUN YU SHIJIAN YANJIU

李天华　陈雪星　编著

内 容 提 要

本书在教育心理学和现代课程理论的前提下，全面系统地介绍了物理课程理论与实践的相关内容，并以中学物理课程改革为背景，着重讲解了中学物理教学的理论和实践等问题，探讨了物理课程、教学的基本理论，并辅以实例加以介绍。

图书在版编目（CIP）数据

物理课程理论与实践研究 / 李天华，陈雪星编著. -- 北京 ： 中国水利水电出版社，2014.9（2022.10重印）
ISBN 978-7-5170-2411-8

Ⅰ. ①物… Ⅱ. ①李… ②陈… Ⅲ. ①中学物理课－教学研究 Ⅳ. ①G633.72

中国版本图书馆CIP数据核字(2014)第199694号

策划编辑：杨庆川　责任编辑：周益丹　封面设计：崔　蕾

书　　名	物理课程理论与实践研究
作　　者	李天华　陈雪星　编著
出版发行	中国水利水电出版社
	（北京市海淀区玉渊潭南路1号D座 100038）
	网址：www.waterpub.com.cn
	E-mail：mchannel@263.net（万水）
	sales@mwr.gov.cn
	电话：(010)68545888(营销中心)、82562819（万水）
经　　售	北京科水图书销售有限公司
	电话：(010)63202643、68545874
	全国各地新华书店和相关出版物销售网点
排　　版	北京鑫海胜蓝数码科技有限公司
印　　刷	三河市人民印务有限公司
规　　格	184mm×260mm　16开本　15.25印张　371千字
版　　次	2015年1月第1版　2022年10月第2次印刷
印　　数	3001-4001册
定　　价	52.00元

前　言

物理学是关于自然最基本形态的核心学科，其基本理论渗透于自然科学的各个领域，为自然科学、医学等提供了最基本的原理和实验技术，为经济发展、环境保护以及国家安全等提供了原创性动力。由于物理学的重要性，人们对物理教学的研究也越来越深入。

随着学科教学的发展，越来越多的人把教育学、心理学、教育技术学等理论融入学科教学法的研究中，对学科教学自身规律进行探索，并据此对教育学、心理学等揭示的一般规律进行补充和完善。本书重点以中学物理教学为例介绍了相关的理论与实践的内容。

物理课程理论与实践研究同时具有综合性和实践性特点。其综合性，是因为它要综合运用物理科学、教育科学、心理学、教育评价学、现代教育技术等学科的知识和能力，来研究中学物理课程与教学的理论与实践；说其实践性，是因为它要密切联系中学物理教学的实践，参加中学物理教学的实践，才能有效地研究中学物理课程与教学实践的问题。

本书具有以下特色：一是理念的阐述通俗易懂，深入浅出地介绍有关课程理念，使广大读者能轻松理解；二是对新课程理念以及各个教学要素进行了深入的探讨，为实践打下良好基础；三是结合物理案例，讲解相关理论。

全书共有十一章。前三章分别为绪论、物理课程基本理论以及物理课程资源。第四章至第十章针对物理教学实践进行了全方位的探讨，主要从教学过程、原则、方法、设计、评价以及研究等几个方面来全面解读物理教学的精髓，并着重介绍了物理实践活动教学与物理实验教学。第十一章针对物理教学对物理教师专业知识和技能发展的要求进行了阐述。

本书在编撰过程中，参考了大量资料，借鉴了多人的宝贵经验，在此向这些作者们表示敬意。鉴于作者经验、水平有限，我国的基础教育也在探索阶段，存在很多不确定因素，有些问题难以把握，书中难免有不妥之处，敬请同行及广大读者批评指正。

作　者

2014 年 5 月

目　　录

第一章　绪　论

第一节　物理课程的目标

物理课程的基本理念对物理课程与教学起着主导的作用。物理课程目标的取向、物理课程内容的确定、物理课程实施方式和评价方式的运用等都是在物理课程基本理念的指导下进行的。对物理学本质的认识是研制物理课程和进行物理教学的一个决定性因素。对物理学有怎么样的认识,就有怎么样的物理课程与物理教学。显然,对物理学本质的正确认识是物理课程和教学的一个重要指导思想。物理教学目的是在物理课程基本理念和对物理学本质认识的指导下并根据学生实际而制定出来的。物理教学目的既是物理教学过程的起点,也是整个物理教学过程的主导,又是物理教学过程的归宿。一个合格的物理教师必须学习物理课程的基本理念,理解物理学的本质,明确物理教学目的。

一、物理课程概述

物理课程区别于其他课程的特征是学科性,即物理课程必须反映物理学的本质特征。物理学是研究物质的基本结构、物质运动和相互作用的基本规律的一门基础科学。那么,什么是物理学的本质特征呢?

物理学科的发展经历了长期而曲折的过程,人们对物理学本质的认识也在不断发展变化。国际物理教育委员会在《物理教育研究与教师教育》一书中讨论的第一个专题就是物理学的本质。文章作者弗瑞奇(A. P. French)指出:“总的来说,科学的本质就是观察和探究我们周围的世界,试图从已知事物中确定某些潜在的秩序和模式。物理学主要研究无生命的世界,总是力图确认最基本的原理,并把诸多规律统一起来。”物理学是一门基础科学,与其他自然科学一样具有科学的本质特征,但在研究对象和目标上又有区别。物理学的本质特征可以看作由两方面组成:一方面是其过程性特征,即对自然界的观察和探究,体现了自然科学的共性;另一方面是研究对象和追求目标上的特征,以无生命的世界为主要研究领域,力图确认世界最基本的原理,追求内在的统一性。

物理学是在不断追求统一性的探究过程中发展的,在科学探究过程中寻求事物的本质特征及统一规律的思想方法是物理学的本质特征之一。

物理学的发展是人类与自然界直接对话的过程,表现为理论与实践持续不断的相互作用。随着实践技术和方法的不断进步,人类观察到的领域和范围不断扩大,在新的实验现象面前,物理学的概念和理论在不断修正。以实践为基础,并将实践作为检验理论正确与否的唯一标准也是物理学的本质特征。

物理学既是一门实验科学,又是一门具有严密的逻辑体系和数学表述的理论科学。物理学从它早期萌芽到近现代发展,都以它丰富的方法论和世界观等充满哲理的物理思想,影响着人们的思想、观点和方法,因此,它还是一门带有方法论性质的科学。物理学的知识和研究方法已广泛地应用于许多自然科学部门和生产、技术领域，已具有普遍方法论的意义。物理学的发展对于科学技术的发展和社会进步起着重要作用。总之，物理学的知识内容、过程与方法及其蕴涵的辩证唯物主义观点、科学态度和科学精神，物理学与学生生活、现代技术和社会发展的密切联系，对提高学生的科学素养具有十分重要的作用。

二、物理课程的基本理念

物理课程的基本理念是对物理课程性质、课程目标、课程结构、课程实施和课程评价等形成的一些基本的思想。它们是在梳理国内外物理课程与教学经验的基础上总结出来的、对物理课程具有决定意义的思想，也是物理课程实施根本的指导思想。

（一）提高全体学生的科学素养

世界各国发展的历史经验表明，公民的科学素养是社会进步和国家昌盛的关键因素。“在21世纪，无论社会还是个人要想成功地发展，全民及个人的科学素养至关重要。”提高公民的科学素养是世界科学教育改革的热点议题，提高全体学生的科学素养成为世界科学教育的核心理念。

物理课程属于科学领域的一门课程，其核心理念也是提高全体学生的科学素养。我国《全日制义务教育物理课程》指出，物理课程要让学生学习初步的物理知识与技能，经历基本的科学探究过程，受到科学态度和科学精神的熏陶；它是以提高全体学生的科学素质、促进学生的全面发展为主要目标的自然科学基础课程。《普通高中物理课程标准》也指出，高中物理课程是普通高中科学学习领域的一门基础课程，与九年义务教育物理或科学课程相衔接，旨在进一步提高全体高中学生的科学素养。在高中物理阶段，学生将继续学习基本的物理知识与技能；体验科学探究过程，了解科学研究方法；增强创新意识和实践能力，发展探索自然、理解自然的兴趣与热情；认识物理学对科技进步以及文化、经济和社会发展的影响；为终身发展，形成科学世界观和科学价值观打下基础。

（二）注重基础，关注差异

物理课程结构注重基础，关注差异，是当代物理课程的基本理念之一。它是在对物理课程与教学正反经验的总结、反思的基础上，在提高全体学生科学素养的总目标的要求下，对物理课程结构提出的必然要求。

物理课程的总目标是提高全体学生科学素养，在促进学生全面和个性化发展的基础上，为社会培养所需人才。为达到这一目标，物理课程要考虑社会需求人才的基本素质要求，又要考虑所需人才是多层次和多规格的，同时要尊重学生个性差异和满足学生发展的多样化需求。这就要求物理课程要有一个统一的共同基础，使全体学生在经过物理教育后达到一定的科学素养水准。这就要研究和编订具有统一基准的旨在提高学生科学素养的课程或课程模块。另一方面，物理课程又要有差异性，它要尊重和满足学生个性差异、学生发展需求的多样性以及社会所需人才多规格的要求。这就要设置多样化的可供选择的物理课程或课程模块，以适应不同地区和不同学生发展的需求。

物理课程注重基础，关注差异，也要求课程形态的多样化。物理课程要有国家课程，也要有地方课程，还要有校本课程。要有学科类课程，也要有经验类课程；要有分科课程，也要有综合课程；要有必修课程，也要有选修课程。此外，还有如物理课程注重基础，要把对学生发展最有价值的内容组织到课程中，要加强与学生生活、现代社会及科技发展的联系，反映当代科学技术发展的重要成果和新的科学思想，关注科学技术应用所带来的社会热点问题，注重培养学生的科学情感、态度与价值观及社会责任感。物理课程注重差异，一方面允许学生能够根据自身情况，独立地、自主地选择各具特色、风格各异的物理课程进行学习；另一方面，即使在必修课程的学习中，也允许学生对学习内容有一定的选择性，以满足和适合学生学习物理的差异性需求。

（三）重要的学习内容和学习方式

我国的科学课程标准和物理课程标准都把科学探究作为“内容标准”中的第一学习内容，并明确规定了各项“科学探究”内容标准。这突显了科学探究在科学教育中的重要地位。我国《义务教育科学课程标准》指出，发展学生的科学素养离不开科学的学习过程。科学的核心是探究，教育的重要目标是促进学生的发展，科学课程应当体现这两者的结合，突出科学探究的学习方式。科学课程应给学生提供充分的科学探究机会，让学生通过手脑并用的探究活动，体验探究过程的曲折和乐趣，学习科学方法，发展科学探究所需要的能力并增进对科学探究的理解。

探究教学不仅是物理课程教学重要的方式，科学探究也是重要的物理课程内容，学会科学探究和用探究学习物理也是物理课程的基本理念和精神。

（四）转变功能，促进发展

传统的物理课程评价过度运用评价的甄别与选拔的功能，忽略了其促进学生发展的作用；过于倚重学业成绩，尤其是学科知识，特别是书本知识，忽视了对科学过程与方法、科学情感态度与价值观的评价；过多强调评价的共性和统一性，忽略了学生个体差异和个性化发展的价值追求。可见改革物理课程评价并建立促进学生发展理念相一致的评价体系，是当代物理课程改革的重要任务。物理课程评价要转变评价功能，促进学生发展，也成为物理课程的基本理念之。

物理课程目标的实现，离不开正确思想指导的行之有效的物理课程评价体系。这样的课程评价体系，首先要体现以学生发展为本的核心价值，改变传统物理课程评价过分强调甄别与选拔的功能，发挥评价促进学生发展、教师提高和改进教学的功能。其次，应当全面地衡量学生的物理学习。要在物理知识与技能、科学过程与方法、科学态度情感与价值观等方面对学生进行全面的评价。评价要赞赏学生在科学素养方面的既有共同基础又有差异的发展，并了解学生在发展中的需求，发现和发展他们多方面的潜能。再次，评价主体应当多元化。物理课程评价主体应包括学校内部人员（校长、教师、学生等）和学校外部机构或人员（考试机构、教育团体、家长等）。特别要让学生参与到对自己的学习评价中来，让他们认识自我，建立自信，成为学习物理的成功者、积极参与者和自我反思者。教师要引导学生学会自我评价与评价他人，强调学生自我比较，淡化学生之间的相互比较，促进学生在已有水平上的充分发展。最后，评价要促进教师不断提高。物理课程评价倡导教师对自己教学行为的分析与反思，建立以教师自评为主，校长、教师、学生、家长共同参与的评价制度。物理教师要利用评价。多渠道地获得教学信息，反思教学得失，改进教学，不断提高自身的教师专业素养。

三、中学物理课程目标

物理课程目标是通过物理课程的实施来实现的，物理课程目标也是物理教师从事物理教学所要达到教学目的。教育部2001年颁布的《全日制义务教育物理课程标准（实验稿）》对初中物理课程目标作了明确的规定；2003年颁布的《普通高中物理课程标准（实验）》对高中物理课程目标作了明确的规定。它们都先阐述课程总目标，然后从"知识与技能""过程与方法""情感态度与价值观"三个方面阐明课程的分目标。

（一）初中物理课程目标

初中物理课程总目标是：

（1）保持对自然界的好奇，发展对科学的探索兴趣，在了解和认识自然的过程中有满足感及兴奋感；

（2）学习一定的物理基础知识，养成良好的思维习惯，在解决问题或作决定时能尝试运用科学原理和科学研究方法；

（3）经历基本的科学探究过程，具有初步的科学探究能力，乐于参与科学技术有关的社会活动，在实践中有依靠自己的科学素养提高工作效率的意识；

（4）具有创新意识，能独立思考，勇于有根据的怀疑，养成尊重事实、大胆想象的科学态度和科学精神；

（5）关心科学发展前沿，具有可持续发展的意识，树立正确的科学观，有振兴中华、将科学服务于人类的使命感与责任感。

（二）高中物理课程目标

高中物理课程总目标是：

（1）学习终身发展必备的物理基础知识和技能，了解这些知识与技能在生活、生产中的应用，关注科学技术的现状及发展趋势；

（2）学习科学探究方法，发展自主学习能力，养成良好的思维习惯，能运用物理知识和科学探究方法解决一些问题；

（3）保持好奇心与求知欲，发展科学探索兴趣，有坚持真理、勇于创新、实事求是的科学态度与科学精神，有振兴中华、将科学服务于人类的社会责任感；

（4）了解科学与技术、经济和社会的互动作用，认识人与自然、社会的关系，有可持续发展意识和全球观念。

以上是物理课程目标的总体阐述。要实现物理课程总目标，就要落实到"知识与技能""过程与方法""情况态度与价值观"三个维度的具体目标上。下面根据课程标准的分类和物理教育的研究成果，对物理课程目标作如下分析和论述。

1.学习终身发展必备的物理基础知识和技能

物理学是自然科学中的一门基础学科，研究实物和场等各种形态的物质的性质和相互作用，以及它们的运动规律，涉及的知识繁多。作为中学教学科目的物理课程，教学时间是有限的，如何确定学生终身发展必备的基础知识和技能，是选择课程内容时必须考虑的问题。

学生终身发展必备的物理基础知识和技能，具有基础性和必备性两个要求。它既是奠定物理学基础的最基本的知识和技能，也是学生今后进一步学习科学技术，参加生产劳动和有关实际工作所必备的基础。因此，应该把学生发展所需要的，在工农业生产和现代科学技术中应用最广泛的，物理学中最重要、最基本的主干知识，确定为中学物理的教学内容，在此基础上广泛地联系实际，扩大学生的知识面，再根据学生现有的基础、智力发展水平和潜力，确定教学内容的深度和具体要求。

根据上述精神确定下来的物理课程内容，无论是义务教育阶段还是高中阶段，无论是必修还是选学，在教学中都应分清主次。一般分为三类：重点知识、重要知识和一般常识。

(1)重点知识

这类知识在物理学体系中占有最重要的地位，是进一步学习或参加国家建设所必需的，而且是学生能够接受的那些重要的物理概念和规律。对于重点知识，要求学生掌握它们。所谓掌握，包括领会、巩固、运用三个环节。领会是对知识由不知到知，从浅知到深知的过程，是在原有认识的基础上建构知识的过程；巩固是防止遗忘、保持理解、强化记忆的过程；运用是利用知识解决有关实际问题的过程。评价学生是否掌握了某一概念或规律，主要看学生是否明确它是从哪些客观事物或现象中抽象、概括出来的，是否知道它的确切含义，是否能用它说明、解释一些有关的物理现象，以及分析和解决有关实际问题。

(2)重要知识

这类知识是为了掌握重点知识而必须学习的过渡性知识，也包括本应属于重点知识，但由于学生基础不足或接受能力的限制等原因而适当降低要求的知识。例如，义务教育阶段学习的力、重力、惯性、滑动摩擦、浮力、功、功率、温度、熔点、沸点、电流、电压、电阻等概念，阿基米德原理、物体沉浮条件、光的反射定律等规律；高中阶段学习的位移、向心加速度、振动和波动的有关概念，电容、电感、干涉、衍射、光电效应、玻尔模型、核能、质能关系等，都属于重要知识。

对于重要知识，要求学生知道它的确切含义，会运用它判断、分析和解决简单的问题。

(3)一般常识

这类知识是为了扩大学生视野的常识性知识，有些属于物理学的发展历程或应用，有些在物理学中也占有重要地位，也很有生命力，但由于学生基础不足，接受能力等限制而降低到只作初步介绍。如义务教育阶段学习的波的概念、流体的压强与流速的关系等内容；高中阶段学习的熵的概念、相对论时空观、微观世界中的量子化现象等。对于这类知识，一般不需要推理、论证，也不需要给出确切定义，而只要求学生对事物、现象有初步的印象，了解它的要点、大意，在有关问题中能够识别它们。

2.科学探究，自主发展学习能力，培养良好思维习惯

中学物理课程体现了科学探究过程和结果的统一。一般从以下三个层面来理解科学探究。第一是观念层面，科学探究体现着现代科学观。科学不是已经完成和固化了的知识体系，而是在探究过程中不断发展的。许多科学的结论目前看来是正确的，但可能会随着新证据的发现而修正，个体的认识也需要在探究过程中不断发展和改变。因此，学习物理的过程是一个不断转变对自然界的原有认识和观念的过程，是一个自觉实现观念自我更新的过程。第二是思想方法层面，科学探究是科学家群体在长期探索自然规律的过程中所形成的有效的认识和实践方式，其中最重要的是科学思维方式，即科学思想方法。当代科学教育理论认为，科学探究没有固定的模式，但有一些可辨别的要素，如提出科学问题，建立假设，收集证据，提出理论

或模型，评估与交流等。在物理课程标准中，根据这些要素对学生提出了理解科学探究和发展科学探究能力的要求。第三是操作技能层面，任何实验探究过程都需要某些思维和操作技能，如控制变量、使用仪器、记录和处理数据等，学生在经历科学探究过程中要学习和掌握这些技能。因此，学习物理的过程也就是学习科学探究方法的过程，也是培养学生科学探究能力的过程。

需要明确指出的是，在物理学习的过程中，学习知识和培养能力是不可分离的。

知识是培养能力的基础，只有在建构知识（含技能）的过程中才能发展能力，而能力又制约着建构知识的快慢、深浅、难易和巩固程度，能力的提高又为建构知识提供了有利条件。只要学生具备了自主学习能力，就可以主动地、自觉地去学习，在知识的海洋中得到自由。因此，必须寓能力培养于学习知识之中，而学习知识必须立足于培养能力。

思维，是人脑对客观世界的一种间接的、概括的、能动的反映，是将观察、实验所取得的感知材料进行加工，上升为理性认识的过程。物理学对学生的思维能力要求较高。学习物理，要使学生学会科学的思维方法，养成良好的思维习惯。思维过程，主要包括分析、综合、抽象和概括。

物理概念的建立和规律的得出，都是分析、综合、抽象、概括等思维过程的结果。

中学物理教学，应当在引导学生对事物、现象进行分析和综合的基础上，突出科学抽象、概括和科学推理的方法，培养学生科学的思维习惯。

（1）科学的抽象和概括。客观存在的事物、现象，由于处于多种条件下，且有多方面的特性，往往是错综复杂的。然而，在一定的现象中，并不是所有的条件、所有的性质都起着同等重要的作用。因此，为了便于研究，采取暂时舍弃个别的、非本质的因素，突出主要因素的处理方法，这叫做科学的理想化方法。这是根据大量的物理现象和实验事实，经过分析、综合等思维过程，对现实进行的一种高度抽象和概括。

（2）科学的推理。推理是根据一个或一些已知的事实或结论，得出另一个新的结论的思维形式。按照思维过程的不同，推理可分为归纳推理、演绎推理、类比推理。

3.运用物理知识和科学探究方法分析、解决问题

掌握知识和学习方法的目的，是运用它分析和解决有关的实际问题。结合物理学的特点，运用物理知识和科学探究方法解决问题要突出如下几个方面：

（1）了解物理现象，突出物理过程的分析。物理概念和规律，都是从一定的物理现象和物理过程中抽象概括出来的。因此，只有分析清楚研究对象所进行的物理过程的特点，才能选用它所遵循的规律，从而利用它们来解决问题。

（2）正确处理“变”与“不变”“曲”与“直”的矛盾。在物理教学以及解决实际问题时，常常遇到“变”与“不变”“曲”与“直”的矛盾。

（3）解决复杂问题的方法。对于一个复杂的运动过程，可以看作是几个简单运动的合运动。例如，平抛运动可以看作是一个水平匀速直线运动和一个竖直向下的自由落体运动的合运动；斜抛运动可以看作是一个水平匀速直线运动和一个峰直上抛（或下抛）运动的合运动等。

（4）用科学探究的方法探索未知事物。物理学的发展过程就是物理学家进行科学探究的过程，每一个新知识的得出，都蕴涵着科学探究的方法，教学中教师要注意挖掘和体现这些方法，引导学生学习用这些方法探索未知事物，解决新问题。

4. 发展学生探索科学的兴趣，培养学生的科学态度、情感和价值观

在物理教学中，可以通过创设物理情境，引导学生观察自然现象，探索其中蕴涵的物理规律，领略自然界的奇妙与和谐，发展对科学的好奇心与求知欲，体验探索自然规律的艰辛与喜悦。

通过让学生开展科学探究，进行物理实践活动，激发学生参与科技活动的热情，培养学生的合作精神和与他人交流的愿望，敢于坚持真理、勇于创新，实事求是的科学态度和科学精神。通过让学生收集资料，了解物理学的发展对经济、社会的贡献，引导学生关注科技发展现状，认识物理学与技术、社会发展之间的关系，了解技术进步带来的负面影响，使学生逐步形成热爱自然和保护环境的意识。

通过介绍科学家热爱祖国的事迹，介绍我国历史上的科学技术贡献，介绍我国现代化的科学技术成就，讲述祖国和家乡建设的发展前景，及其对青年一代的殷切期望，培养学生的民族自豪感，学好科学服务于人类的社会责任感，以及自强不息的精神，为振兴中华，为祖国和家乡的繁荣富强而努力的志向。

总之，作为一名物理教师，应当通过物理教学的各阶段和各环节，落实新课程提出的三维目标，全面提高每个学生的科学素养。

第二节 物理学本质及教育意义

一、物理学本质

物理学本质是指物理学本身所固有的、决定物理学性质、活动和发展的根本属性。物理学的性质有些是显性的，有些是隐性的。这些隐性的本质需要通过透过现象来加以认识。认识物理学本质对物理课程与教学是十分重要的。因为课程编订者会以自己对物理学本质的认识来进行物理课程的编订，课程实施者也会以自己对物理学本质的认识来实施物理课程。本节通过对科学本质的再认识，来认识物理学的本质，并揭示其内涵对物理课程与教学的重要意义。

从教育的视角，物理学本质可以从“物理学是知识体系”、“物理学是探究”、“物理学是价值观体系”三个方面来认识。

（一）物理学是知识体系

物理学知识主要由物理事实、物理概念、物理学规律、物理学理论等构成。把物理学本质理解为知识体系，要从它的“建构性”“实证性”“相对性”等方面加以认识。

1. 物理学知识是人们对物理事物的意义建构

人们在对物理事物探究的基础上，在一定的范围内和一定的条件下对物理事物的现象、过程等作出合乎逻辑的阐释而形成物理学知识。它在一定的范围内和一定的条件下是正确的，具有相对的确定性和稳定性。但这并不意味它是绝对客观的。因为物理学知识是基于人的“意义建构”，人们感知物理事物，并利用推测、想象、创造来达到物理事物的理性认识。正是由于这种“建构性”及其他一些因素，通过“意义建构”的物理学知识也包含一些错误的可能性；所认识到的物理学规律或所建构的理论也或多或少带有人的主观性。

2. 物理学知识需要观察或实验的论证

人们对物理事物的意义建构，要成为物理学知识，必须要经过观察实验或实践的检验。评判某个物理学知识是否科学，要看它依据的观察资料有多真实，它经受实验检验有多高的重复性。某个物理学理论可以经过许多次的观察或实验的论证被认为是正确的，但仍然难以排除其或然性。因为只要有一次观察或实验与之不符，这个理论就可能要修改甚至被推翻。观察实验和实践是检验物理学知识的唯一标准。

3. 物理学知识具有相对真理的性质

人们对物理学世界的认识是一个逐步深入的过程。由于人的想象、推断等主观因素，各种客观条件如仪器、技术条件的限制，使得物理学知识只能是在一定的范围内或一定的条件下对客观真理的一种逼近，具有相对的真理性。如牛顿三大运动定律在宏观和低速的条件下是经过无数次的实验和观察等客观证据的检验，被认为是与客观事实相符合的正确的知识。但在微观或高速的条件下，它就不再正确。也就是说，物理学知识不是绝对客观的真理，可能会有偏见或谬误，随着时代发展，它会不断地发展。

（二）物理学是探究

物理学本质上是一种探究活动。把物理学本质诠释为探究，至少要从“探究的普遍性”“探究的各要素”“创新知识的手段”等几方面加以认识。

1. 物理学是一种探究，是每个正常人都可参与的探究活动

探究是人类普遍存在的生活样式之一，学生对自己未知的物理学现象的解释，对未知的物理学问题的解决，虽然与物理学家对未知事物的探究有一定的区别，但其本质上也是一种探究，可以说物理学这种探究是每个正常人都可参与的探究活动。

2. 物理学探究需质疑、观察、提出问题、假说、设计、实验、推理、评价、交流等

我国物理课程标准指出，进行探究的方式是多种多样的。一般来说，其基本过程具有七个要素：提出问题；逆行猜想和假设；制订计划，设计实验；观察与实验，获取事实与证据；分析与论证；检验与评价；表达与交流。也就是说，在教学中，物理学探究活动由上述，七个要素组成。学生的物理学探究能力正是通过这些部分探究要素和完整要素的活动而形成和发展的。

3. 物理学探究是发现已有物理学知识的局限性甚至谬误、创新知识的必需手段

纵观物理学史，通过探究发现已有理论的缺陷并创生知识的例子比比皆是。如伽利略对亚里士多德关于物体运动与力关系理论的质疑和探究，得出物体运动与力关系的正确认识等。可以说物理学探究是知识创新的必需手段，没有探究，就没有物理学。

（三）物理学是价值观体系

科学价值观是指人们从事科学探究、科学应用等活动的基本价值取向、态度、精神等。它主要表明人们“相信什么样的精神追求”“坚持什么样的态度”来从事科学活动。物理学是一门重要的基础科学，它的价值观体系，主要从“怀疑”“求真”“求实”“创新”等基本的科学态度和科学精神去认识。

科学怀疑是物理学研究的起点。在物理学研究中，人们对已有学说的怀疑，发掘了新的问题，开拓了新的研究领域。可以说，没有科学怀疑，就没有问题；没有问题，也就没有科学的探究和发展。

科学求真是物理学研究的根本追求。物理学要认识物理事物的规律，并把这种认识转化为促进社会发展的生产力，这就要求物理理论的“真”：在一定的条件与范围内的客观真理，能经得起实验和实践的检验。因此，人们在正确认识物理事物的过程中要具备高度的求真的态度和精神。物理学正是通过这样的方式来寻求对物理界事物“真”的认识。

科学务实是物理学活动的基本态度。物理学研究要通过不畏困难和实事求是的探究活动，认识物理事物的本来面目，要防止诸如个人的偏见、宗教或社会因素、权威的观点等等的影响和干扰。要基于实证和科学推理，不崇拜任何权威，不轻信，不盲从，更不迷信无根据的学说。从问题的发掘、观察、计划、实验、资料的搜集、分析、推理到最终得出结论，都要严谨认真，在没有获得充分的证据之前绝不能随意作判断或下结论。要能够倾听、尊重、宽容他人的不同观点，能接受他人的正确观点，察觉并修正自己的观点。

并且以“怀疑”“求真”“务实”“创新”为基本特征的物理学探究活动中也有“真”“善”“美”的人文价值。如理性精神与求真意识，批判精神与怀疑意识，创新精神与创造意识，自由精神与独立意识，崇尚正义，公平精神与宽容意识，强烈的社会责任感，欣赏科学之美和科学造福人类之信念。物理学本身是具有人文价值的，而且物理学教育的人文价值是人文学科的人文价值所不可替代的。

二、物理学教育意义

物理课程与教学要从知识与技能、过程与方法、情感态度与价值观等三个方面的内容来构建。这是物理学本质所揭示的物理教育的基本内涵。

当今世界各国的科学教育积极倡导以科学探究的课程编订和实施方式。“提高科学探究的质量，关注科学探究学习目标的达成”也是我国物理课程实施的基本要求之一。由于在物理课程与教学中进行科学探究的学习活动，一方面可以培养学生的科学探究能力，这种探究能力是科学素养的一个重要成分；另一方面，物理学本质内涵指出，物理学不仅仅是系统的知识体系和价值观体系，也是一种探究。利用探究来学习物理学，是物理学本质的要求；同时通过探究能更好地学习物理学知识和探究方法，也能更有效地领悟物理学的价值观。

因此，物理课程与教学要让学生领悟和掌握科学探究的过程、方法及性质。

无论是在物理课程编订中还是在教学中，都要提供机会让学生观察现象和提出问题，对问题解决提出猜想和形成假设，制订研究的计划并进行实验设计，进行实验和收集信息和处理信息，对问题解决的数据和结果进行科学解释和评价、表达和交流等。要让学生体会到科学探究并不是高不可攀的，而是他们能够独立进行的一种活动，以激发他们积极主动地参与到物理探究学习中来。通常而言科学探究有质疑、观察、提出问题、假设、计划、设计、实验、推理、评价、交流等要素。在物理课程及其实施中，要根据学生的实际和教学的实际，让学生循序渐进地经历部分或全部科学探究的要素，并要求学生理解这些要素的意义、方法、过程，从而让学生掌握科学探究的方法，理解科学探究方法与过程的本质。

物理课程与教学要以一种“创新知识”形态来构建。所谓“创新知识”，是指学生通过相对独立的探究，获得自己先前未知的知识。要有意识地渗透一些利用“探究发现已有知识的局限和谬误并拓展新知识”的学习内容和活动。通过“创新知识”方式来编订课程和教学，有助于学生学习并掌握探究一般过程与方法，形成创新的意识、态度、情感和价值观。这种“创新知识”

课程与教学方式有利于学生领悟物理知识“建构性”、“相对真理性”、“发展性”的本质。

第三节　物理课程的编制与设置

一、课程的概述

课程是什么？学校教育中包含哪些课程？课程设计涉及哪些基本问题？如何进行课程设计？本节主要讨论对这些问题的思考和认识。

（一）课程含义

在学校教育中，课程原义是指“课业及进程”。但这种定义在现代课程文献中受到了广泛的批评。到目前为止，还没有一个被广泛接受的课程概念，可以说，课程是教育领域中含义最复杂、歧义最多的概念之一。这里只介绍有影响的三种含义：

(1)课程即教学科目。把课程等同于所教的科目。

(2)课程是学校为学生接受教育而设计和组织的一切活动的总称。

(3)课程是学习者在学校环境中所获得的全部经验。

课程的后两个定义都突破了只把各门学习科目当作课程的狭隘的课程观，大大扩展了课程的观念。实质上，这不只是课程定义或概念的问题，而是课程观的问题，是教育思想问题。不同的课程定义或课程概念，反映了不同的课程观、不同的教育思想。或者说，课程概念的发展，也反映了课程观的发展，反映了教育思想的发展。

（二）课程类型

1.显在课程和潜在课程

从学校课程对学生发展产生影响的方式上可分为显在课程和潜在课程。

显在课程（正式课程、官方课程）是为实现一定的教育目标而正式列入学校课程计划的各门学科及有目的、有计划、有组织的课外活动，按照编制的日课表实施。

潜在课程（隐蔽课程、非正式课程）：广义的学校课程的组成部分，主要特点是潜在性和非预期性。它不在课程计划中反映，不通过正式的教学进行，通常体现在学校和班级的情境之中，包括物质情境（如学校建筑、设备）、文化情境（如教室布置、校园文化、各种仪式活动）和人际情境（如师生关系、同学关系、校风、班风、教师态度等）。通过这些情境对学生的知识、情感、信念、意志、行为和价值观等方面起潜移默化的作用，促进或干扰教育目标的实现。

2.学科课程和经验课程

从课程内容所固有的属性上可分为学科课程和经验课程。

学科课程是以掌握人类积累下来的文化遗产为主要目的而设置的课程。

经验课程（experience curriculum）也称为活动课程（activity curriculum）。以使学生获得关于现实世界的直接经验和真切体验为主要目的而设置的课程。

3.必修课程和选修课程

从学校课程实施的要求上可分为必修课程和选修课程。

必修课程（regular curriculum）为全体学生打好共同的知识和能力基础而开设的课程。

选修课程（elective curriculum）为了适应学生的学习兴趣、个性特长及未来发展倾向而由学生自主选修的课程。

4.分科课程和综合课程

从课程内容的组织方式上可分为分科课程和综合课程。

分科课程(subject-separate curriculum)又称为单科课程,是以学科体系、结构和内容为中心组织的课程。

综合课程(integrated curriculum)将相关学科内容综合起来而组织的课程。

5.国家课程、地方课程和学校课程

这是从课程设计、开发、管理的角度进行的分类。

国家课程(national curriculum):体现国家的教育意志和要求的课程。

地方课程(local curriculum):体现和满足地方社会发展的现实需要而设计的课程。

学校课程(school-based curriculum):为展示学校的办学宗旨和特色而设计的课程。

6.理想课程、正式课程、领悟课程,运作课程和经验课程

从课程的定义上来说,不同的课程定义,有时是指在不同层次上起作用的课程。美国学者古德莱德对此作了较好的说明。在他看来,人们在谈论课程时,往往谈的不是同样意义上的课程。他认为存在五种不同的课程。

理想课程(ideal curriculum):即由一些研究机构、学术团体和课程专家提出的应该开设的课程。例如,现在有人提议在中学开设 STS(Science-Technology-Society)教育的课程,并从理论和实践的角度论证其必要性,就属于理想的课程。这种课程的影响取决于是否被官方所采纳。

正式课程(formal curriculum):即指有教育行政部门规定的课程计划、课程标准和教材,也就是列入学校教学过程中的课程。许多人理解的课程就是这类课程。

领悟课程(perceived curriculum):即指任课教师所领会的课程。由于不同教师对正式课程会有各种理解和解释方式,因此对课程实际上是什么或应该是什么的领会与正式的课程之间会有一定的差距,从而减弱正式课程的某些预期的影响。

运作课程(implemental curriculum):即指在课堂上实际实施的课程。观察和研究表明,教师领会的课程与他们实际实施的课程之间会有一定的差距,因此要根据学生的反应随时进行调整。

经验课程(experience curriculum):即指学生实际体验到的东西。因为每个学生对事物都有特定的理解,两个学生听同一门课,会产生不同的体验或学习经验。

二、课程方案

课程方案是指导学校教育和办学的重要文件,一般是由教育管理部门(国家、地方、学校)制订或审定的,它包括课程的培养目标、课程结构和设置、课时安排、课程实施和评价等说明。课程方案是保证实现教育目的和学校培养人才目标的蓝图,是编写课程标准和教材的主要依据,也是课程实施、评价和管理的基本准则。

(一)课程方案的种类

根据制订课程方案的主体不同,课程方案有指令性课程方案、指导性课程方案和自编课程方案三种。

1.指令性课程方案

指令性课程方案由国家教育管理部门组织制订和批准下达,各地方和学校必须执行。地方和学校少有权限或可资利用教育时空参与课程方案。

2.指导性课程方案

指导性课程方案是由教育管理部门拟定的供学校和教师参考的文件。在这种课程计划中,留给地方或学校决定课程的空间很大,各地方和学校可根据自身的具体情况制订出各自的课程方案。

3.自编课程方案

自编课程方案是指学校或教师根据实际情况自行编制出办学或课程文件。学校或教师可以根据办学宗旨、培养目标、教学对象、教育资源、教学时间等来编制有特色的课程方案。

(二)课程方案的内容

1.课程方案的性质

课程方案首先要阐明课程方案的性质,比如它是适用于初级中学的方案还是高级中学的方案,它是普通中学的方案还是职业中学的方案,它是以培养精英和面向特定群体的课程方案还是以提高素养和面向大众的课程方案,等等。然后根据课程方案的性质及各方面的实际,准确地阐明课程方案培养的目标。

2.课程设置原则

义务教育课程设置要考虑如下原则:

(1)均衡设置课程。要根据德、智、体、美等方面全面发展的要求,均衡设置课程,各门课程比例适当,并可按照地方、学校实际和学生的不同需求进行适度调整,保证学生和谐、全面发展。

(2)加强课程的综合性。注重学生经验,加强学科渗透。各门课程都应重视学科知识、社会生活和学生经验的整合,改变课程过于强调学科本位的现象。

(3)加强课程的选择性。国家通过设置供选择的分科或综合课程,提供各门课程课时的弹性比例和地方、学校自主开发或选用课程的空间,增强课程对地方、学校、学生的适应性,鼓励各地发挥创造性,办出有特色的学校。

课程方案要规定科目和模块设置的顺序。根据学制的年限、各门科目的内容难易程度、学生的年龄心理特征,确定科目设置的先后顺序。在安排科目的教学顺序时,除考虑根据学生身心发展水平和知识基础外,还必须考虑各门科目的体系和各门科目间的衔接和相互关联性,以保证教学循序渐进地、由浅入深地进行,使先开的科目为后开的科目打下基础。科目开设的顺序一般要符合由简到繁、由易到难、由具体到抽象等原则。同时开设的几门科目要注意知识的互相渗透、相互补充。

3.课程内容的选择原则

课程内容的选择原则如下:

(1)基础性原则。物理课程内容应该选择那些建立物理学科知识结构所需要的,并对学生的终身学习和终生发展有用的基本概念、基本规律、基本观念、基本方法和基本技能。

(2)过程性原则。物理课程内容应该包含物理概念的形成过程、规律的发现过程、模型的建立过程和知识的应用过程。

(3)普及性原则。物理课程内容应该选择那些贴近现实生活、与未来社会的发展有关的知识和技能。

(4)时代性原则。物理课程内容应该以学生可以接受的方式将现代物理知识、与物理有关的前沿科技知识和对世界产生重大影响的现代物理思想纳入课程内容。

(5)适应性原则。物理课程内容的选择要尽可能注意到学生的兴趣、需要和能力,并与之相适应。

(6)教育性原则。物理课程内容应该对培养学生情感态度与价值观具有较大的作用,有利于提高学生的生活质量,有利于学生进行科学探究。

(7)选择性原则。物理课程内容应该让不同兴趣、不同发展倾向的学生学习不同的内容。

(8)多样性原则。物理课程内容应该充分开发与利用音像资源、多媒体资源、网络资源、实验室资源和社会资源,使学生的活动内容和方式多样化。

至于具体科目的内容与要求由各科目的课程标准来规定。

4.课程方案内容的组织方式

为了使学生的各种学习有效地联系在一起,使学习产生累积的效应,还需要对选择出来的课程内容加以有效地组织,使其起到相互强化的作用。课程内容的组织顺序有以下六种方式。

(1)纵向组织和横向组织

纵向组织是指按照某些准则以先后顺序排列课程内容。人类学习的复杂性程度是不一样的,是由简单到复杂依次推进的。课程内容的组织要考虑:先让学生进行辨别,然后学习概念,在此基础上掌握规则和原理,最后把原理或规则用于问题解决。

横向组织则是在纵向组织的基础上,更多地关注物理学与其他学科的联系、与社会的联系、与学生生活的联系。在此,不能把课程内容的横向组织简单地理解成完全、彻底打破学科的界限和物理学科的知识体系,以社会问题和学生的需要组织课程内容;否则,将会导致课程内容的浅化、浮化和杂化。

(2)逻辑顺序与心理顺序

逻辑顺序,就是根据学科本身的系统和内在的联系来组织课程内容。而所谓心理顺序,就是根据学生心理发展的特点和他们的兴趣、需要、经验背景来组织课程内容。物理课程内容的组织应是逻辑顺序和学生心理顺序的统一。一门学科本身就是一个概念体系,因此课程内容应该考虑到学科本身的体系。另一方面,课程内容是为学生安排的,若不符合学生的认识特点,学生就难以接受,学习的内容价值再大也是无效的。布鲁纳认为,任何学科都可以用某种形式教给任何年龄阶段的任何人。就物理课程而言,他提出了两个问题需要我们研究:一是物理学科体系有多少种表征方式,每一种表征方式的内在结构是怎样的;二是不同年龄阶段学生物理认知发展的规律是什么。这两方面都还有许多具体的问题有待在物理课程实践中研究。

(3)直线式与螺旋式

在初、高中同时设置物理课程的情况下,课程内容的组织方式有直线式和螺旋式。直线式是初、高中课程内容前后不重复,直线上升;螺旋式是课程内容在不同阶段重复出现,但按难易程度从定性到定量逐渐扩大范围和加深程度。

物理学的内容丰富而复杂,它既有抽象的概念和定律,又要运用实验方法和数学工具,同时还有许多联系生产、社会生活实际的内容,因此,中学生一般对物理学的学习都感到比较困难。根据《基础教育课程改革纲要》，初中阶段设置分科与综合相结合的课程，高中以分科为主。课程内容的组织方式宜以螺旋式为主，部分内容采取直线式，这种课程内容的组织方式既较多地考虑了学生的认识特点和心理承受能力，也注意到了物理学科的特点。

5.课程方案实施与评价

课程实施与评价的说明是课程方案的组成部分，它阐明课程实施与评价过程中的教材、教师、学生、教学组织等因素的关系及处理准则，同时对课程实施方法、组织形式、其他注意事项做出指导性的建议或说明。

三、课程编制

课程的编制，也就是课程的组织与实施，它涉及课程目标、课程内容、课程实施和课程评价等，它是关键而又复杂的工作，决定了课程实施的成功与否。

（一）泰勒原理

泰勒(R. W. Tyler)在1949年出版的《课程与教学的基本原理》(Basic Principles of Curriculum and Instruction)被公认为是现代课程理论的奠基石，是现代课程理论领域最有影响的理论。他把课程理论归结为四个最基本的问题，如果要从事课程编制的话，就必须回答这四个问题：

(1)学校应该达到哪些教育目标？

(2)提供哪些教育经验才能实现这些目标？

(3)怎样才能有效地组织这些教育经验？

(4)我们怎样才能确定这些目标正在得到实现？同时，可以将泰勒课程编制过程简化为以下模式：确定教育目标、选择学习经验、组织学习经验和评价学习结果。

（二）课程目标

课程目标是指课程本身要实现的具体目标和意图。它是确定教学目标和教学方法的基础，是指导整个课程编制过程最为关键的准则。首先，课程目标具有整体性，各级各类的课程目标是相互关联的；同时，课程目标要有阶段性，它是一个多层次全方位的系统；课程目标还具有持续性，高年级的课程目标是低年级的延续和深化；课程目标具有层次性，可逐步分解为总目标和从属目标；再有，课程目标具有递进性，低年级课程目标是高年级的基础，低年级课程目标没有实现，就难以达到高年级的课程目标；最后，课程目标具有时间性，课程目标要随着时间的推移有所调整。课程目标通常有四个来源：学生的心理发展逻辑、学科的逻辑、教育目的和各级各类学校的具体培养目标、社会的需要，因此一般采用筛选法和参照法确定课程目标。

（三）课程内容

课程内容一般包括课程计划、课程标准和教材，各要素之间既相互独立又相互依赖。课程计划是对学生毕业前所要完成的所有学习任务的总体安排，如教育部规定的普通高中必修课与选修课等。课程标准是各学科教学内容的指导性文件，规定着学科知识范围、深度、结构教学进度和教学方法上的基本要求，发挥着教学工作“组织者”的作用，可以确保不同的教师有效地开展教学工作。教材则是根据课程标准编制的、系统反映学科内容的教学用书，教材是课程标准的具体化。

（四）课程实施

课程实施指把课程计划进行实践的过程，它是达到预期课程目标的基本途径。一般来说，课程设计得越合理，实施起来就会越顺利，教学效果也会越好。课程计划最终是通过教师的教学才可以得到实施的，因此教师不仅会影响课程设计的结果，而且会影响到课程实施的进程。因此，教师是影响课程实施的重要因素。

（五）课程评价

关于课程评价，主要有四类不同的定义：

(1)课程评价就是测量学生在学业方面实现预期行为目标的程度。

(2)课程评价是将学生的学业与某些标准进行比较。

(3)课程评价是选择和分析有关信息，确定课程决策的方案。

(4)课程评价是运用专业知识，判断课程实施的过程。

课程评价集中表现在两个方面，一是学生学业的评价，二是课程本身的评价，这两种评价都一样重要。教师通过评价学生的学业，可以了解学生的学习状况，掌握教学效果。在课程评价的过程中，教师可以通过形成性评价和终结性评价来了解教学效果，完善和提高教学质量。课程评价主要有两层意义：

①通过课程评价可以了解课程实施的效果和存在的问题，从而对课程进行有效改进。

②通过课程评价可以了解教师和学生的需要，从而促进学生和教师的发展。

四、课程设置

有关课程设置的概念，国内外学者有多种界定和解读。江山野认为："课程设置是指学校或其他机构安排的课程的整个范围和特征。课程设置是指包括必修课和选修课的显性课程。"张承先认为："课程设置指学校开设的教学科目。中国中小学主要由国家教育行政部门以文件（如'课程规划'或'教学计划'）规定。"廖哲勋、田慧生认为："课程设置是指学校选定的各类各种课程的设立和安排。课程设置主要规定课程类型、课程门类、学时分配及各科目、各活动项目在各学年的安排顺序，并简要规定各类各科课程的学习目标、学习内容和学习要求。"泰勒将其定义为"通过那些经过精心计划的活动而设计出的各种课程或教育活动的形式，并最终将其作为进行教育的方案提供给教育机构"。

综上所述，课程设置是指学校依据培养目标选定的各种课程的设立和安排，因此，课程设置包括课程内容和课程结构两个主要部分。

（一）课程内容

课程内容指根据不同国情制定的教育目标和承担的教育任务所安排的不同学科背景下的课程的科学知识。这些知识的安排应该符合知识论的规律，并能够反映所授学科的主要知识点、常用学习方法及与时俱进的前沿知识；同时，课程内容也要满足课程的知识点，符合课程设置目标，能使学生通过课程知识的学习与实践训练获得某一专业和学科所具备的知识与能力。

（二）课程结构

课程结构是指课程体系的构成要素以及构成要素之间的内在联系。确立课程结构是课程设计与开发的重要而复杂的环节。首先，需要审视课程目标，审视各类课程的价值并寻求课程目标与不同课程类型价值的对应性，从既定的课程目标出发，确定具有不同价值的课程类型或具体科目在学校课程体系中所具有的地位，并界定它们之间的权重关系。其次需要考虑其他因素对确立课程结构的影响或制约作用，如长期以来形成的社会文化、教育传统以及人们的经验和习惯等因素。

课程设置必须体现基础教育课程结构的三个基本特征，即均衡性、综合性和选择性。

(1)均衡性

课程结构的均衡性是指学校课程体系中的各种课程类型、具体科目和课程内容能够保持一种恰当的、合理的比重。课程结构的均衡性是依据全面发展的理论和素质教育的精神而提出来的。课程结构的均衡性的主要是从以下三个方面体现出来：

①在学习领域或学科与活动的规划、设计时，应充分体现全面、均衡的原则。

②在各学习领域或各学科对课时的安排应体现均衡性，而不是平均分配。

③在课程内容的选择要体现均衡性。

(2)综合性

课程结构的综合性是针对我国基础教育以前过分强调学科本位、科目过多和缺乏整合的现状而提出的，它体现在以下三个方面：

①加强学科的综合性。对于同一门学科来说，就是要注重联系学生的生活经验；对于不同的学科来说，要关注不同学科之间的联系，相互补充。

②设置综合课程。设置综合课程是课程结构综合性的集中体现，综合课程与分科课程在学校课程体系中所占的比重随着年级的升高而有所变化。

③设置综合实践活动。综合实践活动是一门高度综合的课程，事实上，综合实践活动是一门非学科领域，是基于生活实践领域的课程，它是基于学习者的直接经验、密切联系学生自身生活和社会生活，体现对知识的综合运用的实践课程，学生从自身经验中形成问题，从所学知识和经验中去获得解决问题的途径与方法。

(3)选择性

课程结构的选择性是指学校课程要有一定的灵活性，一方面要适应社会发展的需要，另一方面体现学校的办学宗旨和特色，以适应学生的个性发展。即程结构的选择性是针对地方、学校与学生的差异而提出的，它主要涉及国家各级地方教育主管部门、学校、学生如何选择与开发课程。

(三)我国普通高中课程设置

课程结构是课程设置的价值取向，是把课程目标转化为教育成果的连接纽带，也是课程得以顺利实施的依据。2001 年起教育部进行课程改革，新课程计划提出了“以全面提高素质为核心，以社会的需求、学科的体系、学生的发展为基点”的课程设置指导思想，建立了必修课程、选修课程和活动课程相结合的多元化课程体系。图 1-1 所示为我国普通高中现行课程结构。其中，语文、外语、政治、体育与健康、美术、音乐、艺术和综合实践活动为必修，其他课程则是在最初开课时学生必修，然后按照个人兴趣选修。

首先，在课程类型上，高中新课程由必修课和选修课组成，必修旨在保证所有高中生都达到共同要求，选修旨在达到共同要求的基础上，满足学生在不同学习领域、不同科目中加深和延展的学习内容。其次，在课程种类上，普通高中课程由学习领域、科目、模块三个层次构成。

每一领域由课程价值相近的科目组成，八个学习领域涵盖的科目包括语文、外语、数学、政治、历史、地理、物理、化学、生物、通用技术、信息技术、体育与健康、美术、音乐、艺术和综合实践活动。其中，技术、艺术是新增设科目，艺术与音乐、美术并行设置，供学校选择。有条件的学校可开设两种或多种外语。每一科目由若干模块组成，模块之间既相互独立，又反映学科内容的逻辑联系。每一模块都有明确的教育目标，围绕特定内容，整合学生经验和相关内容构成相对完整的学习单元，对教师教学行为和学生学习方式提出要求和建议。每个科目在必修的基础上设置了若干选修模块，供学生根据兴趣和未来发展需要选择。同一科目的模块是有层次的，保证学生学习的不断递进。同一层次的模块又是并列的，保证学生有比较大的选择空间。最后，在各科课时及开设比例上，政史地三科必修课时都趋于增加，以强化作为共同基础的社会类科目；物化生三科必修课时都趋于增加，以强化作为共同基础的理科科目，物化生在课时上趋于平等。艺术科课时有所增加，信息技术课时增加，国家开发的专业方向性选修课程课时比例空前强化。

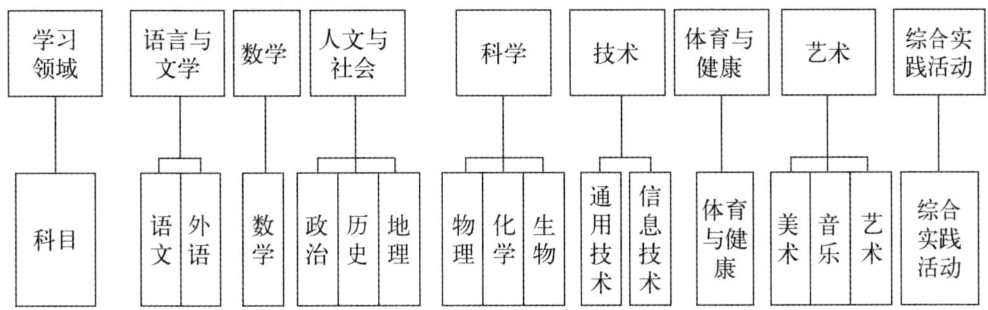

图 1-1 普通高中课程设置

第二章　物理课程基本理论

第一节　物理课程的地位

一、课程的本质

课程理论研究的主要问题是:课程行政主体问题、教育目标问题、课程编制问题、课程评价与课程质量保障体系问题,以及课程管理问题等。

正确认识课程的本质是十分重要的,因为它关系到课程目标、课程内容和课程编制等问题。课程的本质主要表现在以下几个方面。

1.课程是科技文化发展的结晶

课程的内容是人类科技文化知识和经验的结晶,它反映了人类科技文化发展的基本成果。科学技术已渗透到社会生活的各个方面,已成为促进经济乃至整个社会发展的强大动力,科技对课程的影响也越来越明显,它极大地影响着课程目标的制定、课程的编制、课程内容的选择和课程的组织。科学的学科门类是学校选择课程的基本依据,而学科知识总是从一定的知识体系中选择加工出来的。随着自然科学和社会科学的发展,大大地丰富了课程的内容;随着科学发展的分化、综合和科技革命所带来的新学科的不断出现,导致课程的不断产生和更新。随着科学的综合化向分化发展再向整体综合方向的发展,课程设置也出现了从综合到分化再到整合化的交叉与渗透。

2.课程体现了国家对未来人才的要求

学校是社会的一个细胞,与社会有着密切的关系。学校的一切活动都要有利于社会发展,要为社会发展服务。课程作为学校教育的构成要素,它同样必须反映社会各种需求。一定时期内社会上占支配地位的阶级,总是要通过课程来维护自己的利益,实施对下一代的培养和教育,以培养统治阶级的接班人。事实上,课程最能敏感地反映社会对教育的各种要求,尤其是反映代表统治阶级利益和要求的国家意志。课程的内容是由社会的政治、经济制度和办学宗旨等规定的,学校要根据国家需要来规定课程的内容。学校对课程目标的规定、对课程内容的选择与组织等,绝不仅仅是一个技术性的问题,而是阶级意志和各种社会权力相互作用的结果,受国家意志的制约,课程本身体现了国家对未来人才要求的意志。

3.课程反映了社会进步与否和国民素质高低

课程产生于社会发展变化的客观需要和人们受教育的客观要求,因此,课程的内容与形式无疑是社会发展进程的标志,从中可以看出社会和国民教育的发展水平,尤其是国民素质进步的水平。如,我国古代学校开设礼、乐、射、御、书、数等"六艺"科目,西方古希腊则开设文法、修辞学、逻辑学、算术、几何、天文、音乐等"七艺"科目。到了我国的封建社会,课程是反映封建伦理道德的儒家经典,西方中世纪则是以宗教教义为内容。而现代学校则开设语文、数学、外语、计算机等科目,这一方面体现了时代对人们要求的提高;另一方面也反映了对国民素质本身要求的提高。课程与一个国家的生产力和科学技术发展水平是一致的,也是与一国的国民素质相联系的，它是衡量一个国家教育水平、科学文化发展水平和国民素质高低的重要标志。

4.课程是学生在自我定位基础上的自主选择

课程不仅要反映社会的要求，更要适应每个学生身心发展的特点与水平。现代学校课程的实施过程绝不是学生单纯地、被动地接受知识与训练技能的过程，而是他们积极地自主参与活动的过程。

现代学校都开设了一定数量的选修课，在西方的一些国家，选修课的数量甚至可以使每个学生修习的课程各不相同，即每个学生都有一张不同于他人的课程表。选择这张课程表，而不选那张课程表，无疑是学生在对自己兴趣、爱好以及未来发展认定基础上的选择。

二、物理课程的地位

物理课程在自然科学中有着重要地位，其重要性主要表现在以下几个方面。

1.物理学是自然科学的基础

物理学是研究物质结构、物质相互作用和运动规律的自然科学。物理学研究的运动包括机械运动、分子热运动、电磁运动、原子和原子核的运动、天体运动等，统称为物理运动。

在自然界的多种运动形态中，物理运动是最基本、最普遍的运动。它普遍地存在于宇宙万物的各种物质的运动之中，在物理运动的基础上，形成了更复杂、更高级的运动，如化学运动、生命运动等。由于物理运动的基本性和普遍性，所以物理学所研究的规律具有极大的普遍性，物理知识是自然科学的基础。

例如，随着自然科学技术的发展，物理学与其他学科之间的相互渗透，形成了一系列边缘、交叉学科，诸如物理化学、生物物理、大气物理、海洋物理、地球物理、天体物理等。像天体物理所揭示的宇宙结构、演化与粒子物理之间的密切关系，天体结构、演化与原子核物理之间的密切关系，就十分明显地反映出这一相互渗透的过程。数学对物理学的发展起了重要作用，可是物理学尤其是现代物理学也有力地促进了现代数学的发展。现在物理学的一些基本概念、理论、实验手段与精密测试方法，已成为其他许多学科的重要组成部分，对于天文学、化学、生物学、地学、医学、农学可以说是无一例外的。

另外，物理学的一些概念，如场、熵等，甚至也为社会科学所引用。物理学还为哲学、为辩证唯物主义世界观提供了有力的证据。相对论时空观和物质波粒二象性、基本粒子的相互转化等，都是重要的例子。

显然，通过物理课程的学习，使学生掌握一定的物理知识，可为进一步学习其他科学技术、形成终生学习的能力打下必要的基础。

2.物理学是技术科学的支柱

简单回顾物理学的主要发展历程（三次突破），可以清楚地看到，物理学是技术科学的强大支柱，为技术科学的发展提供了坚实的理论基础和丰富的实践资料。

17、18 世纪，由于牛顿力学和热力学的建立，推动了蒸汽机、内燃机和机械工业的发展，引发了第一次工业革命，使社会生产方式由手工业进入了机械大工业，社会生产力得到空前提高。19 世纪，人们根据法拉第、麦克斯韦建立的经典电磁理论，成功制造了发电机、电动机，发明了无线电技术，产生了工业电气化，即第二次工业革命，使人类进入了电气化时代。

20 世纪以来，相对论和量子力学诞生，近代物理学的发展为技术进步不断开辟出新的方向，导致了一系列现代高新技术的产生。半导体技术、原子能技术、激光技术、计算机技术、信息技术、新材料技术、新能源技术、空间技术、分子工程技术……的产生与发展，都在不同程度上与现代物理学息息相关。例如，信息技术（一般作为通信、计算机和控制技术的统称），它所使用的材料中最重要的是半导体材料。而半导体材料的研究，首先是以半导体物理学为基础的。由此看出，高新技术离不开物理学的知识与发展。

科学家预言，如果物理学在基本粒子方面能取得第四次突破，技术领域将会取得更加辉煌的成果。

1999 年 3 月于美国亚特兰大市召开的第 23 届国际纯粹物理与应用物理联合会（IUPAP）代表大会通过的决议《物理学对社会的重要性》指出："物理学——研究物质、能量和它们的相互作用的学科——是一项国际事业，它对人类未来的进步起着关键的作用。对物理教育的支持和研究，在所有国家都是重要的，这是因为：

（1）物理学是一项激动人心的智力探险活动，它鼓舞着年轻人，并扩展着我们关于大自然知识的疆界。

（2）物理学发展着未来技术进步所需要的基本知识，而技术进步将持续驱动着世界经济发动机的运转。

（3）物理学有助于技术的基本建设，它为科学进步和发明的利用，提供所需要的训练有素的人才。

（4）物理学在培养化学家、工程师、计算机科学家，以及其他物理科学和生物医学科学工作者的教育中，是一个重要组成部分。

（5）物理学扩展和提高我们对其他学科的理解，诸如地球科学、农业科学、化学、生物学、环境科学以及天文学和宇宙学——这些学科对世界上所有民族都是至关重要的。

（6）物理学提供发展应用于医学的新设备和新技术所需的基本知识，如计算机层析术（CT）、核磁共振成像、正电子发射层析术、超声波成像和激光手术等，改善了我们的生活质量。

综上所述，可以说，物理学是教育体制和每个进步社会的一个重要组成部分。

可见物理学的学习不仅使学生了解物理学的基本概念、规律和基本方法，而且还能了解许多新成果、新技术的原理及对社会的影响，并且能促进科学技术的进一步发展。

3. 物理课程在中学教育中的重要作用

中学教育包括初级中学教育和高级中学教育。初级中学教育属义务教育，义务教育的任务是："为提高全民族素质，培养有理想、有道德、有文化、有纪律的社会主义建设人才奠定基础。"中学教育作为基础教育，其任务是提高全民族的素质。高级中学教育是与九年义务教育相衔接的高一层次的基础教育，普通高中要进一步提高学生的思想道德、文化科学、劳动技能和身体心理素质，发展学生的个性和特长，有侧重地对学生实施升学预备教育或就业预备教育，为高等学校输送合格新生，为社会各行业输送素质较高的劳动后备力量。

中学物理课程作为中学教育的重要课程，它的培养目标为"提高全体学生的科学素养"，这一目标是依据中学教育目标确定的。

综上所述，中学物理课程对于完成中学教育任务，特别是提高学生的科学素养有重要作用。

第二节　物理课程的内容

物理课程是指所有物理学科的总和及其进程，它包括物理学科的教学目的、教学内容、结构、深广度和进程。或者说物理课程是所要传授并要求学生掌握的各门物理学科的知识、技能技巧以及用以发展学生智力能力的媒体要素的总和。从这个意义上说，它是物理教学内容的整体。

一、经典物理学的基本内容

经典物理包括力学、热学、电磁学、声学和光学等学科。根据知识本质的内在关系，这些内容可归结为三部分，即经典力学、热力学和经典统计力学、经典电动力学。

经典力学研究宏观物体低速机械运动的现象和规律。宏观，是指相对于原子等微观粒子而言；低速是相对于光速而言。经典力学包括质点力学、刚体力学、分析力学、弹性力学、流体力学、声学等。其理论的基本部分还可分为运动学、静力学和动力学。经典力学的理论基础是牛顿机械运动三定律和能量转化与守恒定律等重要守恒规律。

热力学和经典统计力学研究物质热运动的规律和运动对物质宏观性质的影响。热力学是热运动的宏观理论，从能量守恒和转化的角度来研究热运动的规律，基本规律是热力学第一、第二、第三定律。经典统计力学是热运动的微观理论，它从宏观物质系统是由大量微观粒子所组成的事实出发，认为物质的宏观性质是大量微观粒子运动的平均效果，宏观物理量是微观量的统计平均值，用统计理论的方法研究物体的宏观性质。经典统计力学的基本原理是刘维定理(相密度守恒原理)。

经典电动力学研究电磁场的基本属性、运动规律和电磁场与带电物质之间的相互作用。物质的电结构是物质的基本组成方式，电磁场是物质世界的主要组成部分，电磁作用是物质的基本相互作用之一。经典电动力学包含了电磁学和波动光学的内容。法拉第关于光的振动面在强磁场中旋转现象的发现和麦克斯韦电磁理论关于电磁波传播速度等于光速的结论，证明光现象是一种电磁现象，光波是波长在一定范围内的电磁波。这样，波动光学就自然统一到经典电动力学理论之中。而几何光学可以看成是波动光学的极限情况，故光学可作为经典电动力学的内容。经典电动力学的基本理论是麦克斯韦电磁场方程组。

二、近代物理学的基本内容

所谓近代物理一般是指 20 世纪初期开始发展起来的、研究高速(接近或等于光速)微观领域物理现象的物理学科，其研究范围已经扩展到从基本粒子到宇宙天体的各个领域，并形成了许多分支学科和边缘学科。近代物理的理论支柱是相对论和量子力学。

爱因斯坦的相对论是一种区别于牛顿的绝对时间和绝对空间的时空理论。在相对论中，局限于惯性参考系中的部分称狭义相对论，推广到一般参考系和包括引力场在内的部分称广义相对论。由狭义相对论，可以推出“运动棒缩短”“运动时钟变慢”“同时是相对的”等一系列不同于传统时空观的结论；由广义相对论可以得出光线、空间、时间弯曲现象，万有引力效应是空间、时间弯曲的表现等结论。

量子力学是研究微观粒子基本运动规律的理论，其基本方程是把描写物质粒子性的物理量与描写物质波动性的物理量联系在一起的薛定谔波动方程。量子力学的终极目的是要揭示出支配基本粒子行为的规律。

将相对论和量子力学应用于物理的不同研究领域，便产生了众多的近代物理学科，如原子物理、原子核物理、粒子物理、量子光学、量子统计物理、等离子体物理、天体物理、生物物理、化学物理、凝聚态物理等。凝聚态物理研究凝聚态（固态与液态）物质的微观结构、物理性质及其内部运动规律，是由固体物理发展起来的近代物理学中最庞大的一个分支，包括固体物理学、晶体学、金属物理学、半导体物理学、超导体物质、表面物理、非晶体物理等。

值得注意的是，物理知识的分类并没有严格的标准界线。根据物质的内在属性，物理知识还可简单分为物质、运动和相互作用、能量三部分。

三、中学物理课程内容的选择

由课程的性质不难看出，课程内容的选择决定于社会需求、学科性质和学生身心发展特点。据此选择中学物理课程内容的一般原则和基本要求如下。

1. 符合学生的年龄特点和智力发展水平

中学生正处于身心发育阶段，好奇心强，求知欲旺盛，兴趣广泛而多变，容易接受新鲜事物，思维正由形象思维过渡到抽象思维。考虑到这些特点，中学物理的内容应贴近学生生活，浅显易懂，富有情趣；重视观察实验，以感性知识为主，理性知识为辅，不过度追求知识的科学性和严密性。

2. 保证与物理课程标准的统一

要与物理课程标准的课程目标、内容标准的范围和水平相一致。物理课程标准是新一轮基础教育物理课程改革的重要成果之一，集中体现了教学理念的变化、培养目标的调整、教学模式的转变、课程内容的更新等一系列物理教学改革的理论和措施问题，是国家对基础教育阶段的学生在知识、能力、态度等方面的基本要求，是社会需求的体现。因此，课程内容的选择应符合课程标准的要求，体现科学素质教育的功能，反映社会、政治、经济、科技的发展要求，为全面落实课程目标服务。

3. 注重最基本的概念和规律，精选终身学习必备的知识和技能

成熟的物理知识浩如烟海，新物理知识日新月异，当今时代可谓是知识爆炸的时代。学生不可能也没必要学会所有物理知识，教师也不可能预见学生今后可能遇到的一切问题。因此，内容的选择应着眼于学生的终身学习，适应学生发展的不同需要，选择物理知识的精华内容，即最基本和最基础的概念、规律、实验、科学方法等，为学生的终身学习和发展提供必要的基础知识、基本技能，促进学生形成良好的情感态度与价值观。

4. 加强 STS 教育

探究科学、技术与社会之间的关系（简称 STS 教育），强调科学技术的社会意义是当前科学教育的一个热点、重点问题。物理知识在学生的日常生活和科学技术、社会生活中有着广泛的应用，物理学对科技进步和社会发展起到了积极的推动作用，但也带来了负面影响，如大气污染、地球变暖、能源危机等。将 STS 教育渗透到物理课程中，可树立学生正确的科学观，培养学生热爱科学、关心社会的意识。同时，由于 STS 教育的多样性、开放性、综合性与参与性

等特点，不仅充实了物理课程的内容，优化了物理课程结构，还有利于学生进行科学探究，促进学生个性和特长的发展。

5.关注最新科技发展

介绍最新的物理学知识及其相关技术，能反映物理学的新发展、新成就，具有时代气息。新知识新技术，代表着科技发展的水平与动向。介绍这些内容，如超导理论、激光技术、核能的开发利用、信息技术、磁浮列车、纳米材料等，可使学生了解物理学的新进展及社会发展对物理学提出的要求和挑战，跟上科技发展的步伐，扩大学生的知识面，激发学生热爱科学的兴趣和探索科学的热情。

6.有机融合其他学科

客观世界本身就是多样统一的综合体，自然界不同物质形态之间、不同运动形式之间呈现出既多样又统一的面貌，它们之间通过物质、能量、信息的交换而发生相互作用，并且互相交织、渗透，从而不断地运动变化着。因此，对自然界的认识就要求我们既要从综合的角度去探索，又要从分析的角度去剖析。若仅用单一的分科知识去分析，往往会以偏概全，不能全面地认识事物的本质。科学教育从其学科内容上来说，应该有分有合，分有利于学生深入地掌握知识，合则有利于学生提高综合解决问题的能力，二者应兼顾。

物理课程内容的设置，要淡化不同学科之间的人为界限，要注重它们之间的融通和有机联系，要注重用跨学科的统一的科学概念去融合与连接物理学、化学、生命科学、地球、宇宙与空间科学等多门学科的基本概念、原理和方法，帮助学生从各学科相互渗透和影响、科学综合知识网络和科学方法的角度去认识自然界普遍联系、相互作用的现象与规律，认识不同运动形式中的特殊现象与规律，理解和把握各单科知识点与综合知识网的关系，进而逐步建立起正确的、比较完整的科学知识体系。自20世纪60年代以来，许多国家特别是发达国家正在从事综合科学课程的理论研究和教学实践，尤其在初中阶段综合科学课程发展最快，取得了许多经验和成果。

第三节　物理课程的标准

2001年7月，教育部颁布了《全日制义务教育物理课程标准》；2003年4月，教育部又颁布了《普通高中物理课程标准》(以下将这两个课程标准合并简称为《课程标准》)。物理课程标准的出台和实施，标志着我国新一轮基础物理课程改革全面展开，同时也对我国物理教育的发展与物理教师的教学产生了直接的影响。

这里简单介绍一下中学物理教材的结构。所谓结构是指多种事物之间关系的组合。教材结构主要是指教材知识间的逻辑结构。简单讲，也就是知识间的依存关系、主从地位或知识的展开和扩展规律等。教材的知识结构可以按知识范围的大小分为主结构、亚结构和微结构。主结构是由自成体系或相对独立的“知识群”(如力学内容、热学内容等大范围的知识体系)在教材中的排列顺序构成的。“知识群”的不同排列就构成了不同风格的教材体系。教材中不同的知识板块(范围相对较小的“知识群”，如“章”内容)的排列构成亚结构，不同知识点(如节内容或节以下的具体知识)的排列构成微结构。

教材的知识结构可用结构图表示。图2-1是义务教育课程标准物理教材的知识结构图。

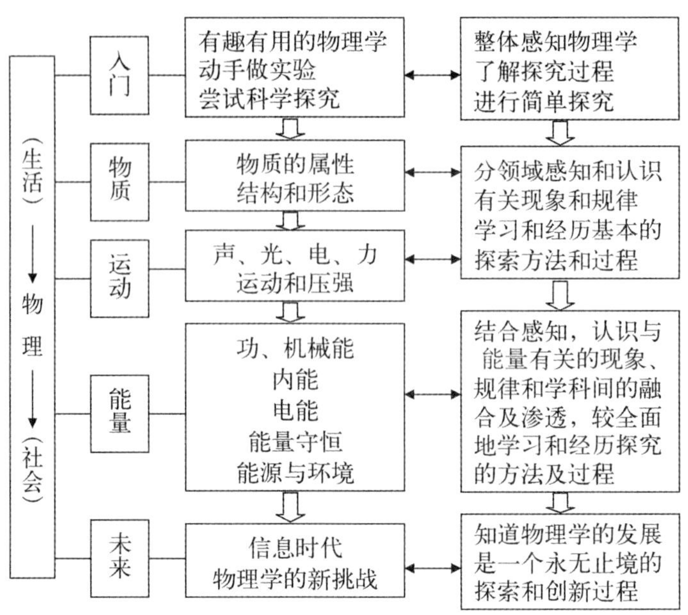

图 2-1　课程标准物理教材的知识结构图

一、课程标准概述

1. 课程标准的含义和作用

国家课程标准是由教育部颁布的带有指令性的、重要的国家课程文件，是国家对基础教育课程的基本规范和要求。《基础教育课程改革纲要(试行)》明确指出：课程标准是教材编写、教学、评估和考试命题的依据，是国家管理和评价课程的基础。

国家课程标准体现了国家对不同阶段的学生在知识与技能、过程与方法、情感态度与价值观等方面的基本要求，规定了各门课程的性质、目标、内容框架，提出了课程实施的建议。物理课程标准则是具体规定了中学物理课程的性质、目标和内容标准，并提出了课程教学、课程评价和教材编写等方面的建议。它是我国基础教育阶段物理课程的基本规范和质量要求，是物理教材编写、物理教师教学以及物理教学评价的依据和准绳。因此，每个物理教师要理解它的严肃性和规范性。

2. 课程标准的性质

课程标准究竟指什么？我们这里不想给课程标准下一个严格的定义，但是下面几点对于理解课程标准的性质是有帮助的：

(1)课程标准主要是对学生在经过某一学段的学习之后学习结果的行为描述，而不是对教学内容的具体规定(如教学大纲、教科书)。

(2)它是国家制定的某一学段的共同的、统一的基本要求，而不是最高要求。

(3)学生学习结果行为的描述应该尽可能是可理解的、可达到的、可评价的，而不是模糊不清的、可望而不可即的。

(4)它隐含着教师不是教科书的执行者，而是教学方案(课程)的开发者，即教师“用教科书教，而不是教教科书"。

(5)课程标准的范围应该涉及作为一个完整个体发展的三个领域，即认知、情感、技能，而不仅仅是知识方面的要求。

3. 课程标准与教学大纲的区别

课程标准替代了教学大纲，不仅仅是称谓的变更，更深层的是教育理念的更替和教育视角的切换。

从形式上看两者有差异，课程标准由前言、课程目标、内容标准、实施建议和附录五个大条目组成；教学大纲由教学目的、教学内容及要求、教学建议、教学中应注意的问题、课时安排、考核与评价六个大条目组成。

从本质上看，课程标准在课程目标、课程基本理念、课程实施建议等几部分都与以往的教学大纲有较大的区别。第一，课程标准从学生发展的角度出发，对课程的性质、课程的基本理念作了详尽的阐述；而大纲从教学的角度出发，仅涉及课程性质，但没有涉及课程基本理念。第二，课程标准阐明了提高学生素养的课程目标，在目标的陈述上，包括了知识与技能、过程与方法以及情感与价值观三个方面，体现了对全体学生发展的共同的最基本要求；而教学大纲阐述的教学目的是倚重知识与技能的较高要求。第三，"课程标准"主要是对学生学习结果的描述，而不是对教学内容的硬性规定，不再包括教学重点、难点、课时分配等，也不对教学的手段与过程、知识的先后顺序作硬性规定，因而具有较大的弹性；而教学大纲规定了教材、教学和评价的最高要求，无论是教材、教学还是评价都不能突破这一上限，可见教学大纲对教材编写、教师教学和学业评价的影响是直接的、严格控制的、硬性的。第四，教学大纲重视知识的传承，忽视知识得出的过程和方法，较少提及科学探究；而课程标准不仅强调知识的学习，特别强调学习的过程，把"过程和方法"、"情感态度和价值观"作为课程目标之一，强调科学探究在物理课程中的作用，将学习重心从知识的传承与积累向知识的探究与创新过程转化。第五，课程标准的实施建议部分包括教学建议、评价建议、教科书编写建议、课程资源开发和利用建议、学生学习评价建议等，同时还提供了典型案例，内容翔实有实际的指导作用；教学大纲的教学建议部分只是强调了教学应注意的问题。

二、物理课程标准的构成

物理课程标准一般由前言、课程目标、内容标准、实施建议、附录等几个部分构成。这里仅对前言、课程目标、内容标准、实施建议相关内容进行介绍。

1. 前言

"前言"是对中学物理的课程性质、课程基本理念和课程标准设计思路的较为详细而有原则性的说明。"前言"根据物理学的性质和义务教育阶段物理教育的目的，首先给出了物理学的课程性质"是以提高全体学生的科学素质、促进学生的全面发展为主要目标的自然科学基础课程"。并由此指出了义务教育阶段物理课程的作用价值(5 条)。接着，根据义务教育物理教学的培养目标和课程性质，提出 5 条物理课程改革的基本理念。课程理念是实现物理课程培养目标的保证，物理课程培养目标是课程理念产生的基础。最后，"前言"以图表的形式给出了中学物理课程标准设计的思路，即物理课程标准设计框图(图 2-2)。该"框图"清晰地展示了课程标准主要内容间的关系(即标准设计的指导思想)和"内容标准"(教学内容)的框架。

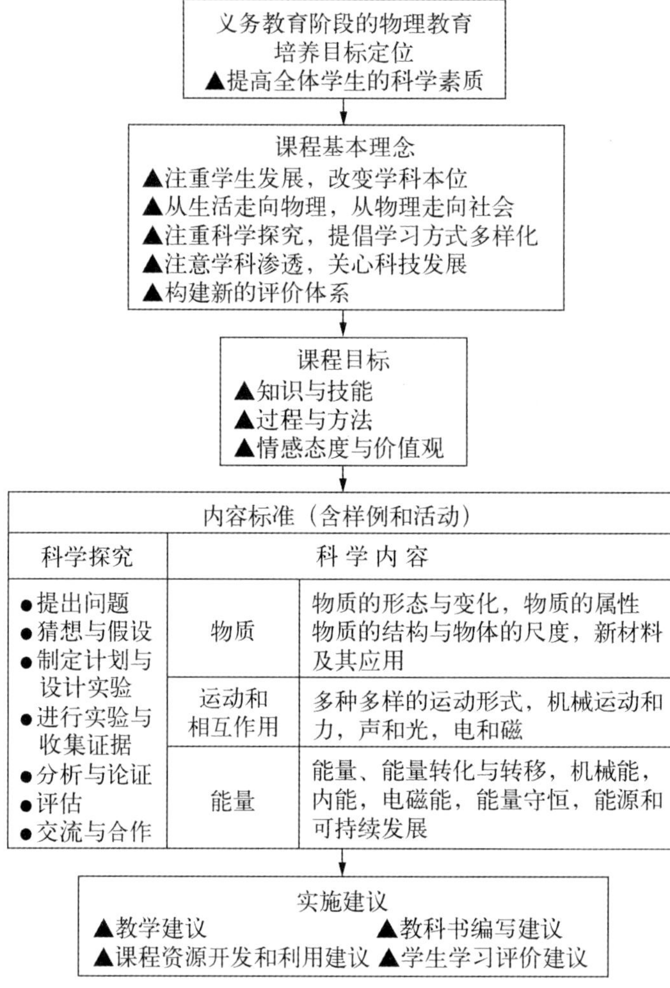

图 2-2　物理课程标准设计框图

2. 课程目标

物理课程目标就是物理教学应达到的基本目的，相当于现行教学大纲中的教学目的。

这部分的主要内容是，首先介绍课程的总目标(5 条)，这 5 条总目标实际上是“前言”确定的义务教育阶段物理教育培养目标的分解和具体化。然后，根据科学素质的主要要素(科学知识与技能、科学方法、科学观、科学品质)，将这 5 条总目标进行分解、细化、归类，由此制定了物理课程三维培养目标(见图 2-2)和三维目标的基本内容和教学要求。再将三维目标进一步具体化和细化，就是标准的“内容标准”。

3. 内容标准

内容标准部分从科学探究和科学内容两方面来阐述。课程标准将科学探究列入内容标准的目的是将学习的重心从过分强调知识的传承和积累向知识的探究转化，从学生被动接受知识向主动获取知识转化，从而培养学生的科学探究能力、实事求是的科学态度和敢于创新的探索精神。学生在科学探究活动中，通过经历与科学工作者进行科学探究时的相似过程，学习物理知识与技能，体验科学探究的乐趣，学习科学家的科学探究方法，领悟科学思想和精神。

科学探究过程包括七个要素：提出问题、猜想与假设、制定计划和设计实验、进行实验与收集证据、分析与论证、评估、交流与合作。

“内容标准”对学习内容应达到的基本要求，是按“结果性目标”和“体验性目标”分类描述的。对“结果性目标”的描述，主要适用于对“知识与技能”的要求：对“知识”的要求，分“了解”“认识”“理解”三个层次；对“技能”用“独立操作”一个层次加以要求：对“体验性目标”的描述，主要适用于对“过程与方法”“情感态度与价值观”的要求，要求分“经历”“反应”“领悟”三个层次。但无论何种要求，标准都尽可能用便于理解、便于操作和评价的行为动词加以描述，详见表 2-1。

表 2-1　《标准》中部分行为动词界定

<table>
<tr><th colspan="2">类型</th><th>水平</th><th>各水平的含义</th><th>所用的行为动词</th></tr>
<tr><td rowspan="4">知识技能目标动词</td><td rowspan="3">知识</td><td>了解</td><td>再认或回忆知识：识别、辨认事实或证据；举出例子；描述对象的基本特征</td><td>了解、知道、描述、说出</td></tr>
<tr><td>认识</td><td>位于“了解”与“理解之间”</td><td>认识</td></tr>
<tr><td>理解</td><td>把握内在逻辑关系；与已有知识建立联系，进行解释、推断、区分、扩展；提供证据；收集、整理信息等</td><td>区别、说明、解释、估计、理解、分类、计算</td></tr>
<tr><td>技能</td><td>独立操作</td><td>独立完成操作；进行调整或改进：尝试与已有技能建立联系等</td><td>测量、会、学会</td></tr>
<tr><td colspan="2" rowspan="3">体验性要求的目标动词</td><td>经历</td><td>从事相关活动，建立感性认识等</td><td>观察、经历、体验、感知、学习、调查、探究</td></tr>
<tr><td>反应</td><td>在经历基础上表达感受、态度和价值判断：做出相应反应等</td><td>关心、关注、乐于、敢于、勇于、善于</td></tr>
<tr><td>领悟</td><td>具有稳定态度、一致行为和个性化的价值观念等</td><td>形成、养成、具有</td></tr>
</table>

注：《标准》中有的行为动词前加“初步”“大致”“简单”等词，其对应的水平比原行为动词的水平低。

此表为物理课程标准的附录，相当于现行教学大纲的“四、对教学要求的说明”中对“知道”“理解”“掌握”含义的界定。

4.实施建议部分

考虑到课程实施的各个环节，课程标准提供了教与学的建议、教材编写建议、评价建议、课程资源开发与利用建议等。

各项建议力图体现本次课程改革的基本理念，为改善教学行为、变革学习方式、提高教材编写质量、体现评价的发展功能提供指导。

此外，课程标准中的“内容标准”和“实施建议”均提供了典型案例，便于使用者（教师、教材编写人员、教育管理者等）准确理解课程标准、切实感受课程标准的理念及其设计思想，为具体实施课程标准提供可资借鉴的案例，从而尽可能减少课程标准在实施过程中的落差。

三、物理课程标准的内容

1. 义务教育物理课程标准的内容

(1) 义务教育物理课程标准设计

我们以义务教育物理课程标准设计框图，如图 2-2 所示，说明义务教育物理课程标准的基本内容。

《全日制义务教育物理课程标准（实验稿）》（以下简称《初中标准》）将义务教育阶段的物理课程培养目标定位为：提高全体学生的科学素养。由此，提出了义务教育阶段物理课程的基本理念和课程目标。内容标准由科学探究和科学内容组成。科学探究包含提出问题、猜想与假设、制定计划与设计实验、进行实验与收集证据、分析与论证、评估、交流与合作等要素。科学内容含有三个主题，即物质、运动和相互作用、能量。在课程实施建议部分，分别为教师、教材编写者、教育管理人员提供了教学建议、教科书编写建议、课程资源开发和利用建议以及学生学习评价建议。

(2) 义务教育物理课程标准的几点说明

①义务教育阶段的物理课程以提高全体学生的科学素养为目的，因此《初中标准》规定了面向全体学生的基本学习要求。

②《初中标准》不仅对“知识与技能”提出了基本要求，而且对“过程与方法”“情感态度与价值观”均提出了相应要求。

③《初中标准》特别将科学探究纳入内容标准，旨在加强对学生科学素养的培养。学生不仅应学习物理知识和技能，还应经历一些科学探究过程，学习科学方法，了解“科学·技术·社会”(STS)，逐步树立科学的世界观。科学探究应渗透在教材和教学过程的各个部分。

④为了进一步将课程基本理念和课程目标渗透到内容标准中，帮助教师更好地理解内容标准，《初中标准》特别在内容标准中增设了样例和活动建议，它们不是一必学内容，仅供教师参考。

⑤《初中标准》为义务教育阶段的物理教材编写留有自主空间，也为课程的具体实施留有回旋余地。

2. 普通高中物理课程标准的内容

(1) 普通高中物理课程标准设计

我们以普通高中物理课程标准设计框图，如图 2-3 所示理课程标准的基本内容。

《普通高中物理课程标准（实验）》（以下简称《高中标准》）将高中阶段的物理课程培养目标定位为：进一步提高全体学生的科学素养，满足全体学生的终身发展需求。由此，提出了高中阶段物理课程的基本理念和课程目标。内容标准由科学探究和科学内容组成。科学探究包含提出问题、猜想与假设、制定计划与设计实验、进行实验与收集证据、分析与论证、评估、交流与合作等要素。科学内容包含 4 个系列共 12 个课程模块：一个必修系列共 2 个必修模块和 3 个选修系列共 10 个选修模块，如图 2-4 所示。在课程实施建议部分，分别为教师、教材编写者、教育管理人员提供了教学建议、教科书编写建议、课程资源开发和利用建议以及学生学习评价建议。

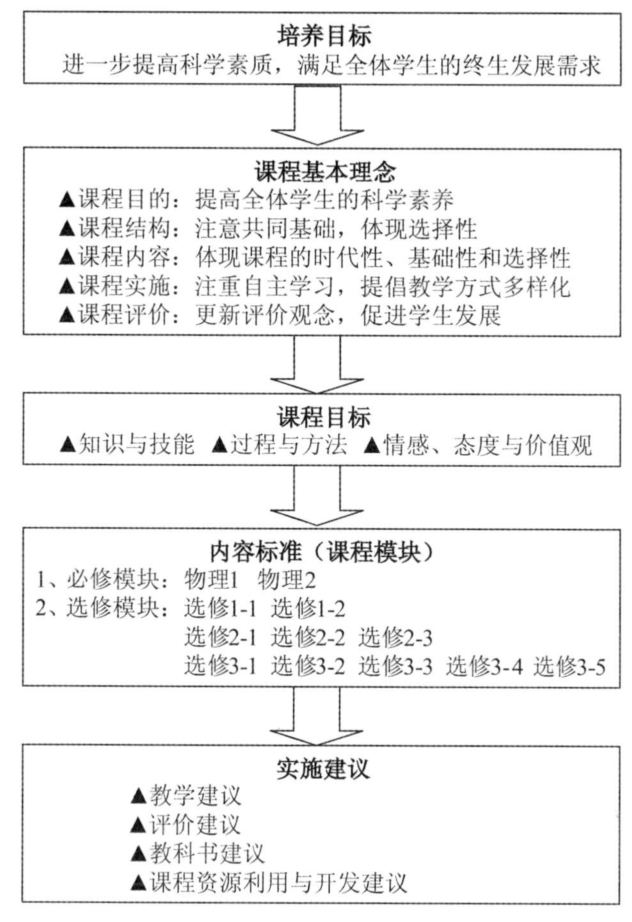

图 2-3　《高中标准》设计框图

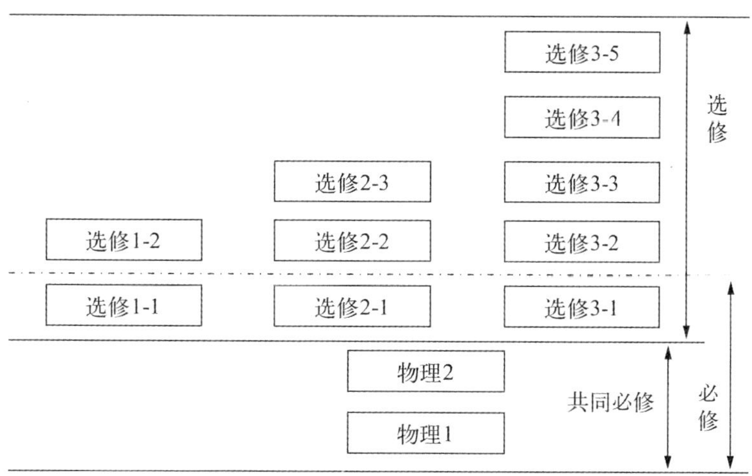

图 2-4　高中物理课程结构框图

(2)普通高中物理课程标准的几点说明

①根据高中新课程方案，普通高中课程由学习领域、科目、模块三个层次构成。新课程设置8个学习领域(语言与文学、人文与社会、体育与健康、数学、科学、艺术、技术、综合实践活动)，每一个领域由课程价值相近的若干科目组成，每个科目由若干模块组成。

②高中物理课程是普通高中科学学习领域的一门基础课程。高中物理课程由4个系列12个模块构成。每个模块占2个学分，每个学分18课时。每个模块既具有相对的独立性，又与同一系列和其他系列中的模块有内在的逻辑联系。

③在4个系列12个模块中，物理1、物理2为共同必修模块，其余皆为选修模块。

④根据新课程方案，对于物理课程，在高中阶段要求学生必修6个学分。修满6个必修学分后，学生可以根据自己兴趣、发展潜能、今后的发展倾向，在物理选修模块选学，也可以不在物理选修模块选学。这样，高中物理课程的结构就由共同必修、选择必修和任意选修课程构成。

⑤学生完成共同必修模块学习后，可获4个必修学分，余下的2个必修学分可以通过选学后续课程获得。为了循序渐进，为今后发展奠定基础，课程标准建议学生最好分别在三个选修系列的第一模块中选择课程。

(3)课程模块设计的指导思想

①共同必修——物理1、物理2:是全体高中学生的共同学习内容。在该模块中，学生通过学习运动、相互作用及运动规律、能量等物理学的核心内容，经历一些科学探究活动，初步了解物理学的特点和研究方法，体会物理学在生活和生产中的应用以及对社会发展的影响，同时为下一步选学模块做准备。

②选修系列——物理1-1、物理1-2:本系列课程模块以物理学的核心内容为载体，侧重物理学与社会的相互关联和相互作用，突出物理学的人文特色，注重物理学和日常生活、社会科学以及人文学科的融合，强调物理学对人类文明的影响。

③选修系列——物理2-1、物理2-2、物理2-3:本系列课程模块以物理学的核心内容为载体，侧重从技术应用的角度展示物理学，强调物理学与技术的结合，着重体现物理学的应用性、实践性。

④选修系列——物理3-1、物理3-2、物理3-3、物理3-4、物理3-5:本系列课程模块侧重让学生较全面地学习物理学的基本内容，进一步了解物理学的思想和方法，较为深入地认识物理学在技术中的应用以及对经济、社会的影响。

无论哪一模块，不仅含有物理学概念、规律和实验，而且还含有物理与社会发展、物理与技术应用、物理与生活等方面的内容。

四、物理课程标准的特点

1.体现素质教育的理念

课程标准力图在“课程目标”、“内容标准”和“实施建议”等方面全面体现“知识与技能”、“过程与方法”以及“情感态度与价值观”三位一体的课程功能，从而促进学校教育重心的转移，使素质教育的理念切实体现到日常的教育教学过程中。

2.突破学科中心

课程标准关注学生的兴趣与经验，精选学生终身学习必备的物理基础知识和技能，努力改变课程内容繁、难、偏、旧的现状，密切教科书与学生生活以及现代社会、科技发展的联系，打破单纯地强调学科自身的系统性、逻辑性的局限，尽可能体现基础教育阶段物理课程应服务于学生发展的功能。

3.增加"评价建议"的操作性

课程标准力图结合本学科的特点提出有效的策略和具体的评价手段，引导学校的日常评价活动更多地指向学生的学习过程，从而促进学生的和谐发展。课程标准中建议采取多种方法进行评价，如成长记录与分析、测验与考试、答辩、作业（长周期作业、短周期作业）、集体评议……

其中"成长记录与分析"提倡学生不断反思并记录自己的学习历程，如最好的作业、最满意的作品、最感兴趣的一本课外书、最难忘的一次讨论等。通过记录并反思学生的成长历程，激发学生的学习兴趣和自信心，发展学生的自我意识，为全面而客观地评价学生积累素材。此外，课程标准还提供了可借鉴的案例。

4.改善学习方式

物理课程标准结合本学科的特点，加强过程性、体验性目标，引导学生主动参与、亲身实践、独立思考、合作探究，从而实现学生学习方式的变革，改变单一的记忆、接受、模仿的被动学习方式，发展学生搜集和处理信息的能力、获取新知识的能力、分析和解决问题的能力以及交流与合作的能力。

5.为课程实施提供了广阔空间

课程标准重视对某一学段学生所应达到的基本标准的刻画，同时对实施过程提出了建设性的意见；而对实现目标的手段与过程，特别是知识的前后顺序，不做硬性规定，从而为教材的多样性和教师教学的创造性提供了广阔的空间，为体现并满足学生发展的差异性创造了比较好的环境。

五、中学物理课程实施建议

物理课程标准中实施建议部分有针对性地强调与课程理念和课程实施相关的应注意的问题，并在教学、评价、教科书编写、课程资源利用与开发方面提出建议。由于有关教学、评价、教科书编写、课程资源利用等内容，有的有专门的章节讨论，有的渗透于其他章节之中，因此这里只对教学建议作简略的论述。

（一）中学物理教学建议

1.初中物理教学建议

根据初中物理课程基本理念和课程目标，结合教学实际情况，主要提出以下五条教学建议：①重视科学探究的教学；②帮助学生尽快步入自主性学习的轨道；③保护学习兴趣，探索因人而异的教学方式；④加强与日常生活、技术应用及其他学科的联系；⑤提倡使用身边的物品进行物理实验。

（1）教学建议指出科学探究是物理课程的重要内容，它应该贯穿于物理教学的各个环节。课程标准从鼓励学生积极大胆参与科学探究、探究活动的选择、使学生养成对于所做工作进行评估的好习惯、重视探究中的交流与合作等方面提出建议。

（2）教学建议指出要改革传统灌输式教学的做法，要帮助学生尽快步入自主性学习的轨道。物理教学应让学生自己进行知识构建，而不是去复制知识。课程标准从如何引导学生自己在学习中发现问题、收集信息和处理信息、进行简单研究并书写研究报告等方面提出建议。

(3)教学建议指出，物理教学要保护学生学习兴趣，探索因人而异的教学方式。课程标准主要从学生亲自动手多做实验、出乎意料的演示、生动形象的类比、深入浅出的解释、学生生活中以及科技和社会中的有趣事例、幽默风趣的教学语言、探究性的学习活动和小实验、不断出现的挑战性的问题和讨论、获得成功的愉悦、因材施教等方面提出建议。

(4)教学建议要求，物理教学应该帮助学生通过具体事例认识物理学与社会发展重大课题的紧密联系，从正反两方面理解科学与人类文明发展的关系。课程标准主要以多种方式向学生提供广泛的信息，把阅读理解、收集信息、观察记录作为课后作业的一部分。

(5)教学建议，提倡使用身边的物品进行物理实验。使用身边随手可得的物品进行探究活动和各种物理实验，可以拉近物理学与生活的距离，让学生深切地感受到科学的真实性，感受到科学和社会、科学和日常生活的关系。另一方面，由于这些物品本来的用途并不是进行物理实验，所以这种做法本身就是一种创新。不能把低成本实验仅仅看做解决设备不足问题的权宜之计。课程标准主要从因地制宜地设计简单实验，“试一试”“动动手”之类的随堂小实验、家庭小实验等方面提出建议。

2.高中物理教学建议

高中物理课程标准指出，教学过程是体现课程理念、实现课程目标的一种创造过程。根据高中物理课程的理念和课程目标，结合我国高中教学的实际情况，提出以下四条教学建议：①从课程目标的三个维度来设计教学过程；②提高科学探究的质量，关注科学探究学习目标的达成；③使物理学贴近学生生活、联系社会实际；④突出物理学科特点，发挥实验在物理教学中的重要作用。分析这四条教学建议可以看出，它们是综合考虑了高中物理课程培养的目标、课程的理念、学习方式的变革、物理学的特点等因素，提出的指导物理课程实施的指导性的准则。

(1)建议指出，三个维度的课程目标不是相互孤立的，而是相融于同一个教学过程之中。在设计教学过程时，需要从三个维度来构思教学内容和教学活动的安排。教师应该对学生在高中阶段的物理课程如何实现课程目标有一个总的思考，在实际教学中应当把“知识与技能”“过程与方法”“情感态度与价值观”目标融合于同一学习活动中。

(2)建议指出，高中阶段的物理课程应当在初中物理的基础上，更加关注学生在科学探究过程中的学习质量。在培养高中学生的科学探究能力方面，一要注意创设情境，让学生在观察和体验后有所发现，有所联想，萌发出科学问题或提炼出值得探究的科学问题。二要在教学中尽量营造让学生学习制订探究计划的各种机会，提高学生构思、制订、完善探究计划的能力。三要在教学中培养学生收集信息、分析和处理信息的能力。四要让学生学会依照物理事实运用逻辑判断来确立物理量之间的因果关系，学会正确的思维方法。五要在教学中重视学生对不同科学解释的交流与评估。

(3)建议指出，物理教学要利用。家庭、学校、社会的资源，因为家庭、学校、社会都有大量学生感兴趣的物理问题，要把与学生生活联系密切的素材用于教学。倡导开展跨学科的研究活动，让学生把物理知识和其他学科知识结合起来研究周围的生活和社会现象。在研究中提高学生对科学与经济、社会互动作用的认识，增强学生将科学服务于人类的社会责任感和使命感。

(4)建议指出，物理实验是高中物理教学中的重要内容。共同必修模块中的物理实验是对高中学生最基本的实验要求。在必修与选修模块中，都程度不同地体现了对物理实验的进一步要求。对物理实验有兴趣的学生，还可以指导他们在校本课程中，选修具有更高要求的物理实验专题。在高中物理教学中，应该重视学生对物理实验的理解；加强学生实验技能的训练，使学生能正确使用高中物理实验项目中的仪器和工具；学会把实验获得的信息进行正确的处理和推理，得出结论；应该把实验安排在合理的环节和预定的计划中，有目的、有计划地培养学生实验能力。教师应该积极开发适合自己教学的实验项目，并尽可能利用各种实验资源，将电子计算机等现代多媒体技术应用在物理实验中，同时提倡使用身边随手可得的普通物品做物理实验。

(二)中学物理课程评价建议

中学物理课程标准提出课程评价的要点如下：物理课程评价应该落实课程标准的目标和理念，在内容和形式上，应该关注以下几个方面：①强调评价在促进学生发展方面的作用，不强调评价的甄别与选拔的功能。②重视学习过程的评价，不以考试的结果作为唯一的评价依据。③把学生在活动、实验、制作、探究等方面的表现纳入评价范围，不以书面考试作为唯一的评价方式。④倡导客观记录学生学习过程中的具体事实，不过分强调评价的标准化。⑤教师要转变在学生学习评价中的裁判员角色，要成为学生学习的促进者、合作者，学习评价的指导者，学习潜能的开发者；提倡评价的多主体。⑥学生要参与学习过程的评价，进行自我评价和同学之间的互评。

(三)教科书编写建议

教科书是最基本、最重要的课程资源之一。在课程改革理念和目标的实施过程中，教科书的编写具有重要的作用。为此，根据基础教育课程改革的特点和物理课程标准的基本理念和目标，对教科书的编写提出如下建议：

(1)教科书的内容组织与呈现方式要使教科书成为提出问题、分析问题和解决问题的范例；为实施探究活动提供指导和帮助；呈现形式要生动活泼；应传递多种有教育价值的信息；要突出教科书的特色。

(2)教科书编写要为全面落实课程目标服务。教科书的编写需要理解科学领域的科目所担负的教育任务；明确教科书的编写是一种创造过程；要倡导科学探究，注重科学探究质量；教科书应为学生的自主发展创造条件。

(3)教科书的内容选择既要落实《课程标准》的要求，又要突出特色；要坚持时代性与基础性相结合的原则；教科书的内容应重视科学的发生过程；要关注科学探究活动；要重视发展学生的科学思维能力；要优化练习和习题的选择。

六、物理课程改革与发展

虽然各国和地区中学物理课程设置的模式不同，教材也不尽相同，但通过对国际国内典型的中学物理课程的比较分析，不难发现当前国内外中学物理课程改革表现出以下几个方面的共同特点和发展趋势。

1. 基础性和时代性

在浩如烟海的物理学知识中，应该如何选取内容作为中学物理课程内容呢？在内容的选取上，一般采取的做法如下。

(1)更新课程结构，改变传统课程按力、热、电、光、原呈现知识体系方式。例如，我国义务教育物理课程以物质、运动与相互作用和能量为主题安排课程内容；高中物理课程以领域—模块—主题为主线安排课程内容；美国 PSSC 物理以物理学处于核心地位的守恒定律和波粒二象性为主线，将物理学的基本概念、定律、理论的逻辑关系组织一个整体的系统；HPP 物理以物理科学中的发现、推理及概念形成为主线组织教材内容，把物理学作为人类文化发展的一部分来阐述物理知识。

(2)删减和精选经典物理知识。

(3)增加近代物理的基础知识。教材在对这部分内容的处理上，一般具有如下特点：定性多，定量少；重思想性；从实验现象引入。

(4)体现物理学发展的最新成果。在教材中主要是通过阅读材料、旁批及教材资源等体现出来。

(5)重视物理知识与其他学科和生活的联系。

(6)渗透 STS 教育。在发达国家除了开设专门的 STS 课程外，在物理课程中也广泛渗透 STS 教育。在教材中一般采用以下几种渗透方式：①在教材中安排专门的 STS 栏目。例如，人教版物理 1 中的"速度与现代社会"、"从伽利略的一生看科学与社会"。②在课文中插入实例。例如，在广东版物理 2 中的"能源的开发与利用"部分介绍了 2003 年 8 月美国东部的一次大停电给社会、居民生活带来的影响。③在讨论栏目中安排相关话题，让学生在讨论、辩论、角色扮演等活动中认识科学、技术与社会之间的关系。以与物理知识、技术和社会紧密相关的主题贯穿在课文中。例如，在英国柯林斯出版社出版的 Physics(AS)教科书的第八章"功、能和牛顿运动定律"中，汽车安全问题是该章的主线。

2."探究活动"与"科学内容"

注重科学探究，将其与科学内容放置同等重要的地位，是国内外物理课程改革的突出特点。从物理教育的角度来看，可从三个层面来理解科学探究：第一是观念层面，科学探究体现着现代科学观。人类对自然界的永无止境的探究过程。科学的知识体系在探究过程中不断发展和变化，许多科学的结论是待证伪的，是在发现新的证据之后需要修正的。人类对自然界的认识尚且如此，对学生而言，其个体的认识也需要在探究过程中不断发展和改变。因此，学习物理的过程是一个不断转变对自然界的原有认识和观念的过程，是一个自觉的实现观念自我更新的过程。第二是思想方法层面，科学探究是科学家群体在长期探索自然规律的过程中所形成的有效的认识和实践方式，其中最重要的是科学思维方式，即我们通常所说的科学思想方法。当代科学教育理论认为，科学探究没有固定的模式，但有一些可辨别的要素，如提出科学问题、建立假设、搜集证据、提出理论或模型、评估与交流等，这些都是科学思想和工作方式的体现。在物理课程标准中，根据这些要素提出了对学生理解科学探究和发展科学探究能力的要求。第三是操作技能层面，任何实验探究过程都需要某些思维和操作技能，如控制变量、使用仪器、记录和处理数据等。因此，除了第三个层面要求学生必须动手实验之外，其他两个层面都可以以多种方式渗透在教学过程之中。基于对科学探究的这种理解，新教科书在体现科学探究方式多样化方面做出了一定的努力，而不是把科学探究形式化或标签化，也不是把科学探究仅仅局限于实验探究。

3. 重视课程资源的开发与利用

国外物理课程改革的实践表明，教科书不再是唯一的课程资源，也不仅仅是知识的载体，它应起到将多种资源联结起来的指导书的作用，从而发挥教科书对教师的教学行为、教学资源开发指导和学生学习活动、学习资源利用指南的作用。课程资源是教科书配套不可或缺的重要组成部分。目前，许多国家出版的教材已形成以教科书为核心的多种配套体系，学生手中的学习材料不再只限于课本，而是“学习包”(learning kit or teaching kit)，包括学习材料、学生活动手册、评价手册，有的还包括教师指导手册、多媒体光盘及 on-line 指导材料。

4. 认知发展特点和个性培养

实践证明，在课程内容的选取和安排上，片面强调本学科的知识体系和现代化，忽视物理知识的广泛应用和联系，忽视大部分学生的实际认知水平，势必使大多数学生感到物理难学，势必造成学生对科学的冷漠感和不信任感，既不能引起他们的学习兴趣，又不能满足生活、就业的需要。因此，课程教材内容的选取和安排要在社会需求、学生认知发展水平以及物理学科体系三个因素之间寻求平衡。课程教材内容的确定不能过分强调某个因素而忽视其他因素，否则重心就会发生偏移。

高中物理教育与初中物理教育的不同之处在于：不仅要重视学生的共同发展，而且还应该让具有不同兴趣、不同能力和发展倾向的学生得到不同的发展，满足学生的不同需求。因此高中物理教育应有所区别，尽量做到因人而异、因材施教。目前国际上较为通行的做法有：一是采用不同层次、不同侧重点的教科书；二是增加教科书的弹性。例如，纳菲尔德(Nuffield 0)级教材中的实验、问题、讨论等根据不同的学习要求分为必修、较高要求的选修和延展三个层次，在能力培养上也反映了循序渐进、创造情景的特点，对不同年龄的学生的能力要求有不同的侧重：低年级侧重于帮助学生养成良好的学习物理的习惯，在思维能力上注重学生对物理现象的定性和初步的定量的归纳总结能力，并注意通过建立物理模型来培养学生的想像能力；在高年级，则对独立做出推理、假设、论证的能力逐步提出较高要求。

我国高中物理教科书的模块化设计，为满足学生的不同学习需求和发展倾向，促进学生自主、富有个性的学习创造了条件和机会。同时教科书在弹性内容的设计方面也做了一定的努力。

5. 物理学习情境、学习资料及其科学视野

我国高中物理新教科书通过图片创设不同的学习情境，将学生引入学习过程。

(1)创设生活的情境，拉近教科书与生活的距离。

(2)利用卡通图片等设置情景问题，更好地拉近教科书与学生之间的距离。

(3)为学生提供常见的身边的物理现象，提供生动的物理趣事。

(4)介绍物理学对社会发展的影响，如，物理技术在社会中的应用等。

(5)体现物理知识在实际生活中的应用。

6. 加强学习指导，培养独立思考能力

转变学生的学习方式、促进学生积极主动的学习，是中学物理课程改革的重点自主合作学习、独立思考的能力是现代社会对人的素质的基本要求。就学习过程而言，只有自主学习和独

立思考才能真正做到对知识的理解，有效地培养思维能力。

7. 有机融合理论与实验，注重实验的基础地位

物理学是以实验为基础的科学。实验在物理学研究中的作用在于形成、发展和检验物理理论，并使物理理论在实践中得到应用。在物理教学中，实验的作用在于为学生创造适于探究的物理情境，让学生在自主探究中，获取物理知识，训练技能，提高能力，体验科学方法，培养科学的态度和价值观。正因为实验在物理教学中的独特作用，世界各国在教材中都把实验放在比较突出的位置上予以强调。实验已从教学的辅助手段转变为贯穿在整个教学过程中创造物理情境、探索物理规律的主要手段，实验由在教材中独立设置转变为有机地嵌入在教科书中，将实验与物理知识融为一体，实验的过程即为学习的过程。

8. 各个学科的渗透学习

物理课程改革的多种思潮从彼此对立走向彼此协调，是国际物理课程改革的基本趋向。在教材的设计上主要体现在以下三个方面：①以人类社会生活中的课题为背景，以基本的物理概念、原理为核心，以这些概念、原理的形成过程为线索，按照大多数人的认知发展规律来展开、组织和呈现教材内容；②重视物理科学思想和科学方法的教育，在向学生展现物理成果对物质世界存在、运动方式的思考、探索和描述过程的同时，强调探究式学习、体验式学习和合作学习；③注意物理知识与其他学科知识的相互渗透，注意物理知识与社会问题的联系、与学生现实生活的联系、与技术应用的联系，强调从人类科学文明整体的角度阐述物理学概念和规律的形成和发展，注意引导学生逐步树立科学的价值观和方法论。

9. 物理学史料的教育功能，关注知识产生与发展过程

将物理学史料引入物理课程具有多方面的作用：①可以提供重要的物理事实、概念、原理及方法的历史背景、现实来源和应用，从而既有利于启发学生的思维、加深学生对所学知识的理解，又给学生一个典型的科学探究的案例教育；②可以显示科学理论的形成是一个不断探究、深化和修改的过程，让学生更好地理解科学的本质；③可以体现科学态度、情感与价值观；④可以展示科学知识形成中的曲折与艰辛以及科学家不屈不挠的探索精神。

在物理教学中，把有关物理的故事呈现在学生面前，不仅能吸引学生的注意力，让学生体验到知识产生和发展的过程，更能启迪他们的智慧，有利于科学世界观的形成。

10. 培养学生的创新精神和实践能力

注重科学、技术与社会的关系，培养学生的创新精神和实践能力是世界科学教育改革和发展的趋势。课程标准在规定教学内容和活动建议时在这方面有充分的考虑。在教材中，一般以课题研究或实践性课题的形式呈现。这类课题大体包括以下六种。

(1)探索性实验

以往的学生实验，除了某些单纯的技能训练性实验外，主要有两大类：一类是验证性实验，即在学过相应的知识之后通过实验进行验证，如“验证牛顿第二定律”“验证机械能守恒定律”等；另一类则是知识的应用，如“用双缝干涉测光的波长”“测定电源的电动势和内阻”等。这两类实验的前提都是认为学生已经掌握所涉及的知识，因此实验的目的不是探索新的知识。这些实验对于培养学生获取新知识的能力、激发他们的创新精神，没有很大的作用。

探索性实验是为弥补这些不足而设立的。在此以“研究弹簧振子的周期和小球质量的关系”为例。课程标准并不要求学生学习这个知识点，因此实验的前提是学生不知道振子的周期

和小球质量的定量关系。做这个实验时，学生在测出若干组数据后列表，在坐标纸上描点，作出拟合曲线，用相应的函数表达这条曲线。

而以前的验证性实验处理，学生是先学习这个知识点，实验前已经知道相应曲线的形状，实验后假若有的点不在这条曲线上，要分析出现误差的原因。

在验证性实验和探索性实验这两种不同的做法中，实验内容可能相似，但是按照两种不同的思路去设计，学生的心理活动不一样，得到的训练也不一样。中学阶段并不要求学生掌握弹簧振子的周期和小球质量的关系，但是这个实验所用的方法却是科学研究中一个非常典型的方法，学会这个方法将使学生在今后的工作中受益无穷。课程标准安排这个实验，目的是进行研究方法的教育，并不是为了多学一个知识点。

(2)开放性问题

实践中的技术问题大多没有唯一正确的答案，只能从不同的角度、不同的需要权衡利弊进行评价。

之前有人认为科学界没有定论的内容不应在中学课程中涉及，其实不能一概而论。让高中生接触一些目前还有不同认识的课题有助于使学生认识科学的过程，激发探索的热情，培养创新精神，避免思维的片面化。

实验性课题中有一些技术问题，学生们的处理方法也肯定不会一致。例如，在“研究弹簧振子的周期和小球质量的关系”中，由于课堂演示所用振子的周期

(3)科技前沿问题

选择一些科技前沿性问题作为课题研究的内容，可解决中学物理课程内容的陈旧性，缩小中学物理课程与当代新科技的距离，引导学生走近近代物理，开阔视野。

(4)跨学科的综合性问题

科学技术的发展在高度分化的同时出现了综合化、整体化的趋势。选择物理学与其他学科相联系的综合性问题作为课题研究的内容，可以培养学生综合运用所学知识解决问题的能力。

如“灶具的演变”这一课题，需要研究不同灶具的加热原理和效率，比较燃料的燃烧值，比较几种灶具的经济性、安全性，研究它们对环境的影响等，需要应用物理学知识、化学知识和生物学知识，还要利用自身的价值观进行判断。

这些综合性课题可培养学生综合运用所学知识的意识、提高学生综合分析解决问题的能力。

(5)社会热点问题

科学技术的飞速发展，对社会的影响越来越大，科学社会化和社会科学化成了当前科学与社会之间关系的真实写照。如“温室效应”这一课题，通过讨论大气中的二氧化碳的主要来源、各种波长的电磁辐射对二氧化碳的穿透性、太阳辐射使大气升温的物理模型、气温长周期变化对环境和生态的影响、对人类生存的影响以及人类应采取的对策等，可帮助学生理解科技发展与社会发展的相互作用，培养其科学的态度和价值观。再如“紫外灾难”“电磁污染”“环境保护”“人口问题”“能源利用”“光污染”等都属社会热点问题，通过对这些问题的探索、研究，学生可充分了解物理学在社会中所起的特殊作用。

第三章　物理课程资源

第一节　新课程物理教学与课程资源

若将教学活动所依赖的各种条件称作教学资源，则教学的变革和发展同样也离不开它所依赖的教学资源的开发和利用。然而，在当前的教学活动当中，教学的实施者有时并没有意识到会有那么多可以利用的资源，忽略了很多很好的资源，导致教学效果达不到预期。为了更有效地进行教育教学，促进学生全面而有个性地发展，对教学资源充分地开发和利用就成为教育领域亟待解决的时代课题。

所谓教学资源，它可归属于资源科学的研究范畴，它既包括作为人类生存与发展的物质基础的自然资源，又包括与开发和利用自然资源密切相关的人力资源、科技资源与教育等社会资源。资源本身具有多种属性。人们对教学资源的界定也是介于宽泛“资源”一词基础之上，“教学资源”是“资源”的一种。从词源上看，“资”即“财务，本钱，资助”；“源”指水流所从出，引申为事物的来源。“资源”的解释是“资财的来源，一般指天然的财源”。《现代汉语词典》中的“资源”是指“供满足需要的”东西，或是“储藏以备需要时提取”，把“资源”一词解释为“生产资料或生活资料的天然来源”。在日常生活中，资源多被看作经济学术语。信息资源学的观念认为，“资源”是自然界和人类社会中能创造物质和精神财富的各种客观存在或存在物。从词典解释和汉语的语言习惯来看，“资源”包含两个方面意义，第一个方面是事物的来源；第二个方面是某种事物对另一些事物是不可或缺的，是满足其他事物所需要的条件。

一、物理课程资源概述

所谓物理教学资源就是指物理课程与教学信息的来源，即一切具有教育价值并能被纳入课程体系、有利于实现课程与教学目的的各种物质、精神和人力因素。它是支持物理课堂教学开展、并为课堂教学利用的各种条件，是课堂教学开展的基本条件和主要支持因素。这些条件既可以是物质的，也可以是非物质的；既可以是学校内部的，也可以是学校外部的；既可以是有形的，也可以是无形的；既可以是目前已经被利用的，也可以是还未被利用、潜在的。只要这些条件能够在一定程度上被物理课堂教学所利用，为一定的物理教学活动服务，支持物理课堂教学活动的顺利开展，就可以称之为物理教学资源。教学资源是学校教学设计与实施的全部条件的总和，是教学得以呈现的基石，是教学设计、教学实施的基本组成部分。

物理课程资源是近年新课程改革之后提出的一个新概念，理解并有效地开发利用物理课程资源是当前物理教师面临的一个新课题。物理课程资源有显性的硬资源，还有隐性的文化软资源。通过研究，我们把物理课程资源分为：教师资源、学生资源、文献资源、实验室资源、人文环境资源、网络资源、自然环境资源、社会物理资源；提出课程资源开发的层次性原则、简单性原则、互补原则、实践原则、人本原则；提出物理课程资源开发利用的立体资源法、关注学生法、激励教师法、地域文化法、借鉴法。

我国基础教育试行三级管理，即国家级课程管理、省级课程管理和校级课程管理。国家级课程集中体现一个国家的意志，它专门为培养未来的国家公民，并依据这些公民所要达到的共同素质而设计、开发。省级课程是根据当地政治、经济、文化、民族等需要而发展，并在国家规定的课时范围内设计、开发的课程。校级课程是在具体实施上述两类课程的前提下，通过对本校学生的需要进行科学评估，充分利用当地社区和学校的课程资源而开发的多样性的可供学生选择的课程。

物理课程资源有显性的硬资源，如学校所处的城市，学校的教学楼、实验室、图书馆、网络，学校的教学经费、数量和质量合格的物理教师等；物理课程资源还有隐性的文化软资源，如学校的管理、学校学风、学校的教风、新生的基本素质、学校的周边环境、往届学生的成就等。

二、物理课程资源分类

物理课程资源可以看作一个系统，它可以分为若干子系统。不同的专家和学者可以有不同的分类方法。

“课程资源按功能特点，可以把课程资源划分为素材性资源和条件性资源两大类。其中，素材性资源的特点是作用于课程，并且成为课程的素材或来源。比如知识、技能、经验、活动方式与方法、情感态度和价值观以及培养目标等方面的因素，就属于素材性的课程资源。条件性资源的特点则是作用于课程，却并不形成课程本身的直接来源，但它在很大程度上决定课程的实施范围和水平。比如，直接决定课程实施范围和水平的人力、物力和财力，时间、场地、媒体、设备、设施和环境，以及对课程的认识状况等因素，就属于条件性课程资源。”

《课程资源概论》则把课程资源分为六个要素：课程的思想资源、课程的知识资源、课程的经验资源、课程的财物资源、课程的人力资源、网络课程资源。

以上两种分类方法，都有自己的依据，但是各种资源之间存在着交叉，不利于教师的记忆、理解和实际操作。所以笔者从资源载体的角度进行如下的分类：

（一）教师资源

物理教师是物理课程的活的资源载体。教师是课程的设计者、组织者、参与者，没有物理教师就没有物理课程。学校提供的物理课程的水平的高低主要取决于教师的素质。

“名师出高徒”是中国教育的又一句名言。在物理学发展历史上一个著名的例子是诺贝尔物理学奖获得者的师徒链效应。“1972 年以前在美国进行其获奖研究的 92 位获奖人当中，有一半以上(48 位)的人曾在前辈的诺贝尔奖金获得者手下当过学生、博士后研究员或低级合作者。”最为突出的是卡文迪什实验室的 J. J. 汤姆森和欧内斯特·拉瑟福德，他们先后培养了 17 位各种国籍的未来获奖人。

我国抗战期间，西南联合大学的物理人才培养也是名师效应的一个特别的例子。西南联大由北京大学、清华大学、南开大学南迁联合组成。三校原为华北名校，三校教授合在一起，可谓大师云集，物理系尤为突出。物理系教授中有：欧美名校博士、学成回国后成为我国近代物理学奠基人的饶毓泰(1922，普林斯顿大学)、叶企孙(1923，哈佛大学)、吴有训(1926，芝加哥大学)、周培源(1928，加州理工学院)、吴大猷(1933，密西根大学)等。西南联合大学物理系在教学条件极其艰苦的情况下，在短短的几年时间，培养了诺贝尔获奖者杨振宁、李政道，我国“两弹一星”功臣——邓稼先、朱光亚，以及十几位科学院院士，成为中国物理教育史上的一个奇迹。

大学的师资的重要性显而易见，教师不仅决定课程资源的鉴别、开发、积累和利用，而且还是课程的实施者。因此，教师是最重要的课程资源，教师的素质状况决定了课程资源的识别范围、开发与利用的程度以及发挥效益的水平。

（二）学生资源

学校开设物理课程，好的教师固然可以为课程增彩，但没有优秀的学生，课程质量会大大降低。学生之间的相互影响，学生之间的相互学习，学习好的学生去教学习有困难的学生比教师教有效得多。一个班上没有好学生，物理课程的质量就不可能高。

（三）文献资源

科学的进步是一个积累的过程，历代科学家都留下了许多宝贵的文献。物理教材、教学参考资料、学术著作、科普读物、学术刊物、科普刊物等构成物理课程的文献资源。研读文献，通常我们叫读书。人的进步与读书有密不可分的关系。

任何好的教师和好的课程，都必须引导学生读好书。只要学生学会了读书，并且读到了自己喜欢的科学著作，学生就会很快具有自主学习的精神。

现在的学校有条件给学生提供各种物理课程必备的参考文献，它们应该包括：著名物理学家的著作，如亚里士多德的《物理学》、牛顿的《自然哲学的数学原理》等；科学家传记，如伽利略、牛顿、法拉第、爱因斯坦、杨振宁、李政道、邓稼先等中外著名物理学家的传记；著名的科普读物，如《广义与狭义相对论浅说》、《时间简史》、《科学研究的艺术》等；中外有影响的科学史著作，如《诺贝尔物理学奖 100 年》等。除此之外，学校还应给教师和学生订一些教学期刊、科普期刊等。

（四）人文环境资源

榜样的力量具有巨大影响力，物理课程的良好的人文环境资源，是学生物理学习与成功的激励因素。挖掘整理、开发利用人文环境资源是学校应该重视的，同时也是物理教师应该重视的，对于提升物理课程的质量有非常大的作用。

（五）实验室资源

20 世纪的中国，由于国力不足，各级各类学校的实验室资源不足，很大程度上影响了物理教学的质量，影响了几代人的创新精神的培养。实验室是培养青少年动手能力、创新能力，也是培养自主学习能力、对科学技术的兴趣的重要环节。基本的物理标准实验室和简易的实验室应该要有强力的保障。

（六）社会物理资源

社会物理资源有例如，为青少年科学素养提高而建立的公共图书馆、博物馆、天文观测科普馆等；可供物理教学利用的公共物理社会资源还包括核电站、风力发电站、水电站、火电站，一些电子产品生产厂等。生活中的各种明显具有物理原理的生活用品、装饰用品、学习用品、玩具等都可作为社会物理课程资源。

（七）自然环境资源

我们周围除了人工环境，就是自然环境，自然环境中存在着丰富多彩的各类有关物理知识的现象，例如典型的五种物理环境：

(1)大气环境:平时我们并没有注意到它们的存在,当你旅游到达海撼 3000 米以上的高度,你就明显地感到呼吸困难、缺氧。

(2)重力环境:当我们在大型的游乐场里,乘坐"太空穿梭""矿山车"时,你就体会到失重的感觉。

(3)电磁(包括光)环境:我们在太阳的普照下生活,我们在电磁波环境下完成自己每天的通讯。

(4)水环境:水给我们创造了一个重要的物理环境。如乘船、游泳时我们体会到浮力和水的压力。观赏瀑布时我们体会到重力,以及机械能的变化。

(5)温度场环境:我们生活在温度场当中,我们无时无刻都感受到温度变化给我们带来的快意与苦恼。

这些环境,以及一些比较微观的物理环境和变化,构成了我们物理教学的非常本质的课程资源。

(八)课件、网络资源

现代社会是信息化社会,人们通过网络等的现代化工具手段,能够很容易到的大量的物理课件、国内外众多最新研究成果。现在物理教师容易获取教学资源的物理教学官方网站有人民教育出版社网站、中国物理课程网(这是西南大学物理课程与教学论博士点的师生办的一个专业网站)、中央电化教育馆网站、中国基础教育网、中国物理教育网等,还有物理教师个人网页、微博都包含了各种各样的物理教学资源,为物理课程提供应有尽有的课程资源。可以说网络时代的到来,给物理学习和教学方法带来了一场革命。

为简明起见,本章将物理课程资源分为文本课程资源、实验室课程资源、社会课程资源。如表 3-1 所示。

表 3-1　物理课程资源分类

分　　类		例　　子
文本课程资源		教科书、习题集、科普读物、教学刊物等
实验室资源	常规实验室课程资源	挂图、幻灯、光学投影仪、实验仪器、模型、DIsLab 实验系统等
	虚拟实验室课程资源	课件、课件制作平台、数码摄像机、数码电视、VCD 机、电子论坛、数字图书馆等
社会课程资源		学习伙伴、家庭成员、教师、科学家;家庭、社区、田野、工厂、研究所、科技馆等

三、物理课程资源开发

(一)物理课程资源开发利用原则

物理课程资源的有效开发利用,需要遵循开发利用的基本原则。

1. 层次性原则

物理课程资源的开发,可以分为国家、地方、学校等不同的层次。我国国家级的课程资源开发层次上有一些专门的研究机构。教育部组织的国家教育规划课题，以及中国教育学会组织的课题研究，都属于国家层面上的课程资源开发。

地方课程资源的开发属于中间层次，有地方教育行政部门、课程研究中心、教研室等部门组织，地方的教育规划课题研究，骨干教师培训，教学参考资料的编辑等。

学校层面的物理课程资源开发的任务，主要由师范院校和中学承担。师范院校物理院、系的物理课程与教学论学科的研究生导师和研究生，在教材、教辅资料、实验设计、课件、网站、网络课程、物理骨干教师培训、新教师培训等方面做大量的工作。此外，中学及其物理教研组也承担着物理课程资源开发的责任，可以在教学设计、公开课、实验设计、课件、网站、网络课程，以及学校物理学习的人文环境的营造方面做大量的工作。

2. 简单性原则

简单性原则即要求注重简单的基本文献资源的充分利用，具有投入小、效果好的特点。物理课程的基本的文献资源有：物理课程标准，物理教科书，物理教学辅导资料，物理学史方面的有关书籍，物理知识科普书籍，科学方法、科技创新等方面的书籍，中学物理教学期刊，中学科技开发与创新方面的期刊等。

教师的引导和鼓励很重要，教师应提倡学生读书，提倡学生自我提高。学校要有好书给学生读，要奖励学生读好书，让物理课程真正成为提高学生科学素养的载体。

3. 互补性原则

进入现代化信息时代，人们可利用、传播、共享资源越来越多，传统的文本文献资源有它固有的优点，网络物理课程资源的开发利用不仅开阔了师生的视野。其强大的互动功能，使得原本复杂、枯燥、抽象的物理理论具体化、形象化、生动化，提高了学生学习物理的兴趣，增强了教学效果。对于物理教师，网络技术为其授课提供了有力的帮助。基于网络，可以了解物理学前沿动态，可以交流授课经验和体会，可以参与试题分析与评价，可以参与物理课题的讨论与交流。可见紧跟时代发展的步伐，坚持文本文献资源和电脑、网络资源互补的原则，有机结合二者的优势充分开发可用潜力。

4. 实践性原则

物理是一门实践性很强的课程，但由于学生数量大，实验资源无法充分满足。对于有限的物理实验课程资源的有效开发和利用，首先要大力促进实验室的开放。建立开放的实验室有助于学生物理课程的学习，是培养学生动手能力，调动学生学习物理的兴趣，培养创新意识的最佳的途径。在开放的实验室中，学生可以自行设计实验项目，搭配仪器，决定实验方案，让学生在实践中体验物理的魅力。

5. 人本原则

教师是物理课程资源开发利用的主导者。他们不仅决定课程资源的鉴别、开发、积累和利用，同时他们自身就是课程资源的载体。学校物理课程资源的开发利用，要高度关注教师，要有选拔教师的良好机制，高水平的物理教师要能及时补充到学校，学校要有培养教师的制度，领导要通过激励机制，鼓励教师积极进取，激活教师固有的内在成就动机。

在教学管理上，积极鼓励教师进行团队合作，建立教研组，让每个教师都动起来，建立不仅仅以高考为标准的教学评价机制，鼓励教师发展。

关注学生的学习体验，开发来自学生的课程资源。注重调查研究学生的兴趣类型、活动方式，挖掘学生学习经验中有益的参考资料。学生学习方式本身就是重要的课程资源。通过调查研究，从中可以归纳出能够唤起学生强烈求知欲的各种教学方式、手段、工具、设施、方案、问题，包括如何布置作业、安排课堂内外学习等，帮助学生尽快掌握课程要点。

（二）物理课程资源开发利用方法

1. 立体资源法

我国早期的教学资源是比较少的，可算作二维资源，即文本资源、实验室资源。立体资源法是课程教学资源变成三维资源，要把信息技术引入实验教学，改造传统实验。要重视信息技术在物理实验中的应用，开发和利用模拟实验提高物理实验的教学质量。利用多媒体课件，将某些实验内容真实地模拟下来，使一些抽象的东西形象化直观化，不仅有助于教师在课上进行讲解，课下学生也可自主预习和复习，从而激发了学生的学习兴趣和热情。

还可以利用低成本材料，做物理实验，例如利用一次性塑料杯可以做十几个实验，如光的折射、大气压强、制造凸透镜等。又如，以废弃的光盘做光栅，以激光笔为光源，可以研究光的衍射现象，用废弃的可乐瓶等材料做水火箭等。

2. 注重学生法

学生是物理课程的重要资源，积累学生的学习成果是开发利用课程资源的重要方法。例如历届学生小组研究性学习的报告、资料可以分门别类地整理归档，供后来的学生学习借鉴。

收集学生常犯错误的资料，使之成为物理课程资源，如从学生作业、试卷中收集学生常犯错误的资料，分门别类地整理成册，为学生及时提供学习的反馈信息，以便帮助学生提高学习质量。

3. 地域文化法

中国地域宽阔，各地文化差异明显，这其中就包括丰富的物理知识的应用，例如，通过对客家围龙屋的观察，我们可以体会到客家先民的阴阳对称和实体对称的美学思想，隐藏在采光系统、排水系统、功能系统中的系统思想，以及从祖宗排位、长幼排位中反映出来的伦理思想。

4. 激励教师法

教师是课程资源，教师除了选择、利用现成的物理课程资源外，本身的经验、教学方法、教学成果都可以成为物理课程资源。优秀的教师往往不满足于传道、解惑，他们还进行科研，进行文化创新。如果学校有良好的激励机制，教师的创造性会得到有效利用和放大，产生出大量的课程资源，如教学资料、制作教具、教学经验、科研论文、发明专利、精品课程网站等。

5. 借鉴法

可适当借鉴其他学科的经验，也可以参考国际物理教育同行、国内教育同行每天都在进行课程资源的开发，要有国际视野，要积极、及时引进先进的国际物理课程资源，同时要善于吸收、消化、改进，使之为我所用。

四、开发、利用、整合物理课程

（一）需要注意的问题

1. 信息技术与其他物理课程资源的整合

信息技术进入物理课程资源的方式主要有三种：

(1)以传感器的方式进入物理教学的实验领域;

(2)以仿真模拟的方式进入物理教学的思维领域;

(3)以网络通信的方式进入物理教学的交流沟通领域。通过这三种方式,可以实现物理课程资源数字化,数字化的课程资源能够带来更加便利的资源共享。

在物理教学中,应用信息技术不仅是为了呈现学习信息、突出教学重点、突破教学难点,而且是为了促进学生自主、合作、探究的学习。将信息技术引进物理课程资源需要突出两种价值取向:一种是要将数字化资源与常规资源结合起来,另一种是要有利于培养创新型人才。只有如此,才能较好地实现信息技术与物理课程资源的整合。

2.仿真模拟不能代替真实的物理实验

在开发与利用数字化课程资源时应该注意,不能用仿真模拟代替所有的真实实验,否则难以体现物理教育的本质,难以取得好的教学效果。

(1)使用仿真模拟时要有明确的目的。比如,是为了引入概念时创设物理情境、提出问题而运用,还是为了研究某个问题而运用?对于学生缺少相关经验而又有条件做的物理实验,不要用计算机模拟仿真来取代;若学生在家复习功课,可借助仿真模拟技术帮助;那些对学生可能产生伤害或因造价高而不能实现的实验,或实验现象瞬间完成而难以细致观察的实验,采用仿真模拟技术进行模拟实验,有助于提高教学效果。

(2)在使用仿真模拟时要注重实效性。有时候,运用仿真模拟能够简化物理问题,使学生略过繁杂的求解过程,直接得到或理解物理结果。但是过程与方法也是培养能力、激发兴趣的重要环节。因此,应用仿真模拟技术应该尽可能体现物理学科的特点,展现必要的物理过程,如物体的碰撞过程,带电粒子在电场中加速、偏转的过程,电路变化过程等,以利于学生理解物理过程,实现意义建构。

综上所述在运用仿真模拟时,不能忽视真实物理实验的教学价值,不能只是为了使用信息技术而使用仿真模拟,要注意技术运用的科学性和实效性。

(二)课程资源是推行新物理课程的重要基础

人们对于课程资源的认识,是随着时代的发展而深化的。过去在资源十分匮乏的情况下,往往将物理课程资源等同于物理教科书,“一支粉笔一张嘴,一个教案一本书”,成了教师长期自足教书的形象。在物理课堂上,教师主要采用口述和板书,加上为数有限的演示实验进行物理教学。狭隘的物理课程资源观念往往导致简单机械的讲授式教学,忽视了对学生创新精神和实践能力的培养。

随着科学技术的飞速发展和时代的进步,人们开始认识到物理教育的培养目标是提高全体学生的科学素养。为了实现这个课程总目标,物理教学应该贯彻“从生活走向物理,从物理走向社会”的理念,倡导“自主、合作、探究”的学习方式,教学评价也应该注重评价的发展性、过程性和全面性。贫乏的课程资源,是难以支持这种多样化的物理教学的。一般来说,接受式学习需要的课程资源较少,而自主、合作、探究式学习则需要丰富的课程资源支撑。

虽然课程资源在物理教学中具有重要的地位,但是它一般是潜在的教学资源,只有经过开发与运用,才能转化为实际教学的组成部分。充分开发与利用物理课程资源,将有助于改变学生在教学中的地位——从被动的知识接受者转变成知识的主动建构者,同时还有助于教师开阔视野,转变观念,激发教学的创造性潜能。因此,重视物理课程资源的开发与利用是实施物理新课程教学的必备条件。

因此，新课程物理教学的方式、水平和效率，一方面取决于课程资源的丰富程度，另一方面更取决于物理课程资源的开发与运用程度。总之，新课程物理教学应该是一种基于丰富的课程资源的教学。

第二节　文本课程资源

以文本形式呈现物理课程内容的课程资源，如物理教科书、物理教学参考书、物理教学期刊、物理科普读物等，称为文本课程资源。其中，物理教科书是最重要的文本课程资源。

一、物理教科书的概念和作用

物理教科书是以全面培养和提高中学生的科学素养为目的，根据物理课程标准，把物理问题、物理实验、物理观念、科学探究过程、物理知识以及知识应用等教学内容系统地组织起来，既供教师教学使用，又可作为学生学习阅读的书面材料。

教科书是教材编写者根据学生的认知规律精心设计而成的，经过教育部教材审定委员会审查通过，反映了物理课程标准的基本要求，是学生获得物理知识的主要来源和教师教学的主要依据，对于学生学什么、怎样学和教师教什么、怎样教起着重要作用。即使是在各种媒体手段日益丰富的今天，物理教科书在中学物理教育中的作用仍不可低估。

科书虽然是最重要的文字课程资源，但不是教学内容的唯一来源，教科书的内容呈现方式也不是学生学习的唯一方式。教师应当根据物理课程标准的要求和学生的实际情况，合理利用教科书与其他课程资源，提高物理教学质量。

二、物理教科书的结构与特色

新课程标准实施以来，我国物理教科书呈现出多样化的局面，在统一的物理课程标准下有多种版本并存。不同版本的教科书通常针对不同地区或不同对象编写，从不同角度对课程标准进行诠释，它们在结构和选材上往往体现出不同的特色。

教科书一般包括：绪论，基本内容，例题、思考题、习题，功能性栏目，索引和插图等。

(1)绪论，统一教科书的纲目，也是师生教与学的指南，主要阐述物理学的历史、研究对象、本教科书的结构，以及学习物理的建议等。

(2)基本内容，即书的正文部分，这是教科书的核心，是教与学的主要依据。

(3)例题、思考题、习题，这是物理教科书的必要部分，可供学生练习和复习使用。

(4)功能性栏目，这是为了实现新课程理念而专门设计的栏目，如初中的“科学窗”、“做一做”栏目，是专为开拓学生视野以及鼓励学生动手实验而创设的栏目。

(5)插图，包括实物照片和各种示图。图文对照对于激发学生的学习兴趣以及丰富学生的感性经验等具有重要作用，精美的图片并不是点缀，而是表达教学内容和教学思想的重要部分。

物理教科书在呈现课程内容时具有一定的层次结构，比如，通常按照力、热、电、光、原子物理等划分为不同的章节和单元。不同的教科书在层次结构上有一定差异。例如，有的义务教育阶段的物理教科书依据新课程标准，将教学内容划分为物质、运动与相互作用、能量三个主题。一般来说，教学内容的结构安排可以有以下四种情况：①由易到难排列；②按物理学科（或科学）的知识结构排列；③按照学生心理发展顺序排列；④按照社会需要的主题排列。

此外，物理教科书对各项知识、知识的产生过程以及运用知识解决问题等内容的阐述也会体现出不同的特点。比如，新课标教科书突出了知识形成的科学过程，突出了学生主体的探究活动，突出了物理与生活的联系等，这既反映出一定的教学理念和教学思想，也启示着某种教学策略与方法。

依据新课标编写的教科书，在其图文形式结构、教学内容层次结构以及内容阐述方式等方面会有所差异，因此形成了风格各异的物理教科书。中学物理教师应该具备分析物理教科书的结构与特色，从而制定教学方案的基本功，即通过阅读和分析教科书，理解编写思想，把握教科书的结构与特色，认识教科书对新课程理念的体现，根据学生的具体情况和教学要求对教科书的内容进行重新加工，实现对教科书的二次开发，设计出高质量的教学方案。

三、其他文本课程资源

除了教科书之外，物理教学的文本课程资源还有很多，如物理教学参考书、物理教学刊物、物理教案集、物理复习资料、科学家传记、科学画报、科学史著作、百科辞典等。合理地开发和利用此类课程资源，对物理教学具有积极的作用。

物理教学参考书阐述教科书的编写思想、内容结构、教学要求、重难点知识分析、教学方法及其实施等多方面的问题，并提供习题解答以及各种教学补充材料，对物理教师分析教科书、设计和实施课堂教学具有重要的指导作用。一般来讲，每一套中学物理教科书都会配备相应的教学参考书，这是中学物理教师可以利用的重要文本课程资源。

物理教学刊物不仅刊登一些物理教学理论研讨文章，也刊登大量的教学问题探讨文章以及实际教学案例，能够及时地反映物理教学理论的发展动向，以及物理教学实践的经验成果，因此是物理教师应该关注的文本课程资源。

物理教案集一般是按照某套教材编写的一系列教案，对教师的教学有一些参考价值。但要注意，有些教案集并不一定是一线教师实际教学的案例，因此要慎重选择参阅。另外，任何教案都不能简单照搬，必须依据自己的教学实际加以改造和利用。

物理复习资料通常包括物理知识结构总结、重难点讨论、检测练习、习题研究以及大量配套习题等，它是教师与学生在各个教学阶段经常使用的文本课程资源。由于物理复习资料来源复杂，因此宜选择正规出版社出版发行的复习资料。

科学家传记、科学画报、科学史著作、百科辞典等从不同方面为物理教学提供可以借鉴的资料，也为学生的物理学习提供课外阅读材料，因此也是不可忽视的文本课程资源。

文本课程资源的合理使用，不仅能有效地支持新课程物理教学，同时也能培养学生的物理阅读兴趣和阅读能力，为学生的终身学习奠定基础。

第三节　实验室课程资源

实验室可为物理教学提供实验的场所和实验器材。随着信息技术进入实验室，在常规实验室的基础之上出现了数字化实验室。数字化实验室可以凭借因特网，最大程度地实现实验室课程资源的共享。

一、普通实验室

实验室是新课程物理教学的重要课程资源。实验室资源的开发和利用，不仅能够使学生获得物理学习所需的感性经验，还可以训练学生的基本技能，发展学生的科学素养。可以说，新课程物理教学离不开实验室课程资源。

1.实验器材与实验材料

常规实验室拥有各种自制的和学校配备的实验器材与实验材料。图 3-1 所示就是实验室中一些常见的实验器材。利用这些实验器材，可以设计和实施物理教学中教师的演示实验或学生的探究实验。

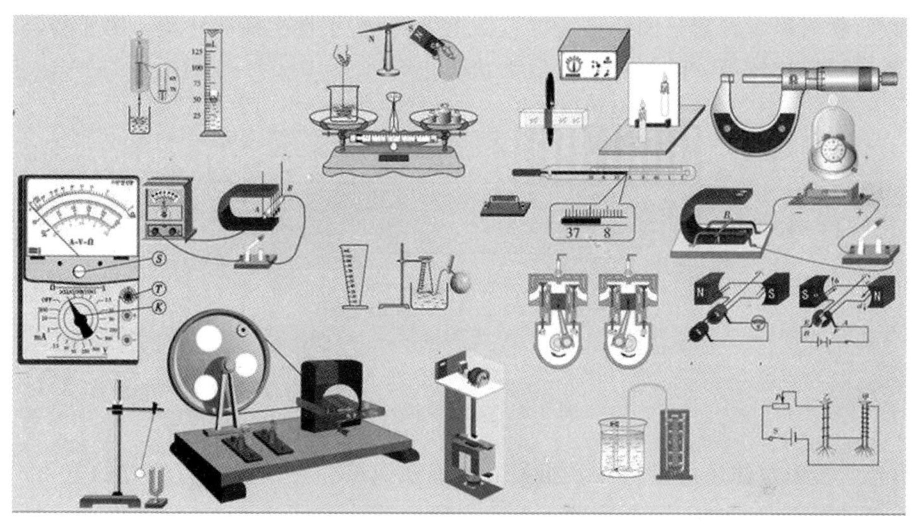

图 3-1 常见实验器材

2.实物模型与挂图

常规实验室还为物理教学提供了各种实物模型和挂图。我们知道，有些实验器材是难以搬进课堂的，例如高能粒子加速器、汽油机、柴油机、地球等；有些研究对象或过程是不易观察的，如物质的微观结构、电能的输送等。我们可以有多种方法解决此类问题，其中一种方法就是制作实物模型或挂图。

实物模型其实质是一种模拟方法。自然界的物理现象是复杂多变的，有些是不易控制操作或很难直接观察到的。为了研究和解决问题，采用了建立模型的方法，以便研究者直观、安全、方便地观察与实验。这个建立模型的过程就是一种模拟。实物模型虽然不是原物本身，但在主要方面与原物相似。与挂图、动画相比，实物模型能够提供立体的、可信度较高的、可直接操作的信息。

3.光学投影媒体

利用光学投影媒体，可以将相应的实物、文本或图像放大并显示在屏幕上，以达到传递教学信息、便于学生观察的目的。

光学投影媒体的特点是：

(1)可提供静止、放大的视觉图像。光学投影媒体是以图像的形式记录和传递教学信息的，它可以直观、形象地再现客观事物或现象。

(2)可模拟某些现象和运动的动态过程，有助于学生具体、形象地理解有关事物的变化过程。

(3)媒体的控制不受时间的限制。能在课堂上灵活操作和讲解，可长可短，可深可浅。

在中学物理教学中，运用光学投影媒体，应注意选择适合的教学内容，并注意与其他手段相配合，要充分发挥它的优势。

例如，在横波的教学中，可以采用复合的模拟投影片。这种投影片是一种重叠式动片，基底片是一张绘有等间隔不透明条纹的画片，如图 3-2(a)所示，将其中一条透光缝隙涂上红色或其他颜色；动片上绘有一条正弦曲线，如图 3-2(b)所示。投影时将两片重叠，水平地向一个方向拉动片子，即可从投影屏上看到横波的传播情况，如图 3-2(c)所示。这时，若注意观察红色缝隙中的点，就可以看到它只围绕平衡位置做上下振动，不发生横向移动。由于拉动可以逐段进行，因此还可以比较某一时刻各点的运动状态。

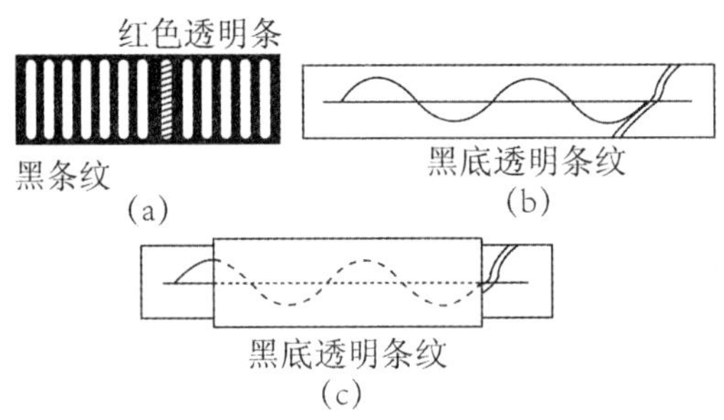

图 3-2　横渡模拟投影片

运用光学投影媒体还可以将许多相关的物理知识综合在一起进行有效的复习。例如，我们利用一张描述光在两种不同介质界面上的现象的活动幻灯片，可以形象生动地复习光的反射定律、折射定律、临界角和全反射的知识。

光学投影媒体还能投影实物，把那些受尺寸限制而观察不够明显的、不容易成功展现的实验现象显示出来。例如，展示电力线、磁力线、水波的干涉现象等，可以借助投影仪进行观察。

近年来，光学投影媒体发展较快，它集中了实物、模型和幻灯的优点，真实感强，可见度大，体积小，既能体现动态过程，又能加强演示实验的效果，因而被广泛使用。

4.影视录像

目前社会和学校教育、教学中影视录像是应用较为普遍的教学媒体，其特点如下：

(1)声、形、色并茂，能吸引学生的注意力，激发学生的兴趣，有助于学生在积极的情感中学习知识。

(2)可以展示各种真实的物理现象及其变化，如宇宙空间的星球运动、物质分子的微观结构等。这极大地扩展了学生的感知领域，为认识物理概念和规律创造了有利的条件。

(3)可以利用各种电视摄像和电子特技手法，使画面产生某种特殊效果，扩展或压缩时空，以满足教学的特殊需要。例如，用显微镜摄影手段可以将微小的肉眼看不到的现象、过程放大并清晰地呈现出来；用普通摄影镜头可将宏观事物缩小并呈现在电视屏幕上；或变快为慢，或变慢为快，或使用插入、并列、对比等手法以及各种特写镜头，使教学中要表现的对象更突出、更生动。

在物理教学中运用影视录像媒体，一定要注意发挥它的特长。首先，要充分利用它的各种特点，针对那些抽象的内容，展示相关物理图景，帮助学生突破难点，扩大知识面。其次，要注意与实验教学的配合。影视录像媒体只能展示物理图景，却不能让教师或学生进行主动控制和操作，因此，不能用它来代替演示实验，更不能代替学生动手操作的实验。再次，要注意播放的时间和方式。通常，在课堂上不宜大段地、长时间放映录像，要根据教学的实际需求确定播放的时间。播放的方式可以灵活选择，如采取插播的方式，等等。总之，影视录像媒体的使用要根据教学内容的特点和学生的实际情况来决定。

二、数字化实验室

时代在发展科技在进步，普通实验室已不能很好地满足人们对于人才培养的要求，在实验测量的数据采集方面，需要引入基于传感器的计算机数据采集与处理系统；在物理思维方面需要引入一些虚拟软件平台；在合作与交流方面需要引入网络技术。因此，有必要在普通实验室基础上，进一步发展数字化实验室。数字化实验室一般具备常规实验器材、传感器及其数据处理系统、数码摄像系统、实验室网站、仿真虚拟软件平台，以及计算机相关软件如 Excel、Matlab，等等。

1. 数字化信息系统实验室(DISLab)

自然界中的光、声、电以及力的作用等信息，一般都可以通过传感器转换成数字信息，然后输入计算机进行处理，并将处理后的信息反馈给特定的设备，再通过控制设备反作用于外界。该技术已广泛地用于日常生活和生产的自动控制方面。这种传感器技术，也可以应用于物理教学，提高物理教学的效果。DISLab(Digital Information System Lab)为我们提供了这样的技术形式。

(1)DISLab 的构成

数字化信息系统实验室是由“传感器＋数据采集器＋实验软件包(教材专用软件、通用扩展软件)＋计算机”构成的实验系统，如图 3-3 所示。

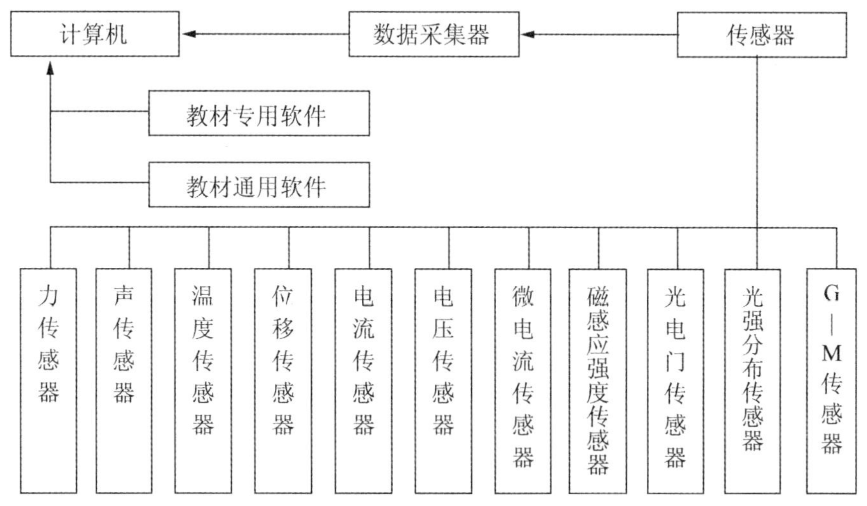

图 3-3 数字化信息系统实验设备

(2)DISLab 的教学应用

①准确采集实验数据

在中学物理教学中,通过传感器采集的数据,常常比人工采集的数据更加准确,这在教学中有时十分重要。比如,在验证动量守恒定律的实验中,往往由于采集的实验数据不能明显支持动量守恒,教师只能说"在误差允许范围内,系统的动量是守恒的",降低了实验的说服力。利用数字化信息系统实验室和气垫导轨等,则可取得较准确、较有说服力的实验数据及结果。

②实时采集实验数据

利用传感器采集数据,具有实时、迅速的特点,这在物理教学中有时也是很重要的。比如,在学习牛顿第二定律时,待演示完成以后,再通过测量打点计时器纸带来计算加速度,往往已占去一节课的时间,不利于学生及时发现规律,降低了学习效率。此时若采用数字化信息系统实验室,能迅速得到数据以及数据处理结果,提高了教学效率。

③测量一些用传统手段难以测量的物理量

物理教学中,有些物理量是很难用常规实验方法测量的,这在一定程度上增加了相关知识的抽象性。如果能测出这些物理量,无疑会促进学生对知识的理解。比如,在学习磁感应强度(B)时,用一般实验器材很难测量 B,利用数字化信息系统实验室,则会使 B 的测量变得比较容易、可行,使学生更容易理解磁感应强度的概念。

2. 仿真物理实验室

仿真物理实验室是一种使用计算机模拟技术手段,再现真实物理世界的某些方面,让学生在这样的情境中,通过虚拟操作来学习物理的综合性模拟实验平台。它把物理规律内置在软件中,与物理学科紧密结合,是物理教师得力的课件制作工具、优秀的物理课堂教学平台,也是学生的探索性学习平台。

利用仿真物理实验室,使用者只需要搭建器件,并设置器件的属性就能完成构想的实验。如力学中的自由落体运动、平抛运动、单摆、人造地球卫星的运动、带电粒子在磁场中的圆周运动等;光学中的平面镜反射、介质对光线的折射和全反射、凸透镜成像等;电学中的串联与并联电路、伏安法测电阻等。

仿真物理实验室主要具有以下几方面的特点:

(1)操作简单。使用者所要考虑的是物理实验本身,无需考虑仪器的操作问题。使用的时候,先在大脑中构建一个物理模型,然后用仿真物理实验室提供的器件把它搭建出来。例如做一个自由落体运动的实验,运行仿真物理实验室的主模块,首先新建一个实验;然后确定坐标的位置,设置比例尺;再放上一个运动对象;最后设置"考虑重力的作用",这样就可以运行实验了。

(2)模拟验证性实验。通过仿真物理实验室创建的过程模型,不仅可以展示动画,还可以提供模拟的实验数据。教师和学生可使用辅助分析工具,对模拟实验数据进行分析,"检验"物理规律。当然,学生在学习了新的规律以后,需要通过真实实验进行验证,但必要时(比如有些实验可能具有危险性)也可以通过仿真物理实验室进行模拟验证。

(3)模拟探究性实验。相较于简单的模拟实验课件,仿真物理实验室可将各种真实的因素设置进去,使得仿真实验更接近真实情境。利用这样的仿真物理实验室,学生们可以从事一些科学探索活动。例如学生们在相关兴趣和课外活动中,可利用仿真物理实验室探索天体的运动、弹道轨迹等问题。

3.实验室网站

互联网的高速发展给传统教育带来了巨大影响，人们可以在任何地点、任何时候，学习任何知识。实验室网站就是一种基于网络技术的新型实验室资源。通过建设实验室网站，可以很好地实现常规教育资源和数字化教育资源的整合。

网站一般具有特点：网络支持；有利于开展基于探究性的实验；趣味性。

通常每个实验活动设计及其网站实现均采取以下模式：

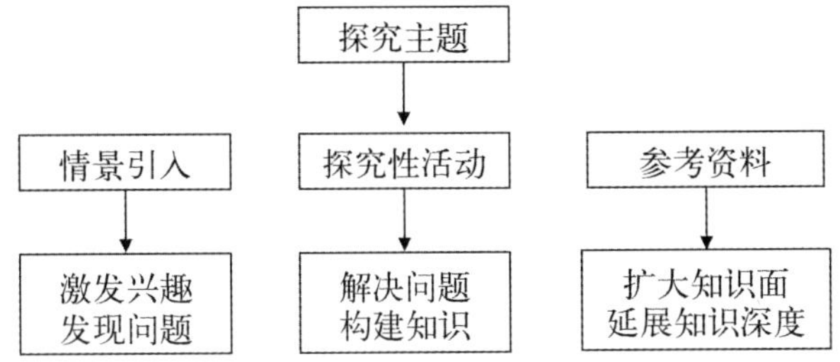

实验室网站通常是某一教育网站的一部分。优秀教育网站一般具有以下几方面特征：

· 具有导学功能。

· 与实际物理课堂教学密切联系。

· 学习资源丰富，且具有多媒体性和多元性。

· 支持在线交互学习。

因特网上可以找到很多国内外物理教育网站，有的与中学课程紧密配合，有的着重拓展某方面的相关知识。教师应该向学生推荐一些好的网站，也可以从网站上下载一些与课程直接相关的教学素材。

鉴于物理教育网站的基本特征，它既适用于设计与实施以问题为导向的探究式教学，也能够支持常规的物理教学，因而具有广阔的开发与利用前景。

第四节　社会课程资源

所谓社会课程资源其主要来源为报刊、电视、科技馆、展览会(馆)、少年宫、公共图书馆，以及工厂、农村、科研单位、大专院校等各类形式载体。为了使全体学生的科学素养得到充分发展，如何在学校教育基础上充分开发和利用社会性的课程资源，已成为物理教育的一个重要的课题。

报刊中常常报道与物理知识有关的新闻。如高楼坠物伤人，教师可以引导学生用物理知识来分析物体下落过程，估算从一定高度下落的物体对人的撞击力，同时对学生进行安全和社会公德教育。

电视是一种普及的大众传播媒介，教师可以从两方面利用电视媒体辅助物理教育。一方面，可以向学生介绍电视中的科学教育栏目。例如，结合课堂教学向学生预告某个节目，建议学生收看，写出记录并进行讨论、交流。同时让学生了解科学技术的最新成果，使学生形成关心电视中的科学节目的意识，形成关心科技发展的习惯。另一方面，教师可以把电视节目中的相关内容录制下来，用于物理教学中创设情境、提供分析材料等。这样可以使物理教学更加贴近学生生活和社会实际，进而激发学生学习物理的兴趣，调动学习的积极性。

科技馆、少年宫展示了许多有趣的现代科技产品及科学实验，这是一般学校难以做到的，教师应该充分利用这些科学教育资源。这类科学教育场所，主要目的是激发参观者对于科学的兴趣。教师可以有目的、有计划地组织学生参观科技馆、参加少年宫等。

参观工厂、农村、科研单位等，可使学生体会科学、技术与社会之间的关系。这样的活动往往具有科学教育、政治思想教育等多种功能，可以由不同学科的教师联合组织实施。在参观前，要制订合理的计划和方案，明确参观的目的和要求，提高资源利用的效率。

学生的学习伙伴(同学、教师及其他相关人员)也是物理学习的重要资源。人的学习总是在一定的社会环境中进行的，学校、班级构成学生学习的主要群体。师生之间、同学之间的平等交流和互助，不但可以为学生提供学习动力，还有利于学生学习和探究过程中的知识建构。除了同学、教师外，家长、社会上其他相关人员都可能对学生的物理学习产生影响。因此，物理教学应重视这类资源的开发和利用。例如，学生家长有不同职业和科技专长，可以举办各种讲座，提供各种学习材料。

在开发和利用社会课程资源时，增强社会课程资源的交流意识，对于促进物理教学具有重要意义。一方面，任何一所学校、任何一位教师都不可能拥有所有的课程资源，因此，学校之间、教师之间相互交流课程资源，是十分必要的。另一方面，每一位教师在其教学实践中，都会产生一些独到的教育教学经验，这些经验也是重要的课程资源。要有效地发挥这类资源的作用，就要加强相互间的合作与交流，构建物理教师的学习与实践共同体，使教师在合作与交流中得到相互促进和共同发展。

第五节　中学物理教学资源的开发和利用

教学资源应归属于资源科学的研究范畴，它既包括作为人类生存与发展的物质基础的自然资源，又包括与开发和利用自然资源密切相关的人力资源、科技资源与教育等社会资源。资源本身具有多种属性。人们对教学资源的界定也是介于宽泛“资源”一词基础之上，“教学资源”是“资源”的一种。从词源上看，“资”即“财务，本钱，资助”；“源”指水流所从出，引申为事物的来源。“资源”的解释是“资财的来源，一般指天然的财源”。《现代汉语词典》中的“资源”是指“供满足需要的”东西，或是“储藏以备需要时提取”，把“资源”一词解释为“生产资料或生活资料的天然来源”。在日常生活中，资源多被看作经济学术语。信息资源学的观念认为，“资源”是自然界和人类社会中能创造物质和精神财富的各种客观存在或存在物。从词典解释和汉语的语言习惯来看，“资源”包含两个方面意义，第一个方面是事物的来源；第二个方面是某种事物对另一些事物是不可或缺的，是满足其他事物所需要的条件。

研究教学资源的目的在于把教学资源有效地运用到课程实施的实践活动之中，如果不进行教学资源的开发与利用，研究教学资源也就失去了应有的意义和价值。

一、开发与利用概述

教学资源的开发就是寻求一切有可能进入教学环节，能够与教育教学活动联系起来的资源。教学资源的利用,实质上就是充分挖掘被开发出来的教学资源的教育教学价值。教学资源的开发和利用是密切联系在一起的,开发是利用的前提,利用是开发的目的,而开发的过程也包含着一定的利用,在利用的过程中也会促进进一步的开发。教学资源的开发与利用直接决定了教师的教学方式和学生的学习方法,教学资源开发的程度和水平也影响到教学的实施水平。从教师与学生的发展角度来看,教学资源的开发利用首先要有利于学生的发展,其次要促进教师的发展。同时,教学资源的开发与利用又是相互促进、相互作用的,开发过程本身就包含着利用,而利用的过程也存在着开发。开发和利用教学资源的过程也是教学活动展开的过程,因此不能孤立地进行教学资源的开发和利用,而是相辅相成,与教学活动的开展紧密结合。

二、开发与利用的领域范围

教学资源的开发与利用一直以来都是教师关注的重点,开发与利用的领域涵盖很多方面,其中包括教材资源、教师资源、学生资源、实验资源、多媒体资源和其他资源,具体可见图 3-4 所示。

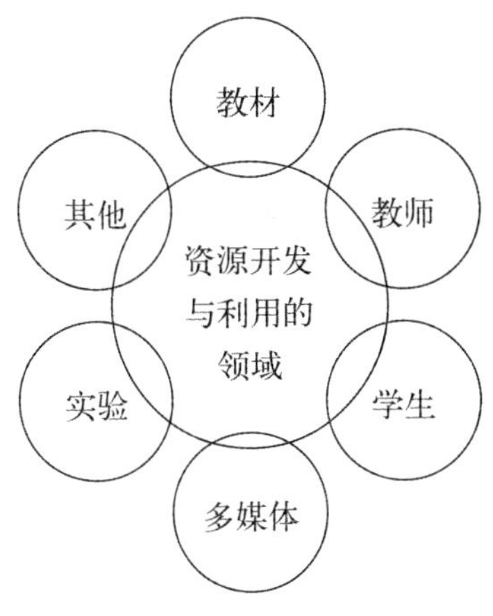

图 3-4　教学资源的开发与利用领域范围

教材是学生学习的主要资源,也是教师组织教学的基本依托。在我国以课堂教学为主要教学方式,所以教材是对教学和学习进行评价的主要参照,因此要特别发挥教材的作用。现在的教材内容,看起来简单,操作起来难。要完成教学内容,教师必须对教材深入研究,在此基础上进行开发创造,这样能最大限度地激励学生思考。所以教师在物理教学中应根据教材内容,结合学生和学校的实际情况,从图书、期刊、网络等资源中选取适当的物理教学内容,精心编写课堂教学参考资料,用于指导学生开展物理探究活动及实验的改进和创新,以实现物理教学资源的共享,共同提高物理教学质量与教学效果。除了教材之外,各种科技类图书、期刊、报纸也是重要的教学资源之一。

教学资源是人力、物力及自然资源的总和。

从人力资源上出发,教师自然是课程及各项活动的组织者、实施者和评价者,课堂上任何的活动如果离开了教师的参与,就失去了自身作为学校课程的基本特征。教师还是其他各项人力资源开发的媒介,正是教师的组织与参与,才使教学活动与社会人士、学生家长、管理人员、研究人员紧密联系起来。所以说,教师是重要的教学资源。

学生则是一种重要的教学资源,任何教学活动的终极目标都是促进学生的发展,而如果没有学生的参与也就失去了教学资源开发与利用的意义和价值。学生作为教学资源可以从以下几个方面来理解。首先,学生个体的积极性、主动性是学习的基本条件,也是教学目标实现的重要落脚点,因此,教师在教学过程中要注意激发学生的兴趣,调动学生学习的积极性。其次,学生群体的学风也是不容忽视的教学资源,良好的学习氛围能够促进每一个学生的发展。最后,学生家庭所具有的资源往往是学生个人所使用的资源,但如果开发并利用好就能成为教学过程中的有效资源。如果没有对学生积极性、主动性的激发,没有对学生的学习能力、探究能力、合作能力的培养和利用,许多课程就难以实施。

物理是一门以实验为主的学科,所以观察和实验对于培养学生的观察和动手能力、培养学生实事求是的科学态度、提高学生学习物理的兴趣具有不可替代的作用。实验资源是物理教学中最重要、最有特色的教学资源,作为一名物理教师应竭尽所能地开发它,并想方设法地加以有效地利用。教师在大力加强学生分组实验和演示实验的同时,还要创造性地设计一些新的实验,充分挖掘现有实验仪器的功能,力求做到一物多用,因此,要多动脑筋,发挥集体智慧,多想办法,充分利用那些实验室里的仪器并对它们进行改造,来设计新的实验,让学生耳目一新。不仅如此,在物理教学活动中,教师可以引导学生发挥创造力,用身边的资源来设计实验,使实验源于学生的生活,经济实用,容易取得,现象明显,形象生动,趣味性浓,简便易做,不仅可以使学生对物理现象获得具体生动的感性认识,加深对概念和规律的理解,而且还具有情感教育的重要价值,使学生深刻地感受到物理知识就源于生活之中,使学生养成主动利用身边的物品进行科学探究的意识和习惯,培养学生乐于探究生活中物理现象的愿望和态度。通过用日常生活用品做实验,既提高学生学习物理的兴趣,又增强了学生对物理规律的理解和运用,同时减弱了学生对物理学科的神秘感,增加了亲切感。利用日常生活用品做实验,可以让学生充分观察物理现象发生发展的全过程,从而反复品味其中的物理原理,也有利于学生课内、课外独立操作,培养学生创新和独立实验的能力。

幻灯投影片、挂图、录像带、视听光盘、多媒体软件等都是常用的教学资源,这些资源的开发和利用,有利于创设物理课程的情境,丰富物理教学的内容,激发学生的学习兴趣和探索科学的热情,帮助学生掌握知识和技能,受到情感、态度和价值观的教育和熏陶。物理教师由于专业的优势,率先走在课件制作的前沿,各种物理实验被制成课件,使复杂、漫长和瞬间变化的物理实验过程变得有序和可控,从而加深了学生对知识的理解和掌握。多媒体课件以其强大的表现力、感染力和吸引力,通过形、声、光、色的传播,对优化物理课堂教学过程、强化课堂教学效果有积极的影响。对于多媒体课程资源,过去将其作为物理教学的辅助手段,而没有将其作为教学资源来认识。新课程的理念认为,多媒体素材不仅是物理教学的手段,更是重要的物理教学资源。物理教师要积极参与多媒体课程资源的开发,发挥现有多媒体资源的效益。

三、开发利用原则

基于中学物理教学资源的基本特点及类型,它的开发与利用应遵循如下六大原则。

(1)开放性原则

物理教学应该尽可能开发与利用有益于教育教学活动的一切可能的教学资源。教学资源开发与利用的开放性包括类型的开放性、空间的开放性和途径的开放性。

(2)适度性原则

在开发物理教学资源上,存在开发的广度与深度,即需要考虑从教学资源中选择什么样的对象、提取什么样的内容以及内容所涉及的范围和呈现方式等问题。教学资源开发是为了提高教学效果,促进学生发展,不是为了开发而开发,不是开发越多越好,物理教学资源的开发要适度。以实现教学目标,增强教学效果,促进学生发展,适应中学生年龄特点、认知能力和教师的教学能力为度。

(3)创造性原则

尽管中学物理教学资源多种多样,但是相对不同地区、学校教师来说,可供开发与利用的教学资源具有极大的差异性,因此,教学资源的开发与利用没有固定模式,不应强求一律,应从实际出发,发挥地域优势,强化学校特色,扬长避短,突出教师的独特性与创造性。教学资源的开发与利用本身就是一项极具创造性的实践活动。

(4)共享性原则

在当今时代,任何一个人所了解的信息都是有限的,资源只有共享,其价值才能得到更加充分的发挥。①经验的共享,教师之间进行有效交流,共同进步;②教师资源共享,互帮互助,互相参考,取长补短;③物质资源共享,将社会资源向学生与教师开放。

(5)针对性原则

物理教学资源的开发与利用是为了教学目标的有效达成,针对不同的教学目标应该开发与利用与之相应的教学资源。一般来说,每一种教学资源对于特定的教学目标具有不同的作用和功能,即每一门课程都有自己的特效资源。所以,教学资源的开发和利用就必须在明确教学目标的前提下,认真分析与教学目标相关的各种教学资源,认识和掌握各自性质和特点,保证开发与利用的针对性和效果。另外,在教学资源的开发与利用过程中应扬长避短,因地制宜、因时制宜、因人制宜。

(6)经济性原则

物理教学资源的开发与利用要尽可能用最少的开支和精力,达到最理想的效果,具体包括开支的经济性、时间的经济性、空间的经济性和学习的经济性。物理教学资源的开发与利用必须在明确教学目标的前提下,认真分析物理课程的性质和特点,在可能的范围内,充分考虑成本的前提下,突出重点,讲求实效,精选那些对学生终身发展具有决定意义的教学资源。

第四章 物理教学过程与原则

第一节 物理教学过程

教学过程是体现教学观念、实现教学目的或课程目标的一种创造过程。为了正确而有效地进行教学工作，不断提高教学质量，必须正确认识和理解中学物理教学过程，以及中学物理教学的特点和规律，理解和掌握中学物理教学的原则。只有这样，才能使我们的教学符合客观规律，符合学科和学生的特点，才能合理地分析和处理教材，选择有效的教学手段和方法，顺利地安排、组织教学活动，全面地完成物理教学的目的和任务。

教学过程包括教师的教和学生的学两个方面，是学生在教师的指导下不断认识客观世界，不断顺应客观规律的过程。因此，从本质上讲，教学过程是学生的认识过程，是教师把人类已知的科学真理，创造条件转化为学生的知识，同时引导学生把知识转化为能力的一种特殊的认识过程。

从历史的角度来看，教学活动作为维系知识延续、社会发展、人类进步的纽带，是人类最基本、最普遍的生存活动之一。现在的教学过程也是在千百年来的教学活动中经过不断探索、不断改进与完善而形成的。因此，它是有别于一般认识活动的特殊认识过程，具有传授知识的间接性和实施教学的组织性等重要特点和优势。

一、教学过程概念

关于教学过程不同的时期、不同角度有不同的理解，中外古今教育家们对其认识、理解和描述如下：

(1)孔子是中国的一位有深远影响的教育家，为中国教育的宗师。他的学说、思想一直被看作治学为人的标准。即使在今天，虽然人们已不把他作为偶像膜拜，但他提倡的“因材施教”的原则、“循序渐进”的方法、“知之为知之，不知为不知”的学习态度仍然为人们所继承。他对教学过程的理解可以概括为“学”“思”“行”。

(2)陶行知是我国近代的一位主张“生活即教育，社会即学校”的著名教育家。他倡导“爱满天下”“教育为公”，一生为给社会培养人才呕心沥血，正像他自己所要求的那样，“捧着一颗心来，不带半根草去”。他对教学过程的理解可以用他的名言来概括：“千教万教，教人求真；千学万学，学做真人。”

(3)夸美纽斯是一位捷克教育家，他提出人的生长像自然界的动植物一样是有序的，儿童是人生的春天，教育应当适应这种自然，按年龄阶段来教育孩子。他是世界上最先提出学校应当实行班级授课制和学年授课制的人，他主张废除强制灌输的教学方法，建议用说服、赞扬和奖励的方法来激发学生求知的兴趣。他对教学过程的理解：教学是从观察到理解、记忆，从感知事物到理解文字、概念。

(4)赫尔巴特是德国著名教育家、传统教育理论的代表，他以创造“阶段教学”法闻名世界。

后来赫尔巴特的学生席勒等进一步发展了这种阶段教学法，形成了“预备、提示、联想、总结、应用”五段教学法。这种方法一直被认为是传统教学的标准模式，它强调了教师、教材和课堂“三中心”的作用。但随着现代科学的发展，其教育理论已不再合时宜了。赫尔巴特对人类教育事业的发展做出过巨大的贡献，但是他的教育思想里保守落后的东西也不少。

我们应该辩证地、客观地看待赫尔巴特的教育思想，肯定其中正确的东西，批判其中错误的东西，无论是全盘肯定还是全盘否定，都是片面的。他对教学过程的理解：把教学过程看作一个新旧观念联系和系统化的过程。

(5)杜威，美国著名的哲学家和教育家，他提倡“儿童中心论”，批判传统教育观。在杜威的理论中，儿童是中心，教育的措施应围绕他们而组织起来。杜威提出以儿童为中心的教育思想，是教育史上的一场革命。但他的教育思想也有一个缺陷，那就是忽视了学校传授系统知识的作用。他认为教学过程是学生直接经验不断改造和增大意义的过程。

(6)布鲁纳，美国心理学家和教育家，是结构主义教育流派的代表人物之一，是致力于将心理学原理应用于教育实践的典型代表，被誉为杜威之后对美国教育影响最大的人。20 世纪 50 年代末期，处于美苏科技激烈竞争中的美国，为苏联的第一颗人造卫星上天而感到极大的震惊，认为自己在技术、军事和人才方面落后于苏联，而这正是教育落后所致，因而开始普遍重视教育。正是在这种背景之下，布鲁纳所阐述的一系列对教育理论的独到见解和对学校课程改革的大胆设想引起人们广泛的关注，特别是 1960 年出版的《教育过程》，使他名声大振，成为国内外知名学者。

布鲁纳在心理学方面接受并发展了皮亚杰的“发生认知论”，形成了结构主义学习理论。他的结构主义学习论主要强调学科基本结构学习和儿童的早期教育，提倡用发现法进行教学，重视学生内部学习动机。同时他还把人的思维看成一个复杂的系统，以信息加工理论的观点，阐述了认知学习的信息处理过程，为人们从事课程设计和教学组织提供了可供参考的策略和方法。自 20 世纪 60 年代以来，布鲁纳的教育思想在世界上反响很大，他的著作《教育过程》至今还在重版。时隔几十年后，他的部分教育思想对我国的教育改革和发展仍有现实意义。教育目标主要是发展智力，而布鲁纳将教育“作为训练民主社会里平衡发展的公民的手段”，认为学校不仅要传授知识和发展学生智力，还要致力于儿童的社会和情感的发展。他把教学过程看作一个发现和认知结构不断构造的过程。

二、教学过程的构成要素和规律

1.构成要素

教学过程是认识过程的一种形式，因此它必然遵循辩证唯物主义认识论和方法论的原理。和一般认识过程一样，它也由三大要素构成。这三大要素分别是作为认识主体的学生，作为认识客体的物理知识和物理科学思维方法，以及作为认识媒介的教师、教材和设备，三者相互联系、相互制约、相互作用，构成了教学过程的三对基本矛盾。

在教学过程中，学生作为认识主体和被教育对象，其地位具有明显的双重性。学生的认识是教学过程的最终目的，是教与学矛盾的主要方面，这是学生地位主动的一面。因此整个教学活动均应充分调动学生学习的积极性，使其作为认识主体的能动作用得到充分发挥，才能切实提高教学效果。然而，作为受教育者，学生的地位又包含着一定的组织有序性。为了保证教学活动的高效，学生在主动认识的同时，还应自觉地接受教学计划的统筹和教师的指导，遵从和顺应教学过程的客观规律，不能各行其是。

联系在认识主体和认识对象之间，促进二者相互作用的是教学过程的认识媒体，它包括教材、设备等一系列"硬件"和教学计划、规章制度等一系列"软件"。在千百年的教学活动中，这些媒介作为推动认识活动的手段得到了长足的发展，它们不再仅仅是一些被动的工具，有的已经上升为对教学成败起决定性作用的能动的关键因素。正是媒体作用这一本质区别，构成了教学过程有别于其他认识过程的一大重要特征。

教学过程中，教师是操纵、驾驭实际教学活动的直接组织者、领导者和控制者。教师应重视自己的支配地位和主导作用，形成以教师为主导，充分调动认识主体、客体和其他各媒体诸方面的积极性的总体机制，统筹优化，扬长避短，发挥效益。

作为知识载体的教材也是教学过程中一个重要的认识媒体，它起着精选知识内容、确定知识组合和系统结构、创造学习环境的重要作用，直接关系着教学活动所涉及知识的多寡和效率的高低，是教师施教、学生学习的基本依据之一。

总之，教学过程是在教师的指导下学生不断发现问题、提出问题和解决问题进而获取知识和发展能力的过程，整个教学过程学生都应处在通过思考解决问题并获取新知识的状态中。

2.规律

教学过程的规律性指的是教学过程本质上固有的、必然表现出来的客观规律性，只要教学过程以某种形式出现，就必然会有这种客观规律性。

教学是在教师的指导下学生主体对物理世界（认识的客体）的特殊认识过程；教学活动中学生居主体地位，教师起主导作用；教学具有教育性；教学具有发展性。这四条都揭示了教学过程的本质关系。故，可总结教学过程的规律性有如下。

（1）教学的认识性

这一规律反映了学生和教学内容之间即主、客体之间的本质关系。教学的认识性可以这样表述：知识的形成和发展的基础是学生主体与知识客体的相互作用，这种相互作用是通过主体能动地作用于客体（环境）而实现的。没有主体的能动作用，就根本无所谓认识。这种能动作用表现为两个"飞跃"，即从感性认识到理性认识的"飞跃"，由理性认识到实践的"飞跃"。这里包含了三个要点：首先，强调客体（环境）的重要作用，即要在物理环境中学习物理；其次，强调了主体的积极作用，即主体的实践和主观能动性；最后，强调了完成两个"飞跃"的认识规律，教学要按照学生的认识规律办事。

（2）教学的教育性

教学的教育性反映了学科知识教学与思想品德教育之间的本质关系。教学始终具有教育性。教学的教育性可以这样表述：任何教育活动中的具体行动，不论它给教学活动带来什么特点，也不论它包含了什么样的学习内容，都会给学生以某种教育影响。这种影响可能好，可能坏，也可能不好不坏。如果是第三种情况，则教学可能使某些个性品质得到保持、巩固乃至加强。"教学的教育性"里所讲的教育，主要是指世界观和道德观的教育，也就是指教学过程中的德育。教学从来不是单纯的传授知识的活动，而是具有教育性的活动。无论是教学内容或知识体系的方法论基础，还是教学人员的政治立场、思想观点和教学态度，以及作风、言行、情感等，都会给学生以某种教育影响。

(3)教学的多边性

现代信息理论认为,教学过程是一个多边互动的过程,即教学过程是教师与教师、教师与学生、学生与学生之间相互作用、共同掌握知识、寻求共同发展的多边互动过程。在教与学的关系上,我们要更加强调学的核心地位,教是为了促进学。中学生的认知、个性、社会性都得到了充分发展,他们已经掌握了比较丰富的学习策略,具有比较强烈的自尊心和社会交往愿望,与他人交流的能力进一步加强,这些心理特点决定了他们更适合合作学习。

合作教学是以现代社会心理、教育社会学、认知心理学、现代教育技术学等理论为基础,以研究与利用课堂教学中的人际关系为基点,以目标设计为先导,以师生、生生和师师合作为基本动力,以小组活动为基本教学形式,以团体成绩为评价标准,以标准参照评价为基本手段,以大面积提高学生的学业成绩和改善班级内的社会心理气氛、形成学生良好的心理品质和社会技能为根本目标的一种教学理论。

合作学习认为,课堂上所发生的一切行为,几乎都是在教师与学生以及学生群体间的互动情境之中。合作学习倡导教师与学生、学生与学生、教师与教师进行多边互动,由此推动教学过程的演进。实践研究表明,课堂上有效的合作,可以提高学生的学业成绩,增强学生高水平的学习动机,改善学生之间的关系,发展学生在现实生活中必须的各种技能,进而提高学生的民主意识。

要提高合作学习的有效性,需要注意以下几点:

①采用异质分组(是指将学习成绩、学习能力、家庭背景和性别不同的学生均匀搭配)的原则合理分组,一般 4～6 人为一组,且一学期调整一次小组划分。

②规范操作,小组的学习操作者和学习检查者的角色要轮流担任。

③小组发言人代表的是本组的意见。

④教师要留给学生足够的时间以确保充分的交流和表现。

(4)教学的发展性

这一规律反映了教学与学生身心变化的本质关系。教学的发展性可以这样表述:有学习就有发展,学习(也就是教学)是发展的形式。我们知道,教学过程本质上是一种认识过程,而认识作为一种反映,它包括了认知、情感、意志、性格等各种个性心理特征。毛泽东同志在《实践论》中指出,人们在认识和改造客观世界的同一过程中,也改造自己的主观世界,改造了认识能力和客观的关系。教学的发展性告诉人们,教学不是单纯地传授知识的活动,而是具有发展性的活动,传授知识总是与促进人的全面发展相结合的。

教学具有教育性较早被人们认识和强调,而教学具有发展性却是在 20 世纪 50 年代以来才逐步被人们认识和强调的。因此,现代教学论要求教师结合知识的传授,创设有利条件,自觉地、有计划地促进学生的全面发展,特别是现代社会所需要的创造能力的发展。这里所说的全面发展,包括一般心理发展,即感情、意志、性格和认识能力的发展,以及体力的发展,而不单指智力的发展。

三、中学物理教学过程

1. 特点

(1)以观察和实验为基础

观察和实验作为一种手段，作为一种物理学的基本思想和基本观点，在物理学的形成和发展中起着十分重要的作用。中学物理教学过程作为一种探索物理世界、掌握物理基础知识的特殊认识过程，与人类探究物理知识的过程有许多相似之处。因此，物理学研究中观察和实验的思想方法，必然影响和制约着物理教学过程的教学指导思想。这种影响和制约作用要求物理教学必须建立在观察和实验的基础上，使学生理解问题是如何提出的、问题是如何研究的以及问题是如何解决的，从而实现从感性认识到理性认识的飞跃。

物理学是一门以实验为基础的科学。物理学的实验基础、理论体系和研究方法是现代科学和技术的基础，它们在学生智能结构的发展中将占有越来越重要的地位。当今的新一代少年，如果缺乏起码的物理学知识和技能训练，那将如何面对新世纪高度现代化的建设任务？因此，中学物理实验教学的根本目的和任务就是通过观察和实验手段，使学生最有效地掌握进一步学习现代化生产技术和现代科学所必需的基础物理知识，培养初步的实际技能和创新能力。

物理实验是物理学研究的基本方法和手段。一些伟大的物理学家都是从物理现象及实验中得出物理规律的，物理实验不但能提供丰富的感性材料，还可以检验物理假说、理论的正确性，开拓物理应用的新领域，另外还能激发学习动机，调动学生学习物理的兴趣，提高学生的思维能力。在中学物理教学中，实验不仅可以使学生获得物理知识、提高实验技能和素质，而且可以培养学生良好的科学态度、作风和习惯。可见物理实验有利于物理课堂教学的开展和知识的传授。

(2)以辩证唯物主义思想为指导

人们对自然界的认识过程是一个从实践到认识、再到实践;再到认识的一个反复演进的迭代过程，人类只能逐步地逼近真理。比如说，如何看待亚里士多德？许多物理教材总是把亚里士多德的观点作为对立面来加以反驳，甚至是加以批判，这有悖于辩证唯物主义的观点。为此，教师在讲解相关内容时有必要客观地介绍亚里士多德在历史上的贡献和当时历史的局限，让学生了解即使是目前的认识也有很大的局限性。要清楚地看到，哲学方法论对物理概念和规律的理解、掌握、运用的指导作用是毋庸置疑的。

中学物理教学作为中等基础教育的一个重要组成部分，其主要职能同样是为社会培养德、智、体、美、劳诸方面全面发展的人。故，物理教学过程必须以辩证唯物主义思想为指导，并以此揭示物理概念的内涵和外延，阐述物理规律的物理意义。只有这样，才能使学生在长期的教学中潜移默化地受到辩证唯物主义世界观和方法论的熏陶。

(3)形成概念、掌握规律

物理概念和规律是构成物理学严谨学科体系的最基本的组成部分。重视和加强物理概念和规律的教学是使学生理解和掌握学科基本结构的关键，它有利于学生通过自身的努力生成全方位的物理图像;有利于激发学生的智慧，发展其记忆力，促进知识的迁移，缩小高级知识和低级知识间的差距;有利于训练、培养学生的思维方法和思维能力。要实现以上目的，就要抛弃传统的直接给出概念和规律的做法，代之以先进的“过程教学法”，重视在课堂上与学生共同探讨概念和规律的形成过程，使学生理解知识的来龙去脉，加深对概念和规律的认识。

(4)密切联系实际

不管是从学生学习知识和运用知识的角度来看，还是从培养学生能力的角度来看，物理教学都必须切实加强同实际的联系。理论联系实际才能还物理以本来面目。从物理概念和规律的引入、规律的得出，到知识的巩固、深化、应用，都应该注意密切联系生产、生活实际，联系科技的发展。加强理论与实际的联系，一方面可以激发学生学习物理知识的兴趣，使他们充分感觉到物理不仅有趣而且有用；另一方面也有助于学生更深刻地理解和掌握所学的物理知识，使他们能够获得学习、理解和运用物理知识的方法。

(5)以数学方法为重要手段

物理学是一门精确的定量科学。多数物理概念既有质的规定性(反映客观事物共同的物理属性和本质特征)，又有量的规定性(表现为特定的可以测量与可计算的物理量)，因而也称之为物理量。而物理规律(包括物理定律、定理、原理、法则、公式等)是物理现象、物理过程在一定条件下必然发生、发展和变化的规律，以及这些变化过程各物理量之间的函数关系。因此，质的规定与量的表达是物理学的突出特点，数学是物理学量的表达的最有效方法。那么，是什么因素将研究单纯数形关系的数学与研究物质种类繁多、运动错综复杂、相互作用各具特色的物理现象联系起来呢？这就是“物理模型”。所谓物理模型，就是为了研究物理问题的方便和探讨物理事物的本质而对研究对象所做的一种简化的描述和模拟，它是以抽象的方法对具体的问题忽略其次要因素，突出主要因素而建立的物理形象。因此，物理模型是物理知识本质特征的形象表征，是定量研究物理学的基础。例如，如果没有“质点”模型，就不能够精确确定运动物体的位置，也就不能确定运动过程的位移，更不能定义速度、加速度等有关描述物体运动的概念和规律的数学表达式。可以说，在物理学中几乎所有表达定量关系的物理概念、规律和理论都是建立在物理模型的基础上的，没有物理模型，就不可能有物理概念和规律的定量描述。物理模型与数学方法的统一是物理学基本的研究方法，也是中学物理教学的重要手段。

从根本上讲，物理概念和规律都是人们对一定物理事物和过程的意义建构，这种意义建构离不开数学的建模。因此，理解物理概念和规律必须以物理模型为基础，以数学方法为工具。离开了这两者，物理学习寸步难行。例如，每当提到“匀变速直线运动”的概念及其规律时，总能在脑海中既简要又形象地勾画出由“质点”“平直”“速度”“均匀变化”等要素构成的模型，而匀变速直线运动的公式则是对这一模型中各物理量之间关系的定量描述。可见，离开了物理模型，物理学就变得繁杂和抽象，而离开数学方法，物理学不能做到简明和精确，而两者的结合是形成和理解物理概念和规律不可或缺的手段。因此，在中学物理概念与规律的教学中，有经验的教师很注重通过物理模型的示意图帮助学生建立物理图景，然后引导学生通过对物理模型的分析来建立概念、规律，以及它们的数学公式，力图将概念、规律、模型和数学公式建立实质性的联系，避免学生死记公式，生搬硬套。总之，抽象的数学语言与形象的物理模型的统一是中学物理教学的重要手段。

2.规律

(1)认识性规律

实施物理教学的目的，就是要学生学习和掌握物理学知识，进而促进其发展。对学生而言，学习物理知识是一个从未知到知、从知得较少到知之较多的转化过程，其实质就是认识过程。物理教学认识的本质表现在：学生是认识的主体，物理知识是认识的客体，学生物理知识的形成和发展，主要是靠学生主体与物理知识客体的相互作用实现的，要实现认识，学生主体发挥积极的能动作用是关键。物理教学过程中的认识同样遵守从“感性认识上升到理性认识，从理性认识上升到实践”的规律。在物理教学过程中，感性认识的形成主要是通过学生的观察和物理实验来完成的。因此,在教学中一定要注意为学生创设物理环境,使学生在物理环境中充分发挥主体的能动性,积极主动地作用于物理环境。对物理知识从感性认识上升到理性认识的关键在于对感性材料进行思维加工,只有通过思维加工,才能认识现象的物理本质。因此,物理教学中一定要突出物理思维的作用,把对学生思维能力的培养放在突出地位。

(2)教育性规律

教书和育人是一个不可分割的整体,教学始终具有教育性。就中学物理课程而言,其开设目的就是为了提高全体学生的科学素养,物理课程的三维目标正是物理课程育人要求的充分体现。物理教学的教育性主要是指物理教学对学生个性品质、人格、情感、态度和价值观等方面产生的影响。教师在教学中要遵循这一规律,按照物理教学的教育性规律办事,认真落实物理课程的三维目标,尤其要突出教学的情感功能和育人功能,使物理教学能为学生健康的人格、科学态度、情感和价值观的形成,学生素质的全面提升发挥积极的促进作用。

(3)发展性规律

教学与发展的关系是教育改革的基本理论问题之一,也是需要从理论和实践两个层面回答的重要问题。教学有利于促进学生的发展,学生的发展反过来又能更好地保证教学的有效实施。实践表明,教学对学生的发展有促进作用,但教学的方式不同,对学生发展的促进程度也不同。因此,教学要能有效地促进学生的发展,教师就必须研究教学,采取有效的教学方式方法。

在物理教学过程中,要有效促进学生的发展,教师可从三个方面努力。首先,教学要符合学生的发展现状。这就要求教师必须研究学生的发展水平和心理特点,只有了解了学生的发展现状及心理特点,教学才可能适应并有效促进学生的发展。其次,要重视物理学思想和物理学方法的教学。物理学在发展形成过程中形成了物理学思想方法体系,它比物理学的具体知识更重要,更有价值。掌握物理学思想方法,学生能够终身受益,对形成分析、处理、解决实际问题的能力具有重要价值。再次,教师要把物理知识作为人类认识物理的过程来教。学生的发展是在学习的过程中进行的,而任何一个物理知识,都和人类认识物理现象的丰富过程相联系。因此,教学中不要把物理知识作为结论教给学生,要引导学生经历人类认识物理现象和物理知识的探索过程。让学生能从更高层次上认识物理现象,理解物理知识,而且能在学习物理的过程中得到全面发展。

第二节　物理教学原则

教学原则是根据一定的教学目的,根据人们对教学过程规律的认识而制订的对教学的基本要求,是指导教学活动的一般原理。

物理教学既与其他学科的教学有许多共性,也有物理学科自身的特点。因此,一般教学论总结出来的、已经被教学实践证明是正确的教学原则,在物理教学过程中都必须贯彻执行。但是物理教学过程有自己的特殊性,物理教育工作者必须认真总结物理教学过程的特点和规律,制订出在物理教学过程中必须突出并严格遵循的物理教学原则。有人已就此作了初步研究,但尚未真正建立起一套较为成熟的物理教学原则体系。

根据物理教学过程的特点,我们认为在中学物理教学中应特别强调以下几个教学原则。

一、科学性原则

所有的教育根本原则都是要和科学性相结合。教学如果保证不了科学性就会失去教学的意义。

坚持物理教学的科学性，要求教师科学地实施教学。一方面，教学中教师要正确地运用物理语言，对物理学内容表述正确、表达准确。例如，讲物质的比热容时不能把"物质的比热容"说成"物体的比热容"；讲物体的受力分析时，不能把"物体所受的力"说成"物质所受的力"等。另一方面，要结合学生实际和课程标准要求，科学地把握和处理教学内容。在中学阶段，限于学生的认知水平和心理特点，有些物理概念、物理规律在教材中的呈现是循序渐进、螺旋式上升的，针对这些内容教师要正确处理教材，既要做到讲准确、讲清楚，又不要一次把某一个问题讲深、讲透、讲全。

1. 教授的物理内容必须要正确无误

坚持物理教学的科学性，除了教给学生科学准确的物理知识之外，还要教给学生物理学研究方法，分析、处理、解决物理问题的正确方法以及科学的学习物理学的方法，引导并帮助学生掌握物理知识的基本结构。

例如，在几何光学教学中，当讲到光的折射成像时，通常用到在水面斜上方观察水中物体的例子，结论是由于光的折射作用，在水面斜上方看到水中的物体"升高"了。但是，同一个结论可能画出三种不同的光路图，如图 4-1 所示。

图 4-1(a)中物体"升高"到左上方；图 4-1(b)中物体"升高"到正上方；图 4-1(c)中物体"升高"到右上方。然而，在一定条件下进行观察，例如都从水面右上方观察，结果只能是一个。也就是说，三个图中只有一个图是正确的，另外两个图都是不正确的。究竟哪一个正确，请读者自己考虑。在教学中，教师尽管不必给学生推证上述结论，但却不能画错。否则，就是犯了所谓的科学性错误。

又如，有两个平面镜 M 和 N，它们之间的夹角为 θ。在其中放一点光源 S，试求点光源总共能成几个像？

对于 $\theta=90^\circ$的情况，如图 4-2 所示。很容易证明，S 对 M 镜成像为 S_1；对 N 镜成像为 S_2；S_1 对 N 镜成像为 S_3，S_2 对 M 镜成像也为 S_3。于是，成像的个数 $n=3$。

然而，如果由此给学生总结出成像个数的公式 $n=\left(\frac{360}{\theta-1}\right)$，则是不科学的。

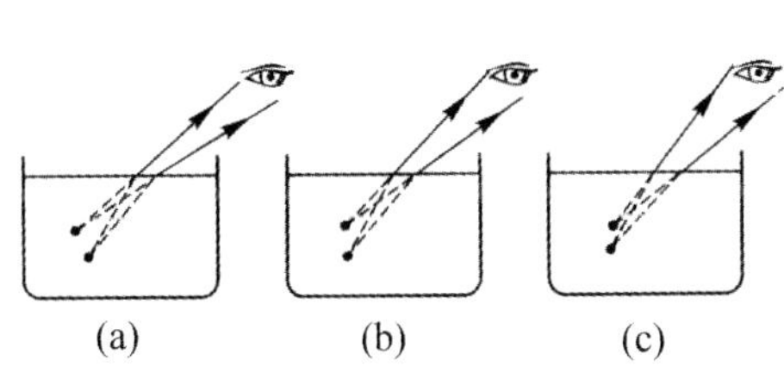

图 4-1　光的折射示意

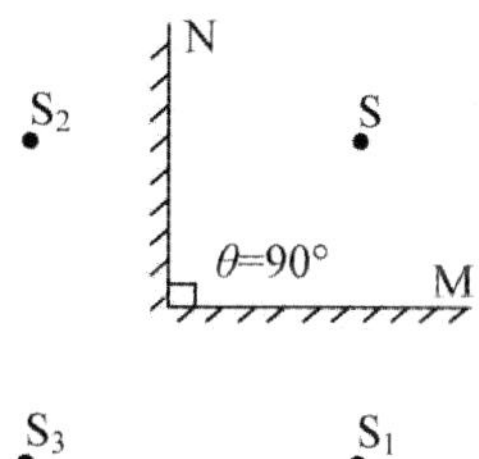

图 4-2　点光源平面反射成像之一

这个结论对 $\theta=90^\circ$的情况是正确的：$n=\left(\frac{360}{90}\right)-1=3$ 然而，当 $\theta=120^\circ$时又是怎样呢？

如果点光源 S 位于两镜面夹角的平分线上.，如图 4-3(a)所示，则 S 对 M 镜成像为 S_1；S 对 N 镜成像为 S_2；S_1 和 S_2 分别位于 N 镜和 M 镜的镜面延长线上，不再成像，从而符合 $n=\left(\frac{360}{90}\right)-1=2$ 。但是，如果点光源 S 不在两平面镜夹角的平分线上，如图 4-3(b)所示，则 S 对 M 镜成像为 S_1；S 对 N 镜成像为 S_2；而 S_1 对 N 镜还可以成像为 S_3。因此 n 不等于 2，而是等于 3，$n=\left(\frac{360}{\theta}\right)-1$ 就不再是正确的了。这种在逻辑上称为枚举法的不完全归纳所得出的结论，并不是永真的。

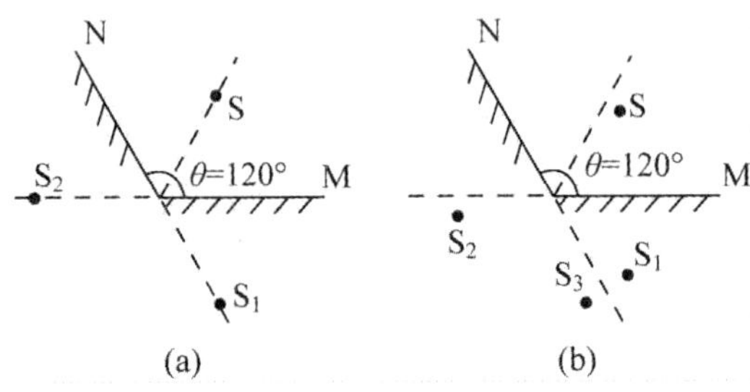

图 4-3　点光源平面反射成像之二

再如，在一悬线的下端挂一个质量均匀的金属空心球，球内充满水，构成一个单摆。如图 4-4 所示。悬点 A 到金属球球心 O 的距离 $AO=l$。当它做简谐振动时，其周期为：

$$T=2\pi\sqrt{\frac{l}{g}}$$

如果盛水的空心球底部中间有一个小孔，水从小孔不断流出，其周期 T 将如何变化？有的答案是，在单摆运动过程中，随着水从球内流出，周期逐渐变大，直到水流完时，恢复为原周期。这是因为：单摆的摆长是由 A 点到摆球质心(该质心是空心球和满球水的公共质心)的距离，水尚未流出时，摆长为 l，单摆的周期由 $T=2\pi\sqrt{\frac{l}{g}}$ 决定。当摆球摆动时，球内的水从小孔慢慢流出，这时，空心球的质心仍在球心，而球中的水由于不断减少而引起水的质心降低，那么，空心球和水的公共质心(即摆球质心)也随之降低，致使摆长变长，周期慢慢变大，直到水全部流完后，空心球的质心就是摆球的质心，又回到 Q 点，摆长恢复为 l，所以周期恢复为原周期。

这是一个合乎逻辑的解释，但是，实际上是错误的，错在质心的改变上。在水开始流出的前一个阶段，由于水的质心降低，确实引起空心球和水的公共质心慢慢降低，摆长变长，周期变大。然而，不要忘记，空心球的质量是不变化的，因此，公共质心不是随着水不断流出而始终降低，而是降低到一定程度后(注意，水并没有全部流出)，公共质心又逐步上升，直到水全部流出时，公共质心就是空心球的质心，即又回到水未流出时空心球和水的公共质心 Q 点(图 4-4)。这就是说，在水不断流出的过程中，周期变化的过程是：从原周期先增大，增大到一定程度以后

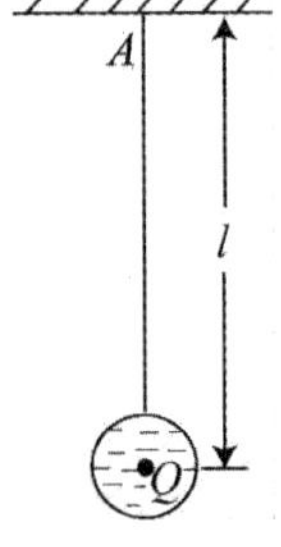

图 4-4　摆球"变化"的单摆

(这时水并没有全部流完),再减小,直到恢复原周期。

由此可见,原来的解答是有科学性错误的。然而,仔细推敲一下,这个题目本身也是有问题的。问题在于什么是单摆。我们知道,单摆是一个理想化模型,它的装置是一根不可伸长的轻绳(质量忽略不计),上端固定,下端悬挂一个可视为质点的摆球。题目中给出的装置,在摆球的大小远远小于悬线长度时,球中的水并不流出的情况下,则可以看作是一个固定的单摆。当它摆动时,如果摆角小于 5°,则其摆动的周期可按 $T=2\pi\sqrt{\frac{l}{g}}$ 来计算。然而,如果在摆动过程中,球中的水不断流出,又不忽略摆球质心的微小变化,则该装置就不是一个固定的单摆了,只能是在某一时刻相当于某一个摆长的单摆,过一瞬间,这个单摆就消失了,又相当于另一个摆长的单摆……也就是说,题目研究的是"瞬时单摆"的情况。"瞬时单摆"的周期有什么意义呢?又怎样用实验测定呢?在教学中讨论这样的问题是无益的,且容易混淆学生对单摆的认识。因此,题目本身是不妥的。

为了防止教学中的科学性错误,要求物理教师要有高一级的物理知识水平。只有教师对知识理解得透彻,掌握得牢固,才能在讲授时深入浅出、通俗易懂,且无科学性错误。

这里应当指出,我们所说的科学性原则,主要是指科学内容上要正确无误,并不意味着不分对象、不分学习阶段,单纯地追求严格性。要知道,严格是相对的。对某一概念或规律,从初中的定性说明,到高中的定量表述,内容的深度和严格的程度,显然是不同的,但必须都是正确的。

2.物理概念和规律要有充分的事实依据

所谓充分的事实依据,包括直接观察的现象和实验事实,也包括学生已有的个体经验。

有许多物理现象是日常生活中常见的,学生是可以体验得到的。例如,用手拍桌子时,手的疼痛感觉告诉我们,当手给桌子一个作用力时,桌子也给手一个作用力;当你直立在黑板前,水平用一力推黑板时,黑板将会把你推倒。这些事实说明两个物体间的作用是相互的,力是同时成对出现的,而且分别作用在两个不同物体上。这种结论的事实依据是充分的。至于作用力和反作用力的量值关系,则还必须要用另外的定量实验来说明。

还有很多物理现象是学生不能亲身感受到的,这就必须通过演示实验让学生观察。例如,讲授电流周围存在磁场这一内容,如果只是把结论讲给学生听,由于学生以前没有感性知识,现在也没有亲自观察过,只能是死记硬背,这样的教学是缺乏科学性的。这时,我们可以把若干个检验磁针摆放在通电导线的周围,或者在一个垂直于通电导线的平面上放置一些铁屑,磁针的摆动取向或铁屑的有秩序排列,为我们阐述电流周围存在磁场提供了充分的事实依据。实际上,这也是培养学生实事求是的科学态度的重要途径。

二、直观、抽象性原则

物理学一方面是一门形象性很强的学科,绚丽多彩的自然现象是物理学研究之源,生动直观的物理实验是物理学研究之本;另一方面,物理学又是一门逻辑性很强的学科,严谨的表述、严密的体系、严格的推理论证充分显示了它的抽象性。形象与抽象的交织是物理学独有的特点,因此物理教学的直观与抽象相结合的原则是由物理学的学科特点决定的。

直观性应该包括两个层次的含义:一是单纯建立在感性认识之上的直观,二是建立在理性认识之上的直观。前者是指事物的表象，是对事物生动具体的感性认识，是认识的出发点。后者是指事物的本质，是从理论上对事物的各个侧面、各个细节的本质的认识，是认识的结果。前者是后者的基础，后者是前者的升华，而抽象则是两者之间的桥梁与媒介。

学生学习知识一般是从直觉开始的，由直觉获得对物理现象生动而具体的感性认识，形成前一层次的直观。但这种直观尚不能反映事物的本质与规律，还处于浅层次的认识阶段，必须经过对事物本质特征的抽象处理，包括分析、综合、判断、推理等思维过程，才能形成对事物本质特征的深层次认识，达到理性的直观。

例如，有的教师在讲授电流表时，发给每个学生一块电表和一把小改锥，让学生在课堂上亲自动手打开电表的后盖，观察电表内部的结构。在学生已获得感性知识之后进行讲授，效果很好，甚至有些内容，如调零点的螺丝等，教师不需要再讲，学生就已经掌握。

又如，讲授电磁继电器的工作原理及其应用时，由于继电器比较小，它在工作过程中的动作，教室内的学生是观察不到的。这时，如果利用光学投影媒体，把它放大投影到屏幕上，那么，学生既能看到实物设备，又能观察到继电器的工作过程，极为生动、直观，易于学生掌握。

再如，讲授压力概念，同样应当让学生观察、思考：在架起的木板上放一个重物，物体把木板压弯了，如图 4-5 所示；人走在松软的土地上，留下一连串的脚印；用力往木板上按图钉，图钉就钉进木板里，如图 4-6 所示。再让学生思考：这些司空见惯的现象是怎样产生的？同学们可能回答说这是由于物体和人有重量而产生的。这个回答是不对的。图钉有重量，其方向是竖直向下的，它怎能使图钉钉入木板内呢？进而引导学生仔细观察上述现象的特点：物体和木板、脚和地面、手和图钉都是相互接触，并互相挤压的（在前两个现象中，重量只是创造了挤压的条件），由挤压产生的作用力是发生上述现象的直接原因。这样，学生很容易理解由相互挤压而产生的、垂直作用在物体表面上的力叫做压力。

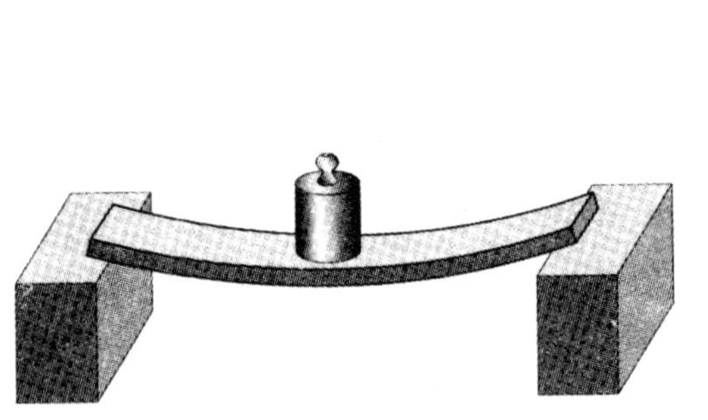

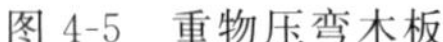

图 4-5　重物压弯木板

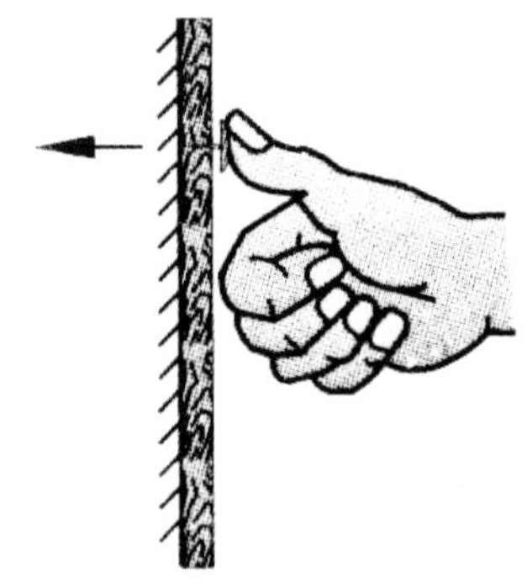

图 4-6　按图钉

还如，碰撞现象是比较复杂的。两个宏观物体相碰时，彼此都要发生形变。由于形变，每个物体分别给对方以弹性力作用，从而改变每个物体的运动状态。学生虽然经常看到碰撞现象，但对碰撞过程是认识不清的，特别是对什么叫碰前的状态和什么叫碰后的状态不清楚。有不少书中的插图，如图 4-7 所示，其中 Ⅰ 叫碰前，Ⅱ 叫碰撞，Ⅲ 叫碰后，这也容易给学生造成错觉。

如图 4-8 所示，以两个质量相同的弹性小球相向运动的情况为例，来讨论它们碰撞的具体过程。

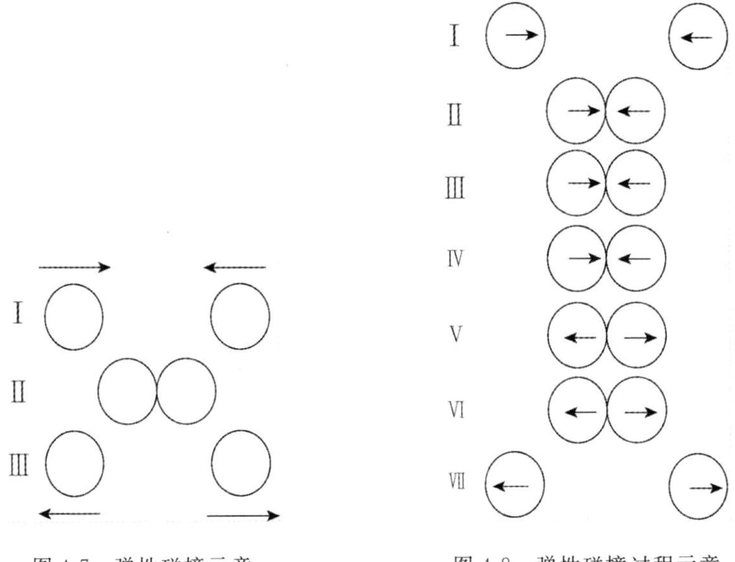

图 4-7 弹性碰撞示意　　图 4-8 弹性碰撞过程示意

图中小球内部的箭头表示运动速度的方向，箭头的长短表示速度的大小。我们可以明确地告诉学生，在宏观物体碰撞理论中的所谓“碰前”，并不是状态Ⅰ，而是状态Ⅱ，即两个弹性小球“要碰还没碰，没碰就要碰”这个时刻的状态。由于它们具有相向运动的速度，开始相互挤压，发生形变，从而产生弹性力。向右运动的第 1 个小球受到第 2 个小球给它的向左的弹性力，开始做减速运动，从而向右运动的速度减小；同时，向左运动的第 2 个小球受到第 1 个小球给它的向右的弹性力，开始做减速运动，从而向左运动的速度减小，如图 4-8 中Ⅲ所示。这时，虽然相对运动的速度减小了，但仍具有相向运动的速度，仍继续相互挤压，继续形变，从而产生更大的弹性力。两个小球分别在弹性力作用下，继续做减速运动，直到相对速度逐渐减小到零，如图 4-8 中Ⅳ所示。

如果碰撞过程从碰前状态Ⅱ开始，到相对速度为零的状态Ⅳ结束，小球的形变完全不能恢复，则这种只有压缩阶段，丝毫没有恢复阶段的碰撞，叫做宏观物体的完全非弹性碰撞，状态Ⅳ叫做“碰后”。如果小球的形变可以恢复一些，则彼此分别在相互作用的弹性力作用下做加速运动，分别向相反方向运动，具有速度，如图 4-8 中Ⅴ所示。这种从状态Ⅱ开始，到状态Ⅴ结束的碰撞，叫做非弹性碰撞，状态Ⅴ叫做“碰后”。若小球的形变可以完全恢复，则它们继续做加速运动，速度不断增大，如图 4-8 中Ⅵ所示。这种既有压缩阶段，又有完全恢复阶段的碰撞，叫做宏观物体的弹性碰撞。状态Ⅵ叫做“碰后”，即两个小球“要离开还没离开，没离开就要离开”的这个时刻的状态。这样，把不易被人察觉的、隐藏在内部的现象，生动地形象化、具体化，便于学生了解过程、进行观察和思考，有利于学生正确地理解物理现象。如果把上述内容做成动画，效果就会更好。

三、启发思考原则

物理学在其产生、发展和形成的过程中，形成了物理学思想和方法体系。与具体物理知识相比，物理学的思想方法更重要，它们具有更基本的基础性和更普遍的适应性，对发挥物理教学的育人功能有着更为重要的作用。因此，只教物理知识的教学是不够的，完整的物理教学必须包括物理学思想和物理学方法的教育。

从认识论的角度看，学习物理是从感性认识开始的，感性认识是基础。但是，如果只停留在对物理事实材料的感性认识阶段，就不可能达到对物理学的真正认识。因为人们对于感觉到的物理事实并不一定能够真正理解它，只有上升到理性认识阶段，有了深入的理解，才能更深刻地认识物理现象、物理事实。例如，如果只有观察和实验，人们就不可能得出牛顿第一定律，而理解了牛顿第一定律才可能更加深刻地认识力与运动的关系。要使学生对物理现象和物理事实拥有真正的深刻理解，就必须在教学中使其形成物理学思想，掌握物理学的研究方法。

从内容的角度分析，物理学至少包括用文字、公式、图表等多种方式表示的物理知识以及蕴含在知识中的物理学思想方法。物理知识是物理学思想方法的具体表现，物理学思想方法是产生和形成物理知识的源泉，二者不可分割地融合在一起，且物理学思想方法对物理学乃至全部自然科学的发展产生了更为深刻的影响。由此可见，进行物理学思想方法教育应该也必须是物理教学的重要任务。

就中学物理教学而言，提高学生的科学素养，全面实施素质教育是重要的课程目标，让学生经历科学探究过程是重要的课程理念。因此，在中学物理教学中，必须注重启发学生思考，自觉地运用物理学的方法组织教学活动。物理学的认识方法应该反映在学生的学习方法中，因此，要使物理教学过程成为启发和引导学生运用物理学方法来提出、探索、研究问题的过程。只有进行了物理学思想和方法的教育，才可能完成中学物理的教学任务。

又如，讲解有固定转轴的物体的平衡条件时，可引导学生通过实验、观察，取得数据，得出结论。采用如图 4-9 所示的力矩盘来做实验。根据实验所取得的数据，通过分析，总结出有固定转轴的物体的平衡条件是对转轴的所有力矩的代数和等于零。

这时，教师可提出问题：如果去掉转轴左边的一个力的作用，将发生什么现象呢？学生通过实验，观察到力矩盘微微摇动一下，立即又处于平衡。但，这时弹簧秤的指示改变了。再记录所取得的数据，经过分析，仍满足上述的结论。教师再引导学生把悬挂的物体都去掉，又怎样呢？学生通过实验发现，力矩盘较大幅度地转动了一下，又处于平衡。这时弹簧秤上的读数，虽然可以不为零，但弹簧秤对物体的拉力的方向是通过转轴的，因此，仍然满足上述结论。

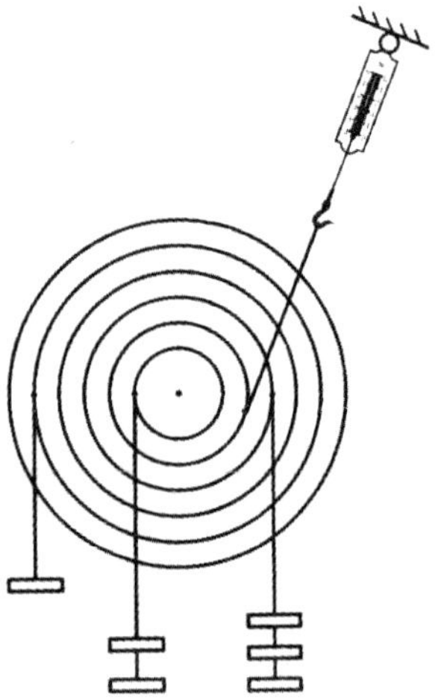

图 4-9　力矩盘实验

再如，在全反射现象的教学中，同样，让学生通过实验，观察一束光从光密介质射向光疏介质时，在两种介质分界面处分成两束光，一部分光被分界面反射回到光密介质内部，反射角 i' 等于入射角 i；另一部分光通过分界面，进入到光疏介质中，并发生折射，折射角，r 大于入射角 i，如图 4-10 所示。这时，引导学生注意观察，当

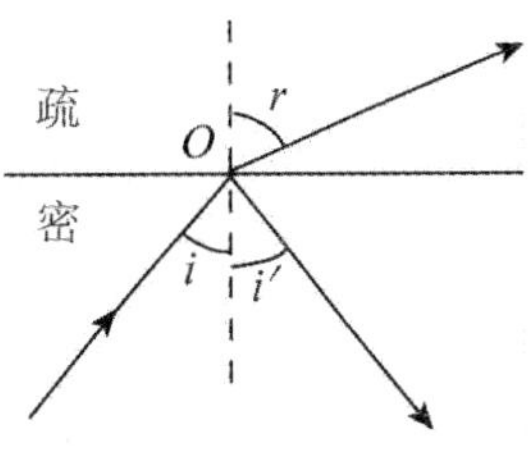

图 4-10　光的全反射

入射角增大时，将发生什么现象？学生会观察到：入射角慢慢增大时，反射光线的反射角和折射光线的折射角也在不断地增大；反射光线越来越强，折射光线越来越弱。当入射角大到某一角度时，折射角变成 90°，折射光线变得极弱，入射角再大一点，入射光线将完全被反射回来。这时，教师给出临界角的概念，并强调发生全反射现象的两个条件：光线从光密介质射向光疏介质；入射角等于或大于临界角。

这样，学生经过动手、动脑，自己发现了规律，既提高了学习的兴趣，又掌握了知识，提高了能力。总之，物理教学中，教师不仅要启发学生善于观察，积极思考，从实验中总结规律，且要启发学生运用已有的知识去解决问题。

四、有序性原则

有序性原则是指教学活动必须按照学科的逻辑结构和学生身心发展的规律，有次序、有步骤地进行，以期使学生能够有效地掌握系统知识，促进学生的身心发展。贯彻有序性原则的要求是：

1.把握教学内容的序

中学物理课程标准和教材是依据基础教育的根本目的、物理学科的特点和学生身心发展规律而编制的，它们应当与相应年级学生的认识能力、掌握知识的顺序是相适应的。因此，物理教师必须研究学生的身心特点，把握好物理课程标准和教材的内容标准，在教学中有关知识与技能、过程与方法、情感态度与价值观的内容都要与学生的水平相符合。另外，把握教学内容的序，还必须突出重点、突破难点。学生只有在掌握了教学内容的重点，才能以点带面，举一反三；只有突破了难点，才能为进一步学习扫除障碍。

2.抓好教学过程的序

有序性原则是贯穿整个学校教育教学的重要原则，例如，拟定学期教学计划、组织学生课外活动、进行研究性学习等等，都必须贯彻这一原则。但最重要的要贯彻在课堂教学过程。抓好课堂教学的序，就要根据教学内容的特点、学生的思维水平、知识基础和教学条件，设计和确定课堂教学的最佳顺序，合理安排教学过程。在教学过程中，教师还要善于组织教学内容，达到化难为易、化繁为简、从已知到未知、从片面到全面，使学生顺利地学习的目的。

3.遵循学生学习的序

学生的学习总是一个从现象到本质、从浅尝到深入、从片面到全面的循序渐进日积月累的过程。因此，教师在教学中既不能忽冷忽热，不能一味贪多、急于求成。教师应当研究学生的学习规律与特点，引导学生学会合理规划自己的学习计划和目标，恰到好处地引导学生学会学习的方法，培养学生自主的学习能力。另一方面，让学生养成对所学习的知识及时查漏补缺的意识与习惯，培养学生踏实、有意义地学习知识的良好习惯。

五、目标整合原则

物理课程总目标是提高全体学生的科学素养，在知识与技能、过程与方法、情感态度与价值观三个维度上培养学生。但是如何来具体处理这三个维度的目标的问题，有不同看法。有一种观点认为，知识与技能是能力、情感、态度、价值观发展的基础，没有知识，谈何能力、情感、态度、价值观的发展。因此，物理教学应当先进行基本知识和基本技能的教学，让学生先掌握“知识与技能”的目标，然后来进行“过程与方法”“情感态度与价值观”方面的目标达成。还有一种观点认为，有些物理课程内容只有知识的学习内容，有些是技能学习的内容，因此在物理教学中可以根据实际，知识与技能、过程与方法、情感态度与价值观三个维度的目标达成可以比较独立地来进行。

以上两种观点说明了对如何处理三个维度的目标的关系有不同的看法，需要我们对物理课程目标及其达成途径进行深入探讨。首先，要全面认识知识与技能、过程与方法、情感态度与价值观三者的关系。知识、技能、能力、方法、情感、态度、价值观在任何学习活动中都具有共体共时的特征，它们并不是孤立的。同时，它们之间的关系也是相辅相成的，传统观点认为知识与技能是能力、情感、态度、价值观发展的基础，但其实知识、技能、能力、方法、情感、态度、价值观其实是互为基础的。我们说，能力、情感、态度、价值观又是学习知识的重要条件和基础，何尝不是正确的呢？其次，从人的发展理论上看，人的发展是“全人”的发展。知识、能力属于认知范畴，而单纯地着眼于认知活动或伴有大脑活动的心智发展，人格是不可能健全发展的。为了完整人格发展，知识与技能、过程与方法、情感态度与价值观三个维度要和谐发展。情感态度与价值观从人格特征促进知识的学习和能力的获得。就人的创造性而言，它不仅需要知识和创造能力，而且也需要创造性的情感、态度等人格因素。心理学研究表明，影响人的创造成就的最重要因素并不是创造力，而是创造性的人格特征。最后，任何学习活动都伴随着“知识与技能”“过程与方法”“情感态度与价值观”的因素，知识的教学并不是静态知识孤立传授与接纳，知识的教学还包括在习得知识过程中的方法和过程，也包括学生在学习知识过程中的体验，以及与之相伴的能力、情感、态度、观念的形成。任何知识的教学何尝没有“过程与方法”“情感态度与价值观”因素的熏陶呢？只不过许多人没有显性意识到“过程与方法”“情感态度与价值观”因素的熏陶罢了。这样的话，学生往往受到非你期望的“过程与方法”“情感态度与价值观”因素的影响罢了。从这个意义上讲，真正在教学中孤立地处理知识与技能、过程与方法、情感态度与价值观的目标，其实也是做不到的。

因此，要把“知识与技能”“过程与方法”“情感态度与价值观”因素综合起来进行物理教学。“知识与技能”“过程与方法”“情感态度与价值观”的整合不是简单的结合，更不是“拼合”，整合是对它们进行合理的调整和有机的组合，追求三者整体教育功效的最佳化和最大化。这就是在物理教学中应当遵循的三维目标整合的原则。

如何在教学中贯彻“知识与技能”、“过程与方法”、“情感态度与价值观”目标整合原则呢？

1. 从三个维度设计教学过程

在进行物理教学时，要对三个维度的目标及其达成有一个整体的思考。明确“课程目标的这三个维度不是相互孤立的，它们都融于同一个教学过程之中。在设计教学过程时，需要从三个维度来构思教学内容和教学活动的安排”。

要在对学生学习需要、学习任务、学习特征、学习背景分析的基础上从三个维度来拟定教学目标。例如对“楞次定律”的教学，可以拟定三个维度的目标如下。第一，知识与技能：①知道感应电流方向与磁通量变化的关系；②初步掌握感应电流方向的判断方法（楞次定律）；第二，过程与方法：③经历发现楞次定律的过程；④学习发现楞次定律的实验方法；第三，态度情感和价值观：⑤通过发现楞次定律的历史介绍，受到科学态度情感的教育。

2. 把三维目标融合起来处理问题

要引导学生把三个维度的目标融合起来分析和解决问题。例如，在引导学生学习电场知识时，可以让学生探讨“电荷之间的相互作用力是怎样发生的”这个问题。通过学生尝试用不同的理论去解释“电荷之间的相互作用力是怎么样发生的”这个问题，让学生体验到科学的基本过程和方法，同时培养他们的探究能力；通过不同理论解释“电荷之间的相互作用力是怎么样发生的”这个问题的交锋，让学生体会科学并不是绝对的凝固不变的真理，而是在实践中不断发展和完善的，从而帮助他们树立起正确的科学知识本质观。同时，学生也学习到电场的知识。

3. 从三个维度来测量与评价学生学习成就

传统对学生学业成就的评价倚重学生的知识评价，对学生学习能力是关注不够的。特别是实践能力和创新能力，情感态度与价值观方面的评价是缺失的。这样的评价未能关注学生在“知识与技能”、“过程与方法”、“情感态度与价值观”方面的完整发展。因此，要研究能够促进学生“知识与技能”、“过程与方法”、“情感态度与价值观”的可行的方法与技术，来促进学生全面和谐的发展。

总之，在物理教学中，应当根据学生实际和教学内容的实际，把物理知识的教学、技能的训练、能力的培养、科学态度与价值观的养成恰到好处地融合起来。

六、贴近生活、联系实际的原则

物理学由于研究对象的广泛性和普遍性，成为科学技术最重要的基础学科之一，也是工程技术的理论基础。物理学和自然现象、生产和生活是密切相关的，有广泛的应用。但是物理学的应用于生产和生活的广泛性并未被物理教学所充分利用。物理教学往往是脱离学生生活和社会实际的一种非常枯燥乏味的活动，学生对物理学习缺乏兴趣，厌学怕学物理的现象很普遍。

“物理教学要贴近学生生活、联系社会”这一基本原则是由物理学的技术价值、经济价值和人文价值的性质所决定的。物理教学要贴近学生生活、联系社会，就能使学生在学习与掌握物理学的基本知识和技能的同时，懂得这些知识的实用价值和社会价值，并学会在社会中如何运用这些知识，以及运用这些知识去分析解决实际问题。同时，这样的教学还能培养学生正确的科学、技术和社会关系意识，使他们形成关于科技发展与人类幸福和社会发展相统一的价值观，树立起推动科学、技术和社会的进步，服务社会的人生价值观。

1. 引入学生感兴趣的生活和社会的物理问题于教学

如家庭中新型电器、新型炊具中的物理原理，公共交通设施、交通工具中某些新装置的物理原理，新型通信工具等等，都有许多学生感兴趣的物理知识和问题，教师要选择与学生生活联系密切的素材用于教学。课堂教学中，教师还可以使用可乐瓶、易拉罐、饮料吸管、胶带纸等生活中的常见物品来做物理实验。学生的课后作业也应该因地制宜地引导学生关注周围的生活，例如游乐场中的物理，车站、码头上的物理，超级市场中的物理等。把这些与学生的生活密切相关的事物引入物理课，就会增加学生对物理课的亲切感。

2. 理论与实际相联系

物理知识在实际中的运用包括：现代生活中所需要的物理知识，工农业生产、交通运输、国防科研等方面需要的物理知识,其他自然学科所需要的物理基础知识。在教学中,一方面要让学生了解学习物理目的之一在于应用;另一方面,在教学中要特别让学生学习运用物理知识解决实际问题的思路和方法,多让他们用物理知识去解决实际问题。具体的做法可以是多样化的,可以是以某一物理知识的应用案例来开展教学,也可以是在知识学习后进行实际应用的扩展,也可以是在应用物理知识的过程中提出物理学习的新问题。比如,可以以人造卫星的运行案例来进行"动能和势能"的教学,也可以在"动能和势能"教学后,紧接着分析了人造卫星绕地球运行过程中动能和势能的转化,也可以在分析人造卫星绕地球运行的过程中提出新的问题。这些加强物理知识与现代科技联系的做法,一方面可以使学生加深理解所学的物理知识;另一方面,可以使学生领悟到物理学在实际中的价值,体会到物理学对"四化"建设具有十分重要的作用,这样就可以激发学生学习的兴趣和动力。

3. 在教学中融合 STS 教育

在物理教学中进行 STS 教育基本途径有两条:一是充分挖掘教材中 STS 教育的素材,并渗透到教学中。例如,引入有关交通工具与环境的关系的 STS 议题进行讨论,让学生感受到科技能够提高民的生活水平,同时体会到,科技的应用也带来一些新的社会问题,解决这些新问题,必须综合科学技术和社会发展的各种利弊,在科学发展观指导下来加以解决。

然后还可以开展一些专门的 STS 活动。要利用本地本校的资源,开设一些扩大学生视野的科技讲座、STS 知识竞赛、STS 写作活动、小制作小发明活动等。

或者是利用综合实践活动开展 STS 活动。创造机会让学生去接触社会,领会物理科学技术在社会生产、生活中的实际应用。如组织学生参观火力或水力发电厂,了解它们发电的原理,讨论它们发电的利弊,提出节约电能的措施,调查社区用电安全隐患及提出预防措施等。

总之,物理教学要密切联系学生生活和社会实际,使学生在理论和实际的结合中学习、理解、运用、扩展知识;使学生认识物理学发展与技术进步、物理学应用与社会发展的关系,从 STS 更广阔的角度认识物理学的作用和性质;要引导学生关心社会的实际问题,树立起把学到的物理知识应用到实际中去,服务社会,改造社会,使社会变得更美好的远大志向和抱负。

七、突出物理学特点和加强实验的原则

要有效进行物理教学,必须要明确物理学的本质及其特点。"物理学是一门基础自然科学,它所研究的是物质世界最基本的结构、最普遍的相互作用、最一般的运动规律及所使用的实验手段和思维方法。"物理学有一些基本的特点:第一,物理学是一门以实验为基础的科学。这主要表现在人类的物理知识主要来源于自然的观察,特别是来源于物理实验。物理学中的重大发现及其理论的建立都离不开实验这一基石。人们通过实验发现事实、建立假说;同时,通过实验检验物理知识真理性。第二,物理学是科学探究,它探究物质世界最基本的结构、最普遍的相互作用、最一般的运动规律。物理学的探究是多层面的活动,包括观察、提出问题、假设、预测、搜集信息、制订探究计划、实验、根据证据推论、对已有的结论作出评价、交流结果。第三,物理学有科学的价值观体系。科学怀疑、科学求真、科学创新、科学求善等都是人类从长期的物理学探究活动中对物理学本质、方法、精神的提炼和凝结的基本价值观。第四,物理学是一门结构严谨的科学体系。它是由一系列基本概念、基本规律和理论按照一定的逻辑体系组成的,其中物理概念是构成学科知识体系的基石,物理规律和理论则是构成学科知识体系的

主干。但物理学的知识并不是僵死不变的，而是随着科学的发展变化的。第五，物理学是一门基础性的自然科学。物理学一方面带动了科学和技术的发展，从而推动了文化、经济和社会的发展；另一方面，物理学有广泛的应用，物理学的应用已经渗透到人类社会生活的每一个角落。

物理教学作为一种学习物理知识、培养物理能力、养成科学态度与价值观的活动，必然与人类探究物理知识过程和物理学的特点有相似之处。遵循物理学的这些特点，展开物理教学活动，毫无疑义会极大地有助于学生对物理学本质的理解，对实验能力、探究能力和创新能力的培养，对科学态度、情感与价值观的养成。因此，要有效地利用物理教学促进学生发展的功能，就必须在物理教学中突出物理学的特点，特别是加强实验的教学。

八、强调自主学习原则

教学方式对培养学生的素质有重要的作用。传统教学方式主要是接受性的，以传承知识为主要目的。这样的教学方式容易造成学生机械的、被动的学习，学生在“知识与技能”“过程与方法”“情感态度与价值观”方面的主体性发展就不可能了。因此，在课程实施上要注重自主学习，提倡教学方式多样化，让学生积极参与、乐于探究、勇于实验、勤于思考。通过多样化的方式，帮助学生学习物理知识与技能，培养其科学探究能力，使其逐步形成科学态度与科学精神。“注重自主学习和科学探究”是物理课程实施过程中应当遵循的原则。物理教学要改变传统的、单一的接受性学习方式，要在教学中让学生“学习科学探究方法，培养探究能力。即经历科学探究过程，认识科学探究的意义，尝试应用科学探究的方法研究物理问题，验证物理规律；具有一定的质疑能力，信息收集和处理能力，分析、解决问题能力和合作、交流能力。”而自主学习与探究学习有着密切的联系，真正的探究学习本质上是一种自主学习，而自主学习也离不开对自己学习目标、内容、方法的有效性的探究。

目前大家对“注重学生自主学习”的提法大多也都是赞成的，但在实际的教学中能真正体现“注重学生自主学习”原则的并不多。物理课堂教学主要还是教师主导下预设教学方案的实施，教师满堂灌和学生被动听的现象尚很普遍，学生自主学习的机会很少。还应当指出，以往我们对物理学本质的理解不完整，总以为物理学是一些知识或知识体系，缺乏物理学本质上是一门探究科学的认识。其实，探究不仅是物理学研究的方法，也是物理学习的重要方法，还是物理学习的重要内容。而且物理教学的内容不乏探究的问题，但学生却少有机会对这些问题进行探究。这种做法导致了我们培养的人才素质严重地畸形发展，学生往往记忆和存储了一大堆知识，却匮乏科学探究的方法和能力。在物理教学中如何真正做到“注重自主学习、关注科学探究”，是需要教师认真研究和贯彻的。

具体一般可从①思想上重视自主学习和科学探究学习方式；②建立平等的、民主和谐的教学情境；③引导学生主动学习；④尽可能增加学生的独立探究活动量；⑤循序渐进地培养学生自主学习和科学探究能力；这几个方面来实施贯彻即可。

第五章　物理教学方法

第一节　教学方法的内涵与分类

一、教学方法的内涵

教学方法是教师和学生为了完成共同的教学目标和教学任务，在教学过程中运用的方式与手段的总称。教学方法是教学过程中一个十分活跃的关键因素，对于完成教学任务和教学目的起着决定性的作用。在中学物理教学过程中只有正确地选择、适当地运用教学方法，才能取得良好的教学效果。

(一)教学方法的界定

“教学方法是为了达成一定的教学目标，教师组织引导学生进行专门内容的学习活动所采用的方式、手段和程序的总和；它包含了教师的教法、学生的学法、教与学方法。”首先，教学方法必须为实现教学目的，完成教学任务服务。教学方法最主要的本质是教师的教和学生的学密切联系、相互作用的双边活动，这是教学这一概念的核心。按照现代教学论，教学方法不再单纯看作教师单方面向学生传授知识的方法，而是被看作教师和学生互动的方式。其次，教学方法是师生活动的方式、步骤、手段和技术，它包含了一系列动作的总和。任何一种教学方法都必须表现出师生双方的活动特点以及这些活动的手段和方法。

(二)教学方法的特点

教学方法体现了特定的教育价值观念，它受到实现特定教学目标、内容及教学组织形式的影响和制约。教学方法最主要的本质是教师的教和学生的学密切联系、相互作用的双边活动，这是教学方法这一概念的核心。这说明教学方法包括教的方式和学的方式。教学方法的特点是：①教学方法是“教”与“学”的双边活动；②教学方法是不断发展变化的；③课题与教学方法对应的非唯一性(同课异法)。教学方法是教学过程整体结构中的一个重要组成部分，是教学的基本要素，它直接关系到教学工作的成败。它主要作用有：①教学方法能够使教师达到特定的教学目标或完成预定的教学任务；②能激发学生的学习动机，引起学生的注意和兴趣；③可以促使学生有效地进行学习，掌握较先进的学习方法。总之，教学方法的作用主要体现在使学生在较短的时间内掌握较多的知识，形成熟练的技能促进学生智力、能力的发展。

二、教学方法的分类

(一)按解决问题的效率进行划分

对解决问题来说，有些策略对某种类型的问题的解决有直接有效的帮助，就是强方法，像在前面教学案例中专家采用的方法。有些策略对某种类型的问题解决有启发作用，且应用地方较广，称为弱方法，比如前面教学案例中新手采用的逆推法。

解决问题最一般的弱方法有：

手段—目标法：问题解决者分析问题的方法是最终观察终点——所追求的目标——然后试图缩小问题空间里的当前位置与最终目标之间的距离。

假设体验：问题解决者简单地构造几条可选的行动路线，不必非常系统化，然后再依次分析是否可行。

爬山法：也称顺向推理法。问题解决者从起点开始，并试图沿着走从起点到终点的方法解决问题。

物理学科解决问题的弱方法还有如极端推理法、赋值法、排除法等，这些方法在解决一些物理习题时可用，在解决一些化学生物的习题时也可用，并且不能保证解决问题获得求解。

此外认知策略(方法)可以根据不同的标准进行分类。

(二)按学习的信息加工模型进行划分

(1)促进选择性注意的策略，如自我提问、做读书笔记、记听课笔记等；

(2)促进短时间记忆的策略，如分析学习材料的信息形成组块等；

(3)促进新信息内在联系的策略，如分析学习材料的内在逻辑结构和组织结构，多问几个为什么等；

(4)促进新旧知识联系的策略，如列表比较新旧知识的异同，把新知识应用于解释新的例子等；

(5)促进新知识长期保存的策略，如记忆术、双重编码、提高加工水平等。

(三)按学习活动的类型角度进行划分

(1)促进概念和原理意义习得的策略：归纳法中的求同、差异、共变、求同求异策略；演绎策略；类比策略等；

(2)促进知识结构化系统化的策略：列表层级图和依据知识间逻辑关系形成联系等；

(3)促进问题解决的策略：有解决问题的强方法和弱方法等。

第二节　物理教学的基本方法

在长期的教学实践中，人们总结、创造出许多各具特点的教学方法，而传统的教学方法正在改变形式，一些新的教学方法系统正在产生。面对名目繁多的教学方法，我们自然会想到：能不能从传统的教学方法和教学改革实践中总结出来的行之有效的教学方法中，分析概括出体现物理教学特点的有限的几种基本教学方法。我们知道，一位画家可以利用有限的几种基本的色彩，根据具体情况进行选择和调配，创造出多种多样、绚丽多彩的图画。同样，物理教师可以利用本学科有限的基本教学方法，根据具体教学情况加以选择或综合运用，从而创造出生动活泼的具体的教学方法。分析众多的物理教学方法结构后，不难发现，有一些教学方法是最基本、最常用的，它们经常以不同的形式出现在物理教学中，实际物理教学中的教学方法就是这些基本方法的有机组合。根据物理教学的特点，物理教学的基本方法主要有以下几种：讲授法、讨论法、实验法、读书指导法、演示法、练习法等。我们在此只对前 4 种做简单的探讨，其他的方法大家可以参阅其他相关的资料。

一、讲授法

讲授法是指教师运用口头语言进行教学的一种方法，其特点主要是：通过教师的语言，适当辅以其他教学手段向学生传递知识信息，使学生掌握知识，启发学生思维，发展学生能力。

讲授法在中学物理教学中是应用最广泛、最基本的一种教学方法。它既用于传授新知识，也用于巩固旧知识；它既可以描述物理现象、叙述物理事实、授释物理概念，又可以论证原理、阐明规律。教学内容越系统，理论性越强，越适合于采用讲授法。

讲授法从教师教的角度来说是一种传授的方法，而从学生学的角度来说，则是一种接受性的学习方法。它的优点是能够充分发挥教师的主导作用，使学生在短时间内获得大量的知识信息。它的缺点是使用这种教学方法时学生比较被动，不能照顾个别差异，学生习得的知识不易保持。尽管如此，在当今信息社会里，讲授法仍不失为最重要的教学方法。人们正致力于改进这一传统的教学方法，为其注入新的活力。

运用讲授法，教师要以生动、形象、富有感染力、说服力的语言，清晰、明确地揭示问题的要害，积极地引导学生开展思维活动，同时，要适当地利用挂图、板书、板画、演示实验等教学手段配合。教师讲的内容也就是学生要学的内容，不仅包括结论性的知识，也包括相应的思维活动方式。教师在讲授知识的同时，也要把自己的教学思路以及提出问题、分析问题和授决问题的过程呈现给学生。学生的学习，主要是按照教师指引的思路，对教师讲授的内容进行思考和理解，并从中学到一些研究问题、处理问题的方法。学生不仅要接受、理授和牢记现成的科学结论，而且要注意教师的思路，积极进行思考。

在物理教学中，运用讲授法应当做到以下四个方面。

（一）合乎科学，用语准确

讲授要符合科学性，首先讲授的物理知识必须合乎科学原理，不能出现科学性的错误。这就要求教师要有高一级的物理知识水平，要钻研物理知识，深刻理解它们的内涵和外延。这样才能在讲授时，既做到深入浅出、通俗易懂，又不犯科学性错误。其次，讲授时用词要正确，表述要确切。对用词要认真推敲，仔细斟酌，不能信口开河，以免发生科学性错误。例如，在讲惯性时，不应当说“惯性是一切物质所具有的属性”，而应当正确表述为“惯性是一切物体所具有的属性”，而讲授密度的概念时，不应当说“物体的密度”，而应当正确表述为“物质的密度”。讲电场的概念时，不应当说“带电体周围的空间叫电场”，而应当正确表述为“带电体的周围空间里存在电场”。另外，教师的教学用语应当使用科学、规范的专用术语，而不能使用那些违背科学的术语。

讲授要合乎科学、用词准确，还要考虑学生认知水平和能力。在中学物理教学中，教师不应当片面追求讲授内容的系统性和学术性，试图一蹴而就地把内容讲深讲透，而应当从学生的实际出发，循序渐进地让学生认识和理解学习的内容。例如讲授机械能守恒的条件时，一开始可以只讲“质点只在重力做功的情形下，它的动能和重力势能发生相互转化，但机械能的总量保持不变”，然后过渡到“包括弹力做功的情形”的机械能守恒的条件，最后引伸到“物体组”情形的机械能守恒的条件。一般情况下，不应当不顾教材的表述和学生的接受能力，把普通物理中的“外力不做功，只有保守内力做功的条件下，一个物体组的动能和势能发生相互转化，但机械能的问题保持不变”的表述，简单地灌输给中学生。

（二）合乎逻辑，严谨有序

讲授必须条理清楚、层次分明、重点突出，符合知识的逻辑。首先，要把讲授的内容放到整个知识体系中来研究它的上下逻辑联系。例如，在“感应电流产生的条件”教学后，学生已经知道“只要穿过闭合电路的磁通量发生变化，闭合电路中就有感应电流”的结论，但还有“闭合电路中感应电流的方向是怎样的”、“感应电流的方向由哪些因素决定的”、“感应电流的方向遵循什么规律”等疑问，顺着这些疑问可以自然导入“楞次定律”的教学；在学生知道了“感应电流具有这样的方向，即感应电流的磁场总要阻碍引起感应电流的磁通量的变化”的楞次定律内容后，但还存在“如果电路不闭合的情形又会怎样呢”的问题，顺着这个问题就可以自然进入“法拉第电磁感应定律”的教学；顺着“这些电磁感应规律有什么用”的问题，就可以进入“电磁感应规律的应用”、“互感和自感”、“涡流、电磁阻尼和电磁驱动”的学习。

其次，讲授物理知识要遵循科学探究的思路，激发学生的逻辑思维活动。任何物理知识都是科学探究过程的结晶，讲授就要注意探究这些知识的来龙去脉的过程：如问题是怎样发现和提出的？问题是怎样解决的？问题解决后得到怎么样的结论？这些结论的适用范围和条件是怎样的？这些结论有怎样的应用？在各个环节的讲授中，都要注重引发学生的逻辑思维活动。

最后，物理规律的叙述有严密的逻辑性，不应任意颠倒。从数学上看，$A=B$ 即 $B=A$，$C\propto D$ 即 $D\propto C$，但物理学规律一般不能颠倒表述。例如不允许把“反射角等于入射角”说成“入射角等于反射角”；不能把“通过导体的电流与导体两端的电压成正比”说成“导体两端的电压与通过导体的电流成正比”；不能把“匀变速直线运动是速度均匀变化的运动”说成是“速度均匀变化的就是匀变速直线运动”。

另外，教师在运用分析、综合、抽象、概括、推理方法进行讲授时，如果不注意逻辑性，往往也会犯各种逻辑性的错误。

（三）启发思维，培养能力

讲授不只是简单地向学生传递知识，还要激发学生积极思考，使他们在积极的思维活动中获取知识、培养能力、发展智力。因此，在运用讲授方法时，首先要考虑学生的认知水平和学习情绪，要善于根据教学内容，结合生产和生活实际，运用富有启发性的教学语言，激发学生的求知欲望，引导学生积极思考。其次，教师可以用问题性的讲解方式来进行讲授，注意用问题来激励学生的思维活动，教师的讲授就不能平铺直叙、强行灌输，而应该以饱满的精神，生动、形象、富有感染力的语言，在不断的提出问题、分析问题、解决问题的过程中启发学生思考，让学生在积极的思考过程中，不仅学到知识，而且能学到一些研究问题、处理问题的思路、方法和能力。最后，教师在讲授过程中，要做到“不愤不启，不悱不发”。讲授的语速要适中，要留有合适的时间让学生思考。

（四）简洁生动，形象具体

简明生动的教学语言不仅可以激发学生的兴趣，唤起学生的表象，促进学生的想象，而且有助于对抽象物理知识的理解和掌握，使学生在轻松愉快的气氛中学习。因此，讲授必须简明生动、形象具体、言简意赅，并恰当辅以体态动作语言和配以其他教学手段。

讲授要做到简明，就要突出重点，语言精练。古语说：“多则惑，少则得”。因此，每堂课的内容应当围绕一两个重点来讲授。有些内容学生是知道的，就不需要教师讲解；有些内容学生一看就理解的，就让学生自己看，教师少讲或不讲；有些内容学生理解起来有困难，教师要精讲。如果不分青红皂白满堂讲，学生往往会感到困惑，难以抓住要领。

在帮助学生形成抽象的物理概念时，应向学生提供常见的生活现象和生产实例，或物理学史上典型物理事例。同时，教师运用形象生动的语言，对物理问题进行透彻的分析和讲解，帮助学生认识物理现象，形成物理表象，这样，既可以帮助学生形成正确的物理图景，理解抽象的物理概念，又可以活跃课堂气氛，从情感上接近学生与物理学的距离。

物理教学中的讲授法，并不是教师只用一支粉笔和一张嘴，按照物理课本中的叙述“照本宣科”，而是要求物理教师能够恰当地利用观察、演示、挂图、板书、板画、多媒体课件和网络资源等各种教学手段，创设物理情境，让听觉信息与视觉信息、动手与动脑协同作用，这样既有利于丰富学生的感知，唤起他们原有的认识，又有利于学生以各种方式理解教学重点、突破教学难点，还可以激发学生的学习兴趣和积极性。

二、讨论法

讨论法是在教师指导下，学生以全班或小组为单位，围绕教材的中心问题，各抒己见；通过讨论或辩论活动，获得知识或巩固知识的一种教学方法。讨论法的特点是师生之间、学生之间围绕教学内容展开热烈的辩论，通过辩论达到明辨是非、深化认识、发展能力的目的。谈话法和讨论法的共同之处是都以问题为主开展教学活动。但谈话法是教师提出问题、学生回答问题；讨论法是围绕教师布置的讨论题，学生之间互相交流、互相启发、集思广益、取长补短，进而从不同的角度来认识事物，达到深入、全面地理解所学的知识的目的。

讨论法的优点在于能集中学生的注意力，充分调动学生的积极性，使课堂气氛活跃，对培养学生思维的敏捷性和灵活性以及语言表达能力有独特的作用。其缺点是：开始难以组织发动学生，而学生一经发动起来又不易调控，讨论问题费时较多，教师的工作量大而且要有相当的教育机智和丰富的知识，否则难以收到应有的效果。

物理教学中，运用讨论法应当做到以下三个方面。

1. 讨论前，教师要提出讨论的题目、思考提纲和讨论的具体要求

教师必须在熟练地把握教材内容、教学要求、学生学习容易遇到的困难和障碍的情况下，提出恰到好处的讨论题目。同时，要充分估计在讨论过程中会出现的各种情况以及准备如何完善地引导和解决问题的措施。一般应要求学生课前阅读教科书和有关参考资料，进行各种观察、实验，搜集资料，准备发言提纲。

2. 讨论时，教师要善于启发引导

既要鼓励学生大胆地发表意见，又要抓住问题的中心，把讨论引向揭露问题的本质。根据讨论的进程及时指出问题的重点和矛盾所在。

3. 讨论结束时，教师要进行总结

对讨论中的不同意见要进行辩证的分析，做出科学的结论。也可根据情况，提出需要进一步探讨的问题。教师要正确评价学生的发展，应着眼于引导和鼓励。

三、实验法

实验法是教师运用演示实验或学生实验进行教学的一种教学方式。物理学是一门实验学

科，离开物理实验就搞不好物理教学，因此，实验法是中学物理教学的一种常用方法。它包括演示实验、边讲边实验、学生分组实验、课外实验等多种教学形式。

实验法主要是靠学生认真观察教师演示或亲自动手所做实验的现象，把实验感知与思维活动紧密结合，从而获得知识、掌握技能、发展智力、提高能力。实验法直观性强，物理现象在学生头脑中形成的表象生动，对物理概念的形成、物理规律的建立以及对知识的理解具有十分重要的促进作用，并且能够激发学生物理学习的兴趣与动机，对学生以后爱好和志趣的形成具有积极的作用。在激发学生学习物理的兴趣，培养学生观察能力、实验操作技能，养成勤于动手、善于思考的良好习惯以及严谨的科学态度和实事求是的工作作风方面具有其他方法不可替代的作用。

运用实验法，教师主要是创造实验条件和环境，指导学生动手操作，动脑发现问题、积极思考。在教学过程中，学生在教师的指导下，亲自操作，进行观察、记录、分析、综合实验现象，归纳得出结论。

四、读书指导法

读书指导法是教师指导学生阅读教科书和其他有关书籍而获取知识并发展智能的教学方法。它是中学物理教学的基本方法之一，越来越受到物理教学工作者的重视。

这种方法的优点是有利于培养学生的自学能力和习惯，便于从学生的实际出发，有利于教师个别指导和因材施教，是学生运用新课程倡导的自主学习方式时常用的方法。但这种教学方法也具有一定的局限性，它适于难度较小的章节或段落，有利于叙述性和推证性的知识内容，不利于培养学生观察、想像、操作等能力，限制了师生的情感交流与认知上的及时反馈。

物理教学中，运用读书指导法应当做到以下三个方面。

1.指导学生精心阅读教科书

要根据教学过程的不同阶段，指导学生采用不同的阅读方式：在传授新知识过程中，应指导学生独立阅读、提出问题、找出重点难点；在应用知识过程中，应指导学生依据教材消释疑点、抓住关键，以促其积极思考、深入探讨；在布置作业过程中，则应指导学生搞好预习、复习等。

2.指导学生善于阅读课外读物

教师必须认真指导学生定好阅读计划、选好读物，同时要教给他们阅读的顺序和方法，指导他们做好阅读笔记。

3.要根据物理学的特点指导学生读书

与数学、语文等教材相比，物理教材有其自身的特点。从内容上看，教材中的概念，一般都有较严格的定义，许多概念和原理可以用数学公式来表达，而这些公式不仅反映数量关系，还有一定的物理意义。此外，教材中还有大量关于物理实验的描述。从表述方式上看，有文字、数学和图表3种语言。即使文字语言，在物理学中也往往有其特定的含义和习惯用法。所以，教师必须给予指导，使学生逐渐熟悉物理学的特点和物理学的表述方法、学会阅读物理学书籍。

读者若对谈话法、练习法等其他物理教学的常用方法有兴趣，可以参阅相关的资料，这里不再介绍。

第三节　物理教学的新方法

技术革命不仅扩展了学习赖以发生的时间和空间，而且改变了学习方式。因此，需要转换视角，重新理解教育中的技术，展开教育方式转变的研究。技术同样促进了中学物理教学新方法的出现。

一、多媒体辅助教学法

计算机多媒体辅助教学是一种在教学中主要依靠多媒体计算机来帮助学生完成教学任务的教学方法。学生在学习过程中对老师的依赖减少，多媒体课件和学生的交互活动是教学方法的核心。多媒体辅助教学可以创设图文并茂、动静结合、声情融会的教学环境，为教学提供了逼真的表现效果，扩大学生的感知空间和时间，提高学生对客观世界的认识，能对学生产生多种感官的综合刺激，使学生从多种渠道获取信息，相互促进，相互强化，让学生处于思维活动的积极状态，是提高课堂教与学的质量、优化教学的科学选择。极大地改变了传统的教学方式，拓展了教学技术手段，提高了教学效果。在现在的课堂教学中，几乎每节课都需要多媒体辅助教学的参与，它大大丰富了学生的课堂内容，调动了学生的学习积极性与能动性。学生可以在使用多媒体教学的过程中自主学习，更大限度地发展物理思维能力。

二、传感器实验教学法(DISLab 教学)

DISLab 的基本系统结构为“传感器＋数据采集器＋计算机”，是集物理测量、自动控制、数据记录、智能化数据分析和测量结果多模显示等功能于一体的综合性物理实验平台。这个系统完善了实验仪器的作用，从以前的单一角色转变成实验信息的产生者、传播者、接受者和处理者的综合体。借助这样的系统，可以实现对物理现象的多角度感知和多视角探究，促进物理教学方法的发展。在物理实验教学中运用传感器系统，可以更好地适应新课程改革的要求，把传感器技术、计算机技术、数据采集和处理技术与中学物理实验教学结合在一起，创建一种科学探究的学习环境，满足学生的自主学习和合作学习的需求，培养学生的物理思维能力和问题研究意识，在合作学习中培养学生健全的人格。

【案例 5-1】利用 DISLab 研究磁场特性

实验目的：对地磁场和螺线管内的磁场进行研究。

实验器材：数据采集器、磁传感器、位移传感器、扩展软件、计算机、螺线管、学生电源、软磁棒等。如图 5-1 所示。

图 5-1　实验仪器

实验原理：通过传感器的顶端磁敏原件测量出磁场的感应强度。

实验过程：打开计算机上的扩展软件，通过磁传感器接入数据，直接显示出环境的磁场强度。当传感器远离高磁区时，所测的数据即地磁场的磁感强度。在桌面上转动传感器，让传感器的测量端指向不同的方向，观察示数的变化。我们发现，在同一位置测量不同方向的结果是不一样的。如表 5-1 所示。

表 5-1　传感器的测量端在不同方向时与测量值的对应关系

方向	N	EN	E	ES	S	WS	W	WN
数量	0.03	0.02	0.00	−0.01	−0.04	−0.02	0.00	0.01

用磁传感器对通电螺线管内的磁感应强度进行测量。打开软件，显示出数据表格和坐标。实验时每改变一次测量距离点击一次数据记录，得出不同位置的磁感应程度，并启动绘图功能。还可以改变电流方向，观察磁感应强度的变化情况，分析磁枣线方向，结合线圈绕线方向，验证右手定则。

该实验系统的自动绘图功能能使学生更容易通过实验学到物理方法并运用工具连行自己认为必要的研究。这将大大促进学生的自主学习能力和创新思维能力。DISLab 教学的引入为物理教学方法注入了新鲜的血液，将极大地提高中学物理教学效能，推进学科教育改革。

三、仿真实验教学法

仿真实验教学是利用计算机模拟技术，结合学科实验特点，通过计算机仿真软件虚拟完成实验过程的一种教学方式，是一种崭新的实验教学手段。仿真实验教学从现代教育技术角度出发，能够有效协调实验课时与技能训练之间的关系，为学生技能训练提供内容、时间、空间和人员保障。仿真实验呈现的教学内容可以是操作性实验、技能性实验，基本操作实验、综合性实验，课内实验、课外实验或开放性实验。因此，仿真实验的教学内容能够包括各层次的实验，体现多元化和层次性。实验教学的最终目的是培养物理思维能力和实验操作技能，要达到这个目标，必须充分调动学生的实验积极性。仿真实验教学是利用现代教育技术与专业教学结合，计算机、网络技术和动画设计本身具有很高的趣味性，能够有效地激发学生的学习兴趣。在仿真物理实验中，教师和学生双向控制、共同使用和操作计算机软件，鼓励学生探索和自主学习，既能使学生近距离接触实验，自我设计和展示实验，锻炼思维能力，减少实验中的不可控因素。

四、MBI 教学法

MBI 教学即模型建构式探究教学(Model-Based Inquiry，MBI)，它把科学探究视为一种以运用证据发展和修正解释模型的过程，将学习科学知识、发展探究能力和增进科学本质埋解融为一体。推动科学教育的发展。模型建构式教学提出探究应着眼于“思想”的建构、检验和修正，这一过程往往就是模型的建构过程。模型是对真实世界的一种简化再现。某些特有的模型将组合形成科学理论，如质点、磁感线、电场线等。模型建构式探究教学的教学环节包括：①设定 MBI 的基本参数，即待研究的关键现象，并且它可以依据因果关系予以解释，还要建立现象和学生兴趣及经验之间的联系。②教师提供学生课程资源及相关经历(如观看视频或者演示实验)以促使学生形成初步的模型。③生成假设。引导学生提出模型中变量间的潜在联系，而不是简单的预测。所提的假设要能促进对现象的理解，并允许竞争性假设及模型存在。④寻找证据。教师提出如何收集数据以检验模型，如何识别所观察现象的规律或关系等。师生通过对话明确假设可以有多种方式检验。⑤建立论证。学生阐述对现象的可能解释，要以数据为证据将描述发展为解释。学生认识到其他可能解释的存在。学生阐述其初始模型是如何根据证据而改变的。模型建构式探究教学认为,只有学生在探究中不断建构、使用、评价和修订模型,解释自然现象,才能建立起科学知识具有可检验性、可修正性、解释性、推测性和生成性的本质特征。以发展和理解自然界运作方式的解释作为探究目的的模型建构式教学,比以寻找自然界规律作为探究目的的科学方法式教学,更有利于学生认识科学知识的本质特征。

【扩展材料】

国内外教学方法简介

20世纪后半叶,生产力的加速发展,尤其是科学技术的迅猛发展,使人类的知识总量急剧增加,且更新过程空前加快,这种状况反映在教学领域中,是人们不断探索、研究各种新的教学方法以解决人类知识总量无限膨胀和人类个体掌握知识量有限的矛盾,于是一系列新的教学方法应运而生。以下简要介绍对我国物理教学产生重大影响的几种教学方法。

一、发现法

发现法的积极倡导者是美国现代认知心理学家J. S. 布鲁纳。发现法是指学生在学习概念和原理时,教师只给他们一些事实(或事例)和问题,让学生自己通过阅读、观察、实验、思考、讨论、听讲等途径去独立探究,自行发现物理知识与技能,发现科学探究方法,领悟科学的思想和精神的一种方法。

布鲁纳强调指出:"发现并不限于寻求人类尚未知晓的东西,确切地说,它包括用自己的头脑亲自获得知识的一切方法。"即发现并不仅仅意味着人类对未知世界的科学发现,更为重要的是学生凭自己的力量对人类文化知识所做的再发现。这一著名的论断构成了发现教学法的理论依据,由此进一步衍生出发现教学法的基本宗旨——教给学生解决问题的各种策略,启发学生积极思维,使之牢固掌握学科内容,使之日后成为自立自主的思想家。在布鲁纳的热心倡导下,发现法在世界上广为流传。在我国,许多教育工作者运用该法在一定范围内进行实验研究,收到了良好效果。

发现法的基本过程是:①创设问题情境,向学生提出要解决或研究的课题;②学生利用有关材料,对提出的问题作出各种可能的假设和答案;③从理论上或实践上检验假设,学生中如有不同观点可以展开争论;④对结论作出补充、修改和总结。

发现法对于激发学生学习兴趣、培养学生解决问题的能力、发展学生创造性思维品质和积极进取的精神方面有较大的优越性。它多用于那些可以引出多种假设的教学内容,尤其是在让学生形成概念、理论,找出现象间的因果关系和其他联系时,更为有效。但是,运用这种方法,花费时间多、不经济,而且需要学生具有相当的知识经验和一定的思维发展水平,还需要有逻辑较严密的教材和素质较高的教师。对于太简单或太复杂的内容以及资料性的内容,不宜采用发现法。

我国物理教学改革实践中出现的"实验探索法"、"探究法",其指导思想和操作程序,基本上与"发现法"相同。

二、掌握学习

掌握学习最初由美国北卡莱罗那大学的约翰·卡罗尔提出,后由美国著名教育学家和心理学家B.S.布卢姆加以发展和完善,从20世纪60年代末起开始运用于美国中小学,70年代后开始在国际上流行。

严格地讲,掌握学习是一套完整的教学理论,但又体现出作为一种教学方法的突出特点,因此各国学者、教师在介绍引进这一理论时,首先是把它作为一种新的教学方法引进学校教学实践中去的。作为教学方法,它是一种确保所有接受课堂教学的学生都能达到一定学习水平的教学方法,即“为掌握而学习的教学方法”。其主旨是提倡教学要面向全体学生,认为只要提供足够的学习时间和适当的帮助,充分发挥学生的学习潜力和学习积极性,95%以上的学生都能掌握所规定的知识和技能,取得优良的学习成绩。

掌握学习的实施分三个阶段:①教学前的准备阶段。教师要为掌握学习制定一套可以测量的标准以及达到掌握的最理想的教学程序。②教学的实施阶段。由班级教学诊断性测验(形成性测验)—小组或个别矫正教学这样几个环节构成不断循环的教学活动。③教学评价阶段。教师运用终结性测验,对学生的成绩进行评定,看他们是否达到了预定的成绩标准。

掌握学习的优越性在于:能够大面积地提高学生的学习成绩,提高大多数学生的学习效率,能够增强学生的学习信心,激发学习兴趣,提高学生的学习能力。

三、问题教学法

问题教学法是师生合作共同解决一个实际问题,以启发学生思维和培养学生解决问题能力为目的的一种教学方法。此法最早由美国实用主义教育家杜威提出,受到广泛重视和运用。而后各国教育家又对此法的运用提出新的见解,其中前苏联教育家马秋斯金、马赫穆托夫等做的研究和探索,使之有了更新的发展,在世乒各地广为流传、影响颇大。

杜威提出了问题教学法的五个步骤:①困难或问题的发现;②确定和限定问题;③收集一些可使问题得到解决的证据;④提出关于问题答案的假设;⑤检验假设。当代美国学者把问题教学法的实施分为四个阶段:①选择问题。学生在教师的帮助下选择适当的问题。②明确问题。问题一旦选择好,教师便应帮助学生使问题明确起来,把问题讲清楚,使学生完全明白需要解决什么问题。③寻找线索。明确了要解决的问题后,学生便开始寻找解决问题的线索,教师要告诉学生应从哪些方面去寻找线索,提供必要的材料和参考书,介绍收集资料的工具。④解决问题。对于想不出答案的学生,教师可通过指明关系、中肯的提问或其他技巧帮助他们找出答案。教师还应帮助学生检验提出的答案。

前苏联学者马秋斯金等依据思维心理学的研究成果,对问题教学法的本质进行了深刻的心理学论证,使问题教学法奠定于新的理论基础之上。这一理论基础的核心内容是对问题情境的研究。马秋斯金认为:学生掌握新知识的过程实质上就是在问题情境中实现的思维过程,因而问题教学法的要旨就在于为学生创设适当的问题情境。据此,马秋斯金、巴班斯基、马赫穆托夫等分别从不同角度提出了问题情境的不同类型,并提出问题教学法的实施应由两个环节构成:①提出能引起问题情境的实际或理论问题;②在设置的问题情境中,通过教师讲述解决问题情境所必需的资料,以求得问题情境中未知的东西。

问题教学法对培养学生独立获取知识的能力有十分重要的意义,因此当今世界许多国家都在研究、探讨和推广这种方法。这种方法适用于那些能引出多种假设、明确展开的教学内容。使用此法,需要学生具有相当的知识经验和一定的思维发展水平,需要有逻辑严密的教材和具有较高水平、通晓本学科体系的教师。

四、单元教学法

知识结构单元教学法(简称单元教学法)是将教材、活动等划分为完整单元进行教学的一种教学方法。全国许多学校的教学实践表明,在中学理科教学中采用这种教学方法的效果是比较好的。

单元教学法的特点是:①单元教学法是以教学单元来划分和组织教学活动的,它改变了以往按课时划分教学内容的方法,而根据教材的内在逻辑结构和学生水平,将教材划分为若干基本单元,按照整体—部分—整体的教学程序开展教学活动。因此,有利于学生掌握知识的整体结构,从而更好地理解知识,实现知识的迁移。②单元教学法的教学步骤是根据让学生主动学习知识和技能的认识过程来设计的,故在教学过程中较好地体现了教学相长的规律,既发挥了教师的主导作用,又体现了学生学习的主体地位,从而增强了学生学习的独立性、自主性、探索性,有利于学生能力(尤其是独立获取知识的自学能力)的发展。③教师精讲知识的基本结构,教材的重点、难点和科学方法等,提高了教学效率。

实施单元结构教学,首先要求教师精通教材内容,具体分析教材的内在逻辑结构,划分教学单元。教学单元确立以后,就要根据教学认识过程和教学特点的要求,确定单元教学过程的阶段。一个单元教学过程,大体分为四个阶段:①自学探究阶段。教师向学生概括地介绍这一单元的内容,提出这一单元的目的要求,指出学习的方法和步骤,激发学生的学习动机。②重点讲解阶段。教师根据学生自学探究中出现的问题,重点讲解这一单元的几个问题,包括重点、难点和关键,知识的来龙去脉、因果关系,知识间的区别和联系,认识过程和科学方法等。③综合训练阶段。训练学生综合运用已经掌握的基本概念和基本原理分析、解决问题。④总结巩固阶段。让学生整理理论、整理方法,使本单元的内容在他们的头脑中形成一个完整的系统。

五、启发式综合教学法

启发式综合教学法是由我国物理教育专家、苏州大学教授许国梁先生提出的。它是对启发式教学法的发展,其核心是启发和综合。所谓启发,就是要激发学生学习物理的愿望和兴趣,引导学生主动而自觉地进行创造性思维、深入理解和掌握物理概念和规律。所谓综合,是指教学方法要博采众法之长,从教学内容、学生知识基础和智力水平出发,把适合教学需要的几种方法恰当地组合起来,综合运用于教学中,藉以使学生在获得知识的同时,促进智能的发展。

启发式综合教学认为,教学过程是学生在教师指导下自己学习、掌握知识、发展能力和培养思想品德的过程。在整个教学过程中,始终应该体现以教师为指导、以学生为主体、以实验为基础、以能力方法为主线的原则,使学生不仅“爱学”物理,还要“会学”物理,最终“学会”物理。在组织教学活动中,综合运用几种必要的教学方法,灵活启发学生学习,激发学生学习物理的兴趣,有计划地培养学生的观察和实验能力、思维能力、应用数学解决物理问题的能力、自学能力和创造能力等,使学生逐步掌握物理学的学习方法,养成良好的学习习惯。

启发式综合教学法除具有启发式教学的特点之外,还有其他一些特点:

1.强调教学过程的中体优化

所谓整体优化就是优化教学条件、优化教学方法、优化教学内容、优化课堂教学结构、优化教学和注意减轻学生负担,使学生在掌握知识的同时发展智力、培养能力、完善心理。

2.重视情感和技能因素对学生认知活动的影响

启发式综合教学认为:学习动机、兴趣、能力、意志、情绪等心理因素的培养和心智技能的锻炼既是教学的条件又是教学的目的。它主张在教学过程中注意激发学生的学习动机,培养学生学习物理的兴趣,注意创设物理情境,启发学生积极思维。它还强调特殊心智技能(阅读、运算等)的掌握在教学过程中的重要作用。

3.重视物理实验在物理教学中的地位

启发式综合教学认识到:感性认识在学生整个物理认识活动中的特殊重要性,从而提出了物理教学要以实验为基础,重视物理实验的教学,甚至提出把物理实验作为物理教学的重要内容。也就是说:为了让学生学习物理概念和规律,教师应该做物理演示实验,学生也应该自己动手做物理实验;为了让学生学习作为物理教学重要内容的物理实验,更应该让学生动手做物理实验。

新中国成立以来,特别是最近二十几年,我国广大的物理教师以及教育科学研究人员进行了各种教学方法改革的实践,取得了可喜的成绩,总结了不少经验。目前,我国物理教学方法改革的共性是:以实验为基础,努力实行启发式教学,使学生更加积极、主动地获取知识;重视各种能力的培养和科学方法的熏陶;综合运用各种适宜的教学方法。

第四节　物理教学方法的选择与运用

一、教学方法的选择

古今中外积累的教学方法是十分丰富的。随着教学改革的不断深入,又会有许多新的有效的方法产生。因而,在实际教学时,教师能否正确选择教学方法就成为影响教学质量的关键问题之一。教学方法的选择是有客观基础的,不能单凭主观意向来确定。选择教学方法的依据至少包括以下五个方面。

(一)依据教学目的

要选择与教学目的相适应,能够实现教学目的的教学方法。对教学方法的选择直接起着导向作用的是具体的教学目标,即由总的教学目的、教学任务分解出来的每个学期、单元、每节课的具体教学目标。这些教学目标既包括传授知识方面的内容,也包括发展认知技能、认知策略方面的内容,还包括培养态度方面的内容。每一方面的目标都需要有与该项目标相适应的教学方法。因此,为了选择最佳教学方法,教师必须懂得有关目标分类的知识,能够把总的、较为抽象的教学目标、教学任务分解为具体的、可操作的教学目标,并根据这些目标来确定用何种教学方法进行教学。

(二)依据教材内容

应依据具体教材内容的教学要求采用与之相适应的教学方法,因为一门学科的内容总是由各方面内容构成的内容体系,在这一体系中,不同的内容又具有不同的内在逻辑和特点,有些内容采用归纳法较适宜,有些内容则最好使用演绎法,有些内容适用于探索法,有些内容又可以用讨论法。例如,同是物理概念,定性的物理概念可通过列举事实运用逻辑法形成,定量的物理概念则一般选用演示法或实验法通过测量和分析建立。一般介绍性的知识可采用读书指导法，通过实验建立规律的内容可采用实验探索法。

（三）依据学生实际情况

教学方法的选择还要受到学生的个性心理特征和所具有的基础知识条件的制约。学生年龄差异造成心理发展水平上的差异，因此对不同年龄阶段的学生自然要采用不同的教学方法。在初中阶段，应广泛采用直观法，而且要不断变换教学方法。这样有助于初中学生保持对学习的兴趣和积极性。在高中阶段，宜于更多地采用抽象、独立性较强的教学方法，如讨论法、实验法、问题探讨法、演绎法等。除了个性心理特征上的差别外，学生已有的知识基础和构成的方式也是千差万别的，这对教学方法的选择也有至关重要的影响。例如，有的学生对某种事物已有大量的感性知识，教师只要通过一般的讲解，学生就可以理解，而不必采用直观教具演示；反之，教师就必须采用直观演示的方法。对于已有自学能力和习惯的学生，可在自学的基础上，针对学生可能遇到的疑难问题，运用讲解法；而对于尚无自学能力和习惯的学生，则需要经过一个时期的自学辅导训练，待学生具有一定的自学能力时再采用在自学基础上的有针对性的讲解方法。

（四）依据教师的特点

教学方法的选择还要考虑到教师自身的素养和条件，适应教师对各种教学方法的掌握和运用水平。有些教学方法虽好，但教师不能正确使用，仍然不能在教学中产生好的效果，甚至可能出现适得其反的作用。教师个性上的不同特点，也会影响他们对教学方法的使用例如，有的教师擅长生动的语言表述，可以把问题的事实和现象描绘得形象、具体，由浅入深地讲清道理；有的教师则善于运用直观教具，通过直观的演示来说清理论。这两类不同特点的教师在教学方法的选择上，优先考虑的重点应是不同的。总之，教师要根据自身的素养和条件，扬长避短，发挥个人优势，选择与自己特点相适应的教学方法。但是作为一名教师，应努力学习，克服缺点，不断提高选用教学方法的能力。

（五）依据学校的特点

教学方法的选择还要考虑到学校的客观条件：有些学校教学设备充足、实验室宽敞，则可以选用学生一人一套器材做分组实验的教学方法；有的学校设备不足，就应该采用几人一套仪器的教学方法；有的学校有多媒体，并且每个教室都能够上网，则可以实现信息技术与物理教学的整合。如果没有多媒体设备，就要采用传统的投影仪等教学手段。

二、教学方法的运用

选择了适当的教学方法，还要能够在教学实践中正确地运用。为了在物理教学实践中正确运用教学方法，需要做到以下三个方面。

1. 要善于综合运用教学方法，发挥教学方法体系的整体功能

讲解法、讨论法、谈话法、读书指导法、演示法、实验法、练习法等是最基本的教学方法，掌握它们是对每个教师的起码要求。只有掌握了这些最基本的教学方法，才有可能掌握新的、更复杂的方法，才有可能创造出新的教学方法。

基本的教学方法都具有相对的稳定性，即每一种教学方法都是由教师活动的方式和学生活动的方式以及信息反馈系统构成，要发挥其功能有自身固有的、相对稳定的结构。而每一种

方法的使用模式则是多种多样的，是随着教师、学生和教学条件的变化而变化的。教学方法功能的发挥取决于学的方式和教的方式是否协调一致，应选择与教学目的、教学内容、学生的特点和教师本身的特点最符合的方法，尽可能获得较满意的效果。

2.要娴熟、正确地运用各种基本方法，发挥其最佳功能

为了更好地完成教学任务，教师在运用教学方法时要树立整体的观点，注意各种教学方法之间的有机配合，充分发挥教学方法体系的整体性功能。在教学过程中，学生知识的获得、能力的培养，不可能只依靠一种教学方法，必须把各种教学方法合理地结合起来。这是因为：一方面，由于教学内容、教学对象、教学环境以及教师素质的不同，所采用的教学方法势必不同；另一方面，各个教学方法有各自的适应性，又有各自的局限性；而且，采用多种教学方法能调动学生各种感官参与教学活动，提高学生学习的积极性。

3.运用教学方法必须坚持以起发模式为指导思想

教学中的具体方法是很多的，但不论采用什么方法，都必须坚持以启发式教学为总的指导思想。启发式是相对于注入式而言的，它不是一种具体的教学方法，而是一种运用教学方法的指导思想。所谓注入式，是指教师把学生看成是单纯接受知识的容器，无视学生在学习中的能动作用。而启发式则相反，它是指教师从学生实际出发，采取多种有效的形式去调动学生学习的积极性、主动性和独立性，引导学生通过自己的智力活动去掌握知识、发展认识能力。

教学中的各种方法，在不同的教学思想指导下，既可起到启发的作用，也可出现注入式的情况，两者的教学效果截然不同。我们现在采用的许多教学方法，都包含着启发的因素，有利于调动学生学习的主动性、积极性。但是，启发性因素的作用能否得到发挥，在很大程度上取决于运用教学方法的指导思想。教师若以启发式思想为指导运用讲解法、谈话法、读书指导法、练习法等教学方法，就能唤起学生的学习兴趣、激发学生的求知欲、启发学生独立思考，使学生的学习收到举一反三、触类旁通的效果。反之，若以注入式思想为指导，同是这种方法，却只能导致学生成为一个被动的接收器和记忆器。因此，运用教学方法，要始终坚持以启发式教学思想为指导，充分发挥学生作为学习主体的能动作用。

第五节　物理探究式教学法

一、探究式教学的含义

(一)探究式教学的概念

探究性教学是指学生通过有指导的或完全自主的探究活动，以获取知识、培养能力和形成价值观的活动过程。这些探究活动包括观察、提出问题、猜测、假定、制订探究计划、实验、论证、评价、交流等。从另一个角度讲，探究学习反映了一种学习观和教学思想。这种探究的学习观和教学思想认为，科学探究能力培养是科学教育的重要的目的之一，科学探究也是科学教育的重要的学习内容和学习方式。

(二)探究式教学的特点

探究式教学是一种集探究教学思想、探究教学活动和形式的教学方法。它与接受性方法不同，主要有直接性、问题性和探究性的特点。

1. 直接性

就学生的学而言，探究式教学是一种直接经验的学习。它与以教师呈现知识为主的接受性学习相比，学生主要不是通过教材或教师的呈现，来记忆、理解、巩固知识，而是要经历与前人尤其是科学家相似的研究经历，形成概念和发现规律。这种探究性学习具有获得直接经验的学习特点。在这个过程中，学生要亲身经历提出问题、猜想与假设、制订计划与设计实验、实施实验与搜集证据、分析论证、评估、交流等探究过程（或部分过程），获得对知识的理解，经历科学过程，体验科学方法，形成对科学的情感态度与价值观。从教师教的角度讲，虽然学生的探究离不开教师的指导，但教师只是作为协助者为学生的探究提供必要的资源和指导，以保证探究教学的顺利进行。

2. 问题性

探究式教学是围绕问题而展开的，没有问题就没有疑惑，也就没有探究。物理探究式教学中“问题”的提出，离不开观察、实验、思维。物理是一门以实验为基础的自然科学，实验是中学物理教学内容的重要组成部分，物理实验离不开观察，实验过程中产生的各种物理现象和物理事实都是学生通过观察来认识的。同时，观察和实验离不开思维，三者始终是联系在一起的。物理探究性教学中的“问题”的产生也离不开观察、实验和思维。但这里的问题属于“科学型问题”。所谓科学型问题，是指源于观察、事实、疑惑，并在与已有知识背景的比较中产生的问题，是有所知又有所不知的问题。这样的问题与真实的科学问题相似，有一定的难度，但又在学生“最近发展区”内，学生能够进行探究与实证。探究教学活动的过程实质上也是围绕问题进行猜想、假设、计划、实验、收集证据、分析论证、评估、交流等一系列的活动，可以讲，没有问题就没有探究教学。

3. 探究性

探究式教学的探究性特点是由科学探究的本质所决定的。探究式教学不是把探究的问题、探究的方法、探究的过程和结论直接告诉学生，而是让学生通过各种各样的尝试、猜测、假设、论证、评价、修改、交流等探索性活动亲自得出结论，从而体验知识得出的过程，培养科学探究的能力和科学态度与价值观。探究学习虽然离不开教师的指导，但相对于接受性学习而言，在探究学习过程中，学生有较高的自主性，从而突出了学生在学习活动中的探究性。根据活动的难易程度及学生能力和知识水平，探究学习可以有不同方式的探究活动，有的可以是学生经历提出问题、猜想、假设、计划、实验、搜集证据、分析论证、评估、交流全过程的探究学习，有的可以让学生经历其中部分的探究活动，有的也可以有不同程度的探究活动。例如，探究的问题可以是教师通过特殊的问题情景诱导学生提出的，甚至可以是教师或教材提出的，可以是学生自己提出的。数据的收集，可以引导性地给出部分实验数据，让学生分析并作出解释，也可以让学生通过实验、观察、调查亲自收集数据等等。但不管是何种方式、何种程度的探究学习，其学习过程中的探究性是一个显著的特点。

二、探究式教学的模式

（一）萨奇曼探究教学模式

萨奇曼认为探究活动需要学生积极参与，通过挑战性的问题和材料来寻求问题的解决，他的探究教学模式包括六个步骤，加强高级思维技能和问题解决的能力。①选择问题和进行实验：问题要有趣并有意义，贴近学生生活；②介绍过程和展示问题：教师让学生对观察的现象提出是或否之类的问题；③收集数据：对学生的问题做出反应以便收集和验证数据，引导学生更清晰地提出问题；④发展理论或证实：当学生持有一个理论时，停止询问，让他们写下理论并展示给其他同学，由同学们决定接受还是拒绝这一理论；⑤解释理论并陈述与其相关的规律：当理论被学生证实以后，引导他们对理论进行解释和应用；⑥分析过程：和学生们一起讨论探究的过程，并让他们评价自己的参与过程以及如何得出理论。

（二）有结构的探究

有结构的探究是在进行科学探究的活动时，教师给学生提供将要调查研究的问题、解决问题所要使用的方法和材料，但不提供预期结果。学生需要根据自己收集到的数据进行概括，发现某种联系，找到问题的答案。如果用海伦量表来测查，此种探究为一级水平的探究活动，只有结果是开放的，有结构的探究和相应的活动，又被人们习惯地称作“食谱式”活动。

（三）指导性探究

指导性探究活动中，教师只给学生提供要调查研究的问题，有时也提供材料，学生必须自己对收集到的数据进行概括，弄清楚如何回答探究问题。用海伦量表来看，这一探究活动的过程和结果都是开放的，属于二级水平的探究活动。

（四）学习环

在伯克利大学，卡普拉斯和赛尔发展出“学习环”的方法，这个教学方法是基于瑞士发展心理学家皮亚杰的研究。学习环是探究教学中一种很有效的教学模式，它具有多种操作形式，一般的程序包括探索、概念引入和概念应用三个环节。开始是探索阶段：让学生从事各种探索活动，以便从经验中产生新观念；接着是引入概念阶段：让学生给前面发现的观点或经历的想法命名；最后是概念的运用阶段：让学生有机会把新观点运用到不同的情境中。

（五）自由探究

自由探究也叫开放式探究，学生在整个探究过程中独立地解决问题，完成所有的探究任务，包括形成调查研究的问题，收集材料、设计研究方案和过程、进行具体的探究活动、分析数据、得出结论等，自由探究的开放度最高。1996 年，格曼根据学生提出问题和回答问题的独立程度，将课堂探究分为四种不同水平的类型，从低到高依次为强化型探究、结构型探究、指导型探究和自由型探究。根据教学方式的不同，分为结构探究、实验探究和理论探究三类，结构探究包括一般课堂教学中的演示性和互动性探究，实验探究主要是实验活动中的指导性、半开放性和自由探究，理论探究指思维探究；其探究复杂程度和从教师到学生的控制点也依次升高(表 5-2)。

表 5-2　探究模式的复杂程度及控制点

结构探究		实验探究			理论探究
演示性探究	互动性探究	指导性探究	半开放性探究	自由探究	思维探究
低　←		探究的复杂程度		→	高
教师　←		控制点		→	学生

（六）5E 学习环的探究教学模式

探究教学具有建构主义的取向，5E 学习环教学法就是典型的代表，它是卡普拉斯和普尔于 1967 年首先提出的，最初有探索、发明和发现三个阶段，中间经过多次改革，称为五个阶段。

（1）投入：这一阶段的教学目的是引发学生的好奇心和兴趣，通过活动使学生将过去和现在的学习经验联系起来，了解学生的想法，并且关注学生在活动中学习成果的思考历程；

（2）探索：在这个教学过程中，教师鼓励学生操作，不直接说明答案，扮演聆听、观察的角色，必要时给予学生更深入的问题重新引导；

（3）解释：鼓励学生用自己的话说出实验的想法，要求学生根据事实澄清概念；教师应该以学生先前经验为基础来解释概念，并适时进行概念的定义和解释；

（4）精致化：教师要了解学生的概念，并予以挑战及延伸，给学生提供验证预期问题的实验或思考机会，鼓励学生将概念应用到新的情境中，获得更多信息和发展更高层次的技能；

（5）评价：观察学生如何应用新的概念和技能来解决生活中的问题，提出开放性的问题来评价学生，并鼓励学生进行自我评价。

1997 年，戴姆布朗和塞曼指出教师利用 5E 学习环来引导学生参与探究活动时，需要注意四个阶段：①探究活动开始于学生的兴趣，而不是一个大型计划，教师不能一开始就企图改变所有的教学细节，而是找最重要的去改变，思考教学过程中压力最大的问题，那就是需要先去改变的问题；②教师应该预先评估探究问题的可行性与可利用时间，需要比学生更具敏锐性；③探究过程的资料收集包括成功与失败的资料，失败资料的收集更能促进学生的反思和后摄认知；④探究的最后应该包括对研究的综合整理、反思和对未来探究的计划，教师应该引导学生并和他们一起思考探究过程是怎么做的，如何做到的，为什么这么做，未来的研究应如何执行。2001 年，毕本斯也指出利用 5E 学习环进行探究教学实践时的 8 个要点：①转移学生对老师的注意，让他们多注意同学和科学内容；②不要只专注有多少概念要在多少时间内教完；③接受学生可能作出的任何选择，并试着用提问的方式引导学生到他们感兴趣的方向；④不要指责学生犯错或预言学生的错误；⑤接受学生的答案，不要利用提问去转移他们感兴趣的方向；⑥始终保持学生在“学习环”的状态，特别是当他们要确认答案的时候；⑦鼓励学生在得到答案后，再接再厉；⑧当学生有答案的时候，询问他们的依据。与美国国家研究理事会颁布的《美国国家科学教育标准》对于 K－12 年级学生的五大能力相比，5E 学习环确实可以提供培养学生探究能力相对应的学习情境（图 5-2）。

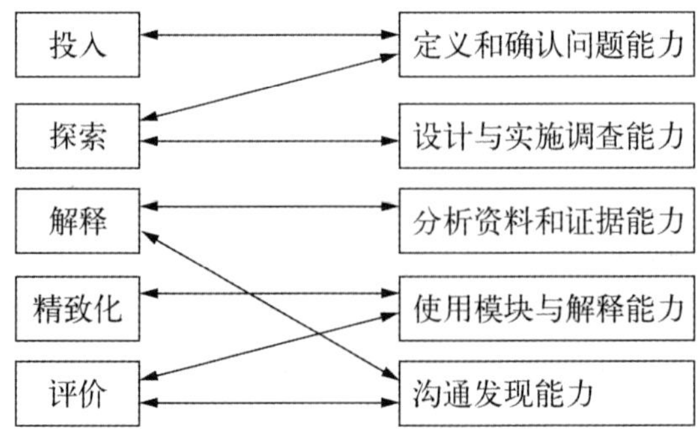

图 5-2　5E 学习环与 K－12 学生五大探究能力的对应

1996 年，安德森分析了在美国各地所发展的依据《美国国家科学教育标准》的课堂情境中的探究教学，这些教学的确表明了传统方式和探究方式的不同之处。洪振方认为，实际课堂教学过程中，探究教学可以而且应该与其他传统的教学方式结合，这种结合在本质上仍可以被视为以探究为方式的教学，其间的差异仅在于“学生导向与教师导向”的程度不同。因此，在探究活动过程中还有另一个重要的因素值得思考，即探究活动的形式，包括学生导向与教师导向，开放式与封闭式，以及非结构式与结构式等三个向度，此三向度架构可以帮助教师计划与反思他们预定的探究活动形式，并增进实际探究活动运作的弹性和丰富性。

综合来看，戴姆布朗和塞曼以及毕本斯的研究都指出了教师实施探究教学的两个重点，那就是尊重并激发学生探究的兴趣和鼓励学生进行持续不断的探究活动，这与帕琳萨等的观点是一致的，即科学探究应是一个循环，吸引学生参与是一个重要的起始点，也是循环的动力，每一次的探究结果都为下一次作准备(图 5-3)。因此，在 5E 学习环中，投入仍处于探究教学中首要被关注的环节，然而，比 5E 学习环更强调的是，学生持续投入与不断探究的循环，通过对每一次探究的反思，启发学生的后摄认知。

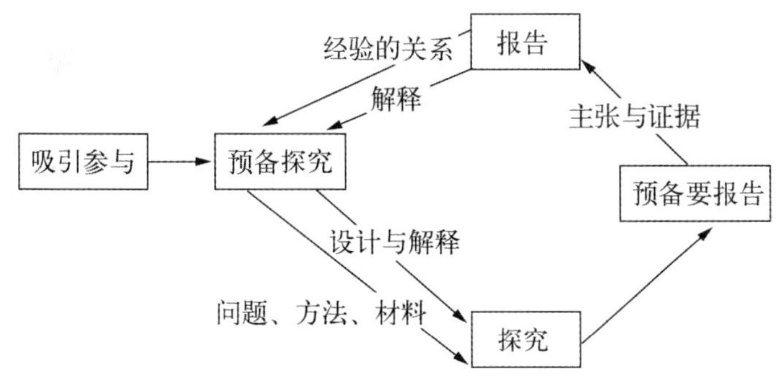

图 5-3　科学探究的循环方程

若从经历真实科学活动角度看，由于科学研究并无一定的流程，因为问题的难易、教师和学生能力等方面存在很大差别，不存在一个基本的探究教学模式；如果考虑到区域环境的差异，就会有许多因地制宜的探究教学方式。2001 年，吉斯和布赖恩建议从课程模块的角度来看探究教学，而提升学生的探究能力则是教学的目标，因为教师知识、学生年龄和语言能力等方面的差别，探究教学模式可以有所不同，以适应不同的教学场景，探究并不是一种教学法或策略，而是因区域环境不同的课程模块，这样可以鼓励基层教师积极地参与到探究教学中，因地制宜地开发出多种探究教学模式。在课堂教学活动中，教师的角色比协助者或引导者更为复杂，教师参与的程度并不是固定的，会前前后后地移动，而且在探究教学的时候达到最大，因为此时教师需要构思题目、收集数据、组织教学、观察学生计划、引导资料收集和分析、鼓励学生得出结论、指导学生的报告书写等，图 5-4 说明了教师在不同教学方式中的参与程度。

发现教学	传统教学	探究教学
最少	较大	最多

图 5-4　教师参与的程度

三、探究式教学的一般过程

探究式教学的一般过程主要包含如下几个环节：

（一）发现并提出问题

教师根据教学内容的特点、课程标准的要求和学生的实际水平，通过观察、实验、案例分析等特定的环境创设问题情境，由问题情境萌发的问题必须能与学生已有的知识经验相联系，能引发他们探究的兴趣和欲望。例如，光遇到物体会产生什么现象，摩擦力与哪些因素有关，重的物体与轻的物体哪个下落得更快等，这些问题应当让学生在特定的实验和观察环境中自己发现并提出，或者是能够在教师的引导下相对独立地提出。并且，这些问题通过学生的探究活动是能够解决的。

（二）猜想与假设

猜想与假设是一种重要的心智活动。它是针对问题，根据已有的知识经验对问题解决的可能方法、途径和答案的一种尝试。例如，对于"光遇到物体会产生什么现象"这一问题，学生可能会作出光会被物体吸收、光可能会被物体反射回来等猜想与假设。猜想与假设具有偶然性，需要进一步的实验验证或其他论证。

（三）制订计划与设计实验

对猜想与假设的验证需要根据研究的具体问题，制订出可行的探究计划，包括探究的目的和已有的条件、探究的对象和变量的定义、探究的过程和具体的方法，以及如何有效搜集信息，等等。一般说来，物理探究式教学以实验为基础，因此需要设计实验，包括实验目的和原理、实验方法及器材、实验变量及其控制等都要做出具体的设计。

（四）进行实验与搜集证据

依据设计的方案进行实验探究是学生获得实证数据的重要途径。在这个过程中，学生要根据实验要求，合理安装实验器材，安全操作实验仪器，对较复杂或没有使用过的仪器，能读懂说明书并正确操作，对实验中出现的故障能及时排除，还要能够根据实验情况调整实验方案。在实验中，能正确操纵实验变量，正确观察实验现象，如实记录实验数据。

除实验之外，探究式教学往往还要通过其他途径和形式，如观察、调查、文献、上网等，搜集有价值的证据。

（五）分析与论证

分析与论证是指学生运用分析、比较、综合、归纳等方法，对搜集的证据和实验数据进行处理、解释和描述，并尝试根据实验现象和数据得出结论。在这个过程中，探究者需要将探究的结果与自己已有的知识联系起来，通过论证找到事物的因果关系，形成对问题的科学解释，或提出新的观点和见解。

（六）评估

评估是探究式教学不可缺少的环节。它是对探究计划的合理性、实验结果与假设的差异性、证据搜集的周密性、操作过程的科学性等做出判断的过程。如果实验的结论与假设不吻合，则需要在分析原因、吸取教训、总结经验基础上重新提出假设，或者改进探究方案。

（七）交流与合作

合作与交流也是探究式教学的重要环节。一方面科学探究本身就离不开合作与交流，一个科学问题的探究往往需要在集思广益的合作与交流中完善探究计划，在角色扮演中实现探究的分工；另一方面，同一问题的探究也往往有不同的方法、不同的过程、不同的结论，这时就需要通过交流来识别各个研究方法、研究过程的优劣，来辨别每个研究结论的真伪和完备。在交流过程中，参与者不仅可以解释自己探究计划以及探究过程形成的见解，还需要认真听取他人的意见，通过对不同观点进行辩论，得到启发，学会尊重他人，从而体验交流与合作的意义。

四、探究式教学的案例

【案例 5-2】

《光的色散》探究教学片断

让学生观察自然光的颜色，接着做一个演示：让学生观察一个大烧瓶的颜色（无色），然后当众灌入自来水，将其放在阳光下照射，用白板承接烧瓶折射出的光线（图 5-5），让学生观察，并说出看到的现象：白板上有彩虹状的弧形色彩带。

让学生对这种现象进行猜测并提出疑问。然后教师点明，在 13 世纪德国西奥多里克也曾猜测：白光在水中所走的路程不同而形成不同颜色。然后带领学生继续研究白光的组成。通过牛顿实验方法，用三棱镜得到红、橙、黄、绿、蓝、靛、紫七色的色带。

教师指出牛顿对实验中彩带来源有两种猜测：①七色彩带可能是白光经三棱镜后被分解；②七色彩带也可能是三棱镜在白光刺激下发生的。为判别这两种猜测，最简便的方法是将七色光带重新汇合在一起，看汇合后光的颜色。如果是白色，说明白光由七色光组成；如果不是白色的，说明彩带是由棱镜产生。实验装置如图 5-6 所示。得出结论：白光是由红、橙、黄、绿、蓝、靛、紫七种颜色组成的。

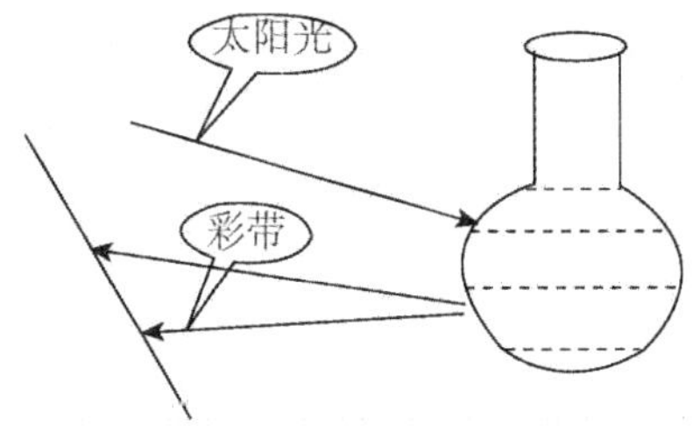

图 5-5　光在烧瓶上的折射

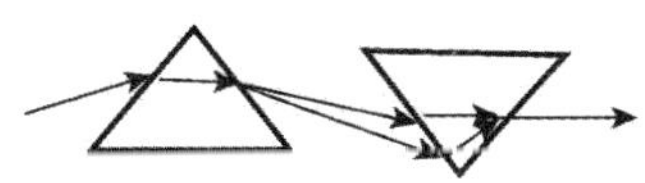

图 5-6　还原白光的光路图

第六节　物理模型教学法

一、模型教学法的界定

（一）教学模型的基本特性

物理模型都是从自然界中抽象概括出来的，它是在理想化思维条件下建立的结果。理想化思维方法是一种思维主体运用非逻辑性思维认知和逻辑性思维认知相结合的科学思维方法，而塑造理想化物理实体、过程等模型是从事科学创造活动的一种基本方法。物理模型是理想化思维的一个具体表现形式，具有客观性、简洁性、逻辑性、近似性和形象性等基本特性。

物理模型来源于自然界，是现实的自然条件反映，它在人脑加工的基础上对客观现实的认识总结，必然反映现实世界。例如，木块从斜面顶端滑下的过程，把木块看作质点模型，质点就是来自客观实在的物体抽象，通过一个点的运动过程代表整个物体，这样能够更明确研究的主体，使物体运动的过程更具代表性。匀速直线运动的物理模型来自实际生活中物体或车辆在一定条件下的运动反映，如果在一定时间内的运动较缓慢或位置变化几乎相同，这种运动就可以看作匀速直线运动。物理学科发展中很多模型的建立来自于人们对已有知识的总结，是为了形象地描述物体运动及相互作用而建立的，这些模型同样反映了一定条件下的现实。虽然有时模型的建立可能不完全等同于事实，但建模过程仍然是对客观现实的反映。利用模型更容易描述难以用定量描述的物理事实，例如，法拉第利用电场线模型形象地描述和认识电场在空间的分布情况。因此，客观性是物理模型的一项最基本特性，物理模型来自于客观现实又用于解决客观现实问题。

物理模型是对一类自然现象的本质特征的总结，具有这一类事物运动变化普遍特性的认知结构，在头脑中所表现出来的模型是其所具有的框架结构，描述及表现形式是简单而有序的。在学习动量守恒定律应用时，物体间的碰撞问题的一个最重要条件就是代表着一类物体系间的内力作用远大于外力时运动状态的变化规律——物体系的总动量保持不变。生活中两个车辆的相撞，两冰车在冰面上的相撞，台球的相撞，以及子弹打击木块都具有同样的规律性——它们都是主体在系统内的相互作用下的运动状态变化，可以建立相同的物理模型，即两质点间相互作用的碰撞模型。物理模型是某一类问题在解决时所提出的问题结构框架或问题呈现的形式，根据物理学规律科学地抽象出的物理模型具有这一类问题的简洁性特征。

逻辑性是指物理模型是对物质变化及发展的认识总结，具有方法论性质的理解。物理模型的构建过程就是对物理情景进行抽象和解释的思维方式。模型的应用、分析具有深刻的逻辑特征，模型是思维的结果，具有思维的整体性、深刻性、广阔性等特性。建立过程要利用思维方法进行分析并总结来构建与实际相适合的物理模型。通过类比、分析认识所研究问题的本质内容，才能建立合理的模型；通过归纳、总结能更深刻理解物理模型的内在规律及应用范围；通过具体化的方法能使模型与更多的实际问题及现象相联系，真正理解这类知识。例如，描述电场的强度和方向的物理量——电场强度模型，对于确定电场中的某一点的电场强度，改变检验电荷的电量或电性时，这一点的电场强度(大小和方向)是不变的。从逻辑上说，它是一种比值定义物理量的方式，即检验电荷不影响原电场中这一点的电场分布及强度，与地球表面上某一确定点的重力加速度值不会因为放置质量不同的物体而发生变化一样。物理模型的构建过程具有自身的内在规律性限制，离不开逻辑性的要求。只有正确的逻辑思维才能建立更接近真实现象、规律的物理模型。

近似性是指物理模型的构建过程是在抽象及简化相关条件的基础上建立的，对现实的分析往往是近似的体现。物理学的发展可以看出，学科本身就是不断发展完善的过程，在不同阶段，问题的研究结果呈现螺旋式上升。新的理论不断包容和改造旧的理论，理论的建立过程要利用所研究问题的模型来突出研究对象的主要因素，忽略次要因素，因而利用模型所得到的结论一般是近似的。牛顿的经典力学理论在现在看来也是相当完善的，随着社会进步和科学发展，现在的理论更加深刻反映出那个时代所认识的范围。经典的力学理论对生活中直接观察的事物可以说是准确的，可是对于现在认识的宇宙中黑洞等周围强引力作用下的运动物体的现象描述却是不适用的。这就有了爱因斯坦广义相对论理论的建立，它包容了经典物理学理论的成分，更全面地描述了相互作用下的物体现象及本质。此外，构建的模型常常是一种假说情景，因而模型的正确性是不确定的。例如，原子核结构模型的构建过程。人们总是通过实验的方法获得反映原子核微观结构的宏观信息，根据已有的成熟理论去推测核结构的某些性质，提出描述原子核结构的物理模型，再依据模型建立理论，用此理论解释说明原子核的性质和实验现象，进一步验证或修改、完善理论，如此反复不断、循序渐进，逐步前进，使人们对原子核的认识逐渐接近客观实在。每一次重大的发展都是根据一定的事实提出相应的原子核模型（假说结构），再去利用新的实验或事实验证其正确性。从根本上看，原子核的模型仍然在不断发展。在科学发展的不同阶段，模型所反映的是这一时期人们对该问题的近似认识。

形象性是指模型本身是运用图景的形式来表述物理学现象及规律的，而图景的显示是具有形象的特征的。物理学所描述的物质世界从宇宙大尺度到微观粒子小尺度的事物，这些事物的实际情境相当复杂。物理模型的描述及展示能够较理想地得到事物本质的情境及内容。随着人们的认识逐渐深入到微观领域和宇观领域，为了更好地说明微观和宇观的现象，物理学家常常利用模型的形式把微观的东西宏观化，把宇观的东西平常化，把抽象的东西形象化，从而使人们得到一个比较直观的认识。如发现电子的汤姆逊为说明原子结构提出葡萄干面包模型，把原子中的正电荷分布比作面包，把电子比作嵌在面包中的葡萄干。卢瑟福却提出了原子核式结构，认为是行星原子模型，把原子核认为是太阳，电子在其中像行星一样运动。在研究电场及磁场时，为了形象地描述电磁场的空间分布情况，法拉第提出了电场线模型和磁感线模型。点电荷的电场线模型形象地表明了点电荷周围电场强度在空间电场分布情况，并较易地确定空间各点的电场特性。如果没有这些形象的物理模型，可以想象今天在认识这些直接不可见的物理现象及规律将是多么困难。随着物理学的发展，人们的认识愈深入，表现形式也愈抽象，而物理模型的形象性的意义也就愈大。

（二）教学模型的概念

1996 年美国出版的《美国国家科学教育标准》中表述：模型是与真实物体、单一事件或一类事物相对应的而且具有解释力的试探性体系或结构。2007 年人民教育出版社出版的《高中物理必修 1》教材对模型的定义：模型是人们为了某种特定目的而对认识对象所做的一种简化性描述，这种描述可以是定性的，也可以是定量的；有的借助于具体的实物或其他形象化的手段，有的则通过抽象的形式来表达。我们综合国内外学者模型的描述，即“物理模型是物理学现象及规律的研究或学习过程中，对现实世界的一个特定对象，为了一个特定目标，根据物体所特有的内在规律性，作出一些必要的简化和假设后，并运用适当的描述性工具，得到的一个物理学研究内容的基本图景”。

基于模型强大的解释功能与当前科学教育界部分学者对科学探究本质的定义——“对自然现象一致性的、机械论解释的追求”相吻合，模型中心的探究被众多研究者作为一种新的探究教学模式提了出来。这种模式关注的是学生在科学探究中建立、评价和修改能被用于理解和预测自然界的科学模型的活动。在物理研究中，为了到达对物理现象、本质和规律的认识，需要对研究对象进行简化，并根据研究重点和对象的不同，舍弃次要因素抓住本质因素，这就是物理模型。由于物理模型是对原型的一种精简、抽象，是把原来复杂的研究对象及过程、条件和结构简化成理想情况。在一定的场合和条件下，考虑对实际物理现象来说是主要的、本质的特征，忽略其中次要的、非本质的因素，这种处理问题的方法叫作物理抽象。被抽象出来的物理现象虽不再是原来的实际物理现象，但它能反映出原来实际现象发展变化的基本规律，这就是原来实际物理现象的物理模型。例如，讨论一个物体在平面上的运动规律时，先忽略平面与物体间的摩擦阻力这个次要因素，得出其在光滑平面上的运动规律，然后再考虑摩擦力存在时物体的运动规律，这样研究起来就会顺利得多，学生也易于接受。合理的抽象能更简捷地研究实际现象发展变化的基本规律；对于不同的物理问题可以建立起不同的特定物理模型，而每一特定的物理模型就是每一种客观物理现象的合理的、本质的物理抽象。

二、模型教学的构建及途径

（一）模型的分类

目前国内学界的分类多来自中学一线教师的观点，这里介绍几种常见的分类方法。按照客观存在的实物、制约条件和物理过程的原则，可以分为三类：①实体模型。实体模型是我们研究的对象，如质点组、刚体、弹簧振子、点电荷、恒压电源、匀强电（磁）场、理想气体、孤立系统、点光源、原子模型、薄透镜、核式结构等。②条件模型。如轻质细杆、稳压电源、保守力系统、绝热系统等。③过程模型。如匀（变）速直线运动、平抛运动、匀速圆周运动、简谐振动、等（温、压、容）变化、做功与绝热过程、电磁感应、光的直线传播、折（衍）射、干涉等。按照对研究对象和研究过程的理想化的原则，可以分为两类：①研究对象理想化的模型，如刚体、理想气体、纯电阻、理想变压器等。②运动变化过程理想化的模型，如自由落体运动、简谐运动等。按照所利用模型的种类，可以分成两类：①物质模型，又叫实体模型，如弹簧振子、狭缝、薄膜等。②思想模型，又叫抽象模型，如理想导体、绝缘体、自由电子等。①按照模型在空间存在的形态，可以分成四类：①事物模型（如质点、弹簧振子等）；②空间模型（如光滑面、匀强磁场等）；③运动模型（如自由落体运动、简谐运动、理想气体的等值变化等）；④理想实验模型（如伽利略所设计的理想斜面实验，还有气垫导轨实验、小球弹性碰撞实验等）。科学模型和建模在科学教育中占有重要地位，能够帮助学习者理解和运用科学，一直以来科学模型被视作理解科学的核心，国际科学教育界关于科学模型的分类主要包括个体模型、交互模型和系统模型三种。为了方便对实际教学的研究，着重介绍按照客观存在的实物、制约条件和物理过程分成的几种常见的典型模型，即实体模型、条件模型和过程模型等。

实体模型是我们研究的客观存在的对象，通过简化抽象建立起来的物理模型。例如，力学中研究某些物体的运动时，如果物体本身的尺寸与距离相比很小，又不考虑物体的转动等因素时，就可以忽略物体的大小和形状，重点突出物体的质量与位置，用一个有质量的点来代替整个物体，建立起“质点”模型。一般说来，如果所研究的运动不涉及物体的转动和各部分间的相对运动时，可将其视为质点。物体很小的不一定能当作质点，如研究原子的内部结构时，就不能把原子核当作质点来分析；而有些问题中物体很大却可以看作质点，如在研究地球对太阳的公转时，可以把地球当作质点（图 5-7）。但在研究地球自转时，却不能把地球当作质点。因为地球自转时，离地心不同距离的点运动的线速度是不同的，因而不能把整个地球看作一个质点。可见能不能把一个物体看作某一理想模型是相对的。

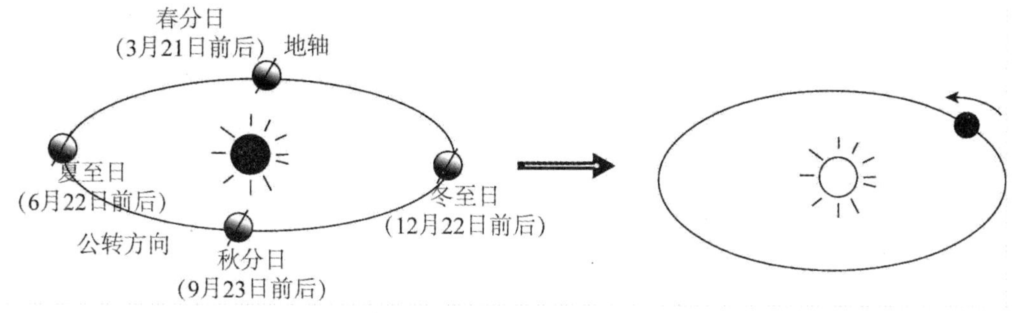

图 5-7　实体模型的例子

条件模型就是将已知的物理条件模型化，舍去条件中的次要因素，关注主要因素，使其为问题的讨论和求解起到搭桥铺路、化难为易的作用而建立的一种模型。引入条件模型是为了简化对问题的研究。中学物理中各种系统亦都是条件模型。如忽略了一些非保守力因素(如摩擦等)的保守力系统，不存在系统内外的热交换的绝热系统等。实际上，在现实世界中严格的保守力系统和绝热系统都是不存在的。例如，物体在光滑水平面上运动，实际上绝对光滑是不存在的，只是忽略了摩擦力对物体运动的影响。物体在地球表面上做自由落体运动时，因为只考虑重力是主要的影响因素，因而忽略空气阻力的影响(图 5-8)，没有空气阻力作用同样是一种条件理想化。在研究弹簧作用下的物体运动状态变化问题时，往往把弹簧看作轻弹簧，忽略弹簧质量对物体间相互作用及运动状态变化的影响。没有质量的弹簧显然是不存在的，因而这是一种理想化的条件模型。条件模型还有力学中的轻绳等。

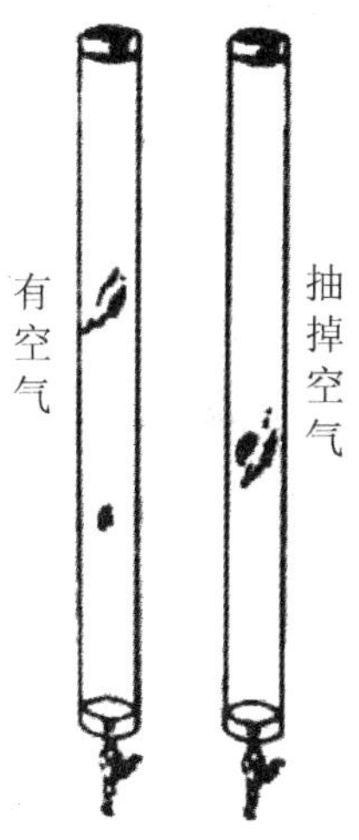

图 5-8　自由落体运动模型

把具体物理过程理想化、纯粹化后抽象出来的物理过程，称为过程模型。自然界中各种事物的运动变化过程是极其复杂的，在物理学研究中，不可能面面俱到。首先要分清主次，然后忽略次要因素，只保留运动过程中的主要因素，这样就得到了过程模型。过程模型是我们分析和解决问题的关键和困难所在，例如，匀速直线运动是指物体在一条直线上运动，在任何相等的时间里位移都相等，这是一种过程模型。平抛运动是将物体用一定的初速度沿水平方向抛出，不考虑空气阻力，物体只在重力作用下所做的运动，这也是过程模型。圆周运动模型是指物体的运动都是以一定的半径绕某一圆心运动，它是一种过程模型。火流星表演的模型(图 5-9)和儿童乐园过山车的模型(图 5-10)，是将实际运动过程简化后形成的过程模型。

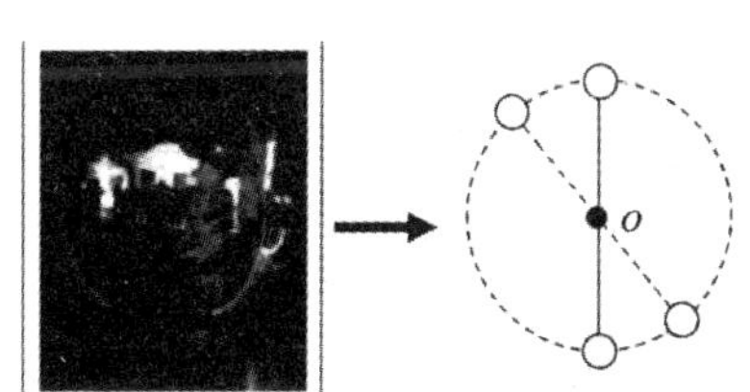

图 5-9　火流星表演的模型

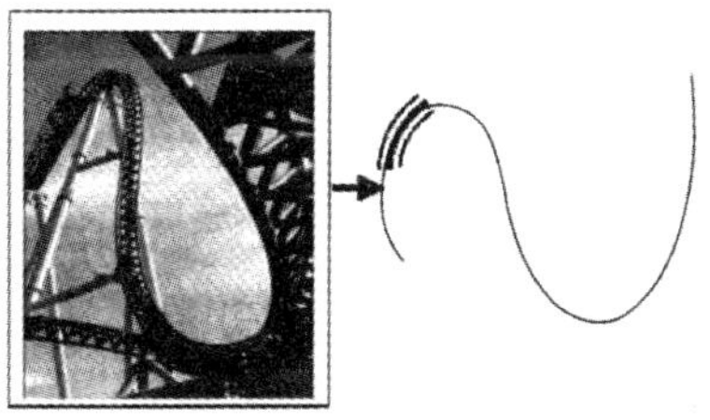

图 5-10　过山车运动的模型

（二）模型教学的构建

物理概念是物理现象的共同特征和本质属性在头脑中概括和抽象的反映。物理规律是自然界中物理客体属性的内在联系体现，是事物发展和变化趋势的反映。物理习题教学是将物理概念及规律进行应用的问题解决过程。在物理概念、规律和习题教学中，模型的构建过程十分重要。

1. 物理概念教学的模型构建

学生形成物理概念一般要经历认知定向、找出共同特征、认识本质属性、进行抽象表达和深入理解概念这样一个大致的过程（图 5-11）。在教学过程中有以下环节：①让学生明确为什么要引入这个概念，使学生认知活动有明确的指向。这个过程是依托一定的事实情景来实现的，只有适应学生心理的描述，才能被有效地接受。②指导学生找出物理现象或物理过程的共同特征。这一过程一般有两种方式，首先是归纳的方式进行。其共同特征直接从事实中总结出来的概念，通常由归纳分类的方法得出。如通过分析各种情况下接触物体间的弹力，总结出其共同特征是物体相互接触而发生形变后有恢复原状的趋势，则这两个接触物体间产生弹力。其次是概括的方式进行。③指导学生抓住共同特征所反映的本质属性。只有抓住了物理现象或物理过程的共同特征所反映的本质属性，才能形成物理概念。④指导学生对抽象的结果进行表述。在抽象出一类物理现象和物理过程的共同特征和本质属性之后，用简洁的文字语言、数学式或图像表示物理概念。⑤指导学生深入理解物理概念。这一过程实际上就是在概念形成中抽象出的物理模型进行再现的运用过程，并依据模型的图景对概念进行丰富及完善。在教学实践中通常用变式和例证来指导学生理解物理概念。在物理概念的学习中建立模型要求有足够的物理情景及物理事实进行对比归纳，从中找到最基本的特征进行描述，要把概念的描述与头脑中的物理抽象模型进行对应，以利于在新的情景中迁移。

图 5-11　物理概念学中的模型构建过程

2. 物理规律教学的模型构建

物理规律包括物理定律、定理、定则、原理、方程等，学生掌握物理规律的一般过程如图5-12所示。在教学实践中通过以下程序指导学生掌握物理规律：①指导学生明确规律的定向。要让学生明确物理规律建立的目的，从哪些过程及情景建立规律，从而使学生的思维加工活动指向确定的方向。②指导学生弄清规律的建立过程，要有效地抽象出其对应的最简洁模型。物理规律的建立过程有两种形式。首先是归纳法，指导学生明确它的实验依据、实验中现象出现的原因，并树立起物理定律的建立来自于观察实验结果的观念，明确要由现实情景抽象出物理学的最简洁规律。其次是通过演绎法建立物理规律，如动量定理的建立，要让学生知道它是从牛顿第二定律推导出来的，在这个推论的建立过程中，根据在最简单变速直线运动——匀变速运动模型中的力在时间上累积与动量变化间的数量关系确定，这一物理规律情景模型就是头脑中匀变速直线运动模型中的力在时间上的积累结果体现——动量的变化情景。这一物理规律的建立依托物理图景中作用效果——动量的变化体现。③把握物理规律的文字表述、数学表达式、函数图像三种表达式，并能把它们融为一体。不论哪一种表述本质上都应与一定的物理模型进行映射，通过模型的情景对应，使规律的本质与现象相结合。④强调物理规律的适用条件和范围。⑤使用物理规律时，注意它们的基本特征。如牛顿第二定律的瞬时性、方向性、同一性等。在物理规律的应用过程中，要注重对规律所对应的实际效果表现出的特性分析，其中物理模型所表现的总结性理解较重要。通过基本模型的映射加强问题的解释，可提高物理规律所表现的深刻内涵，明确该模型与哪些规律对应。物理规律的教学中往往是过程模型的构建，在这个过程中要注意对过程量及状态量间的关系较系统的总结，突出所要展示规律的情景条件。

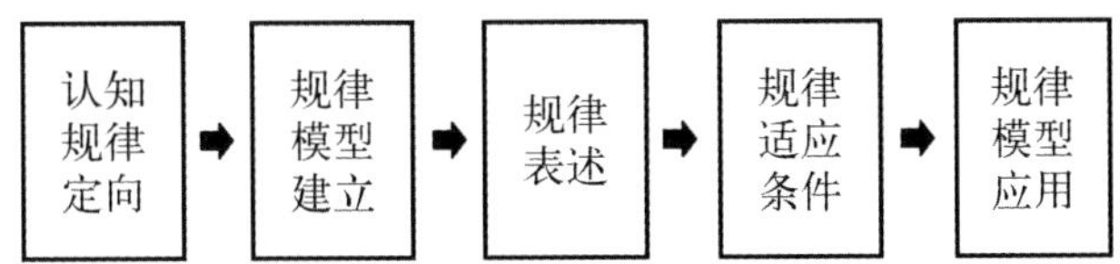

图 5-12　物理规律教学过程中的模型构建过程

3. 物理习题教学的模型建构

通过习题的物理模型构建学习使学生对物理知识所对应的情景有更深的理解，对于抽象概括出来的概念及规律特征得到较明确的认识。习题教学中根据具体问题进行模型的构建有很多方式，但总体上有以下几种建模形式：①抽象概括建模。根据问题的情景直接对所研究的对象或过程进行抽象而构建模型的过程，这是模型构建的最基本方法。这类问题的情景所涉及的对象及过程较明确，要求正确判断情景的主要影响因素，确定物体的大小及形状对运动过程的影响。如力学部分中的小球在斜面上匀加速运动、木块在水平面上匀速运动、小球的平抛运动等可直接抽象概括出质点模型和基本运动模型。②虚拟建模。在物理问题解决过程中，为了找到正确的问题解决途径或简便的方案，根据题意合理地虚拟一些简单的物理对象、物理过程和物理效果等，再根据所虚拟的模型有针对地运用相关物理规律建立方程，以便构建解决问题的模型方法。③类比建模。利用物理量的相似性及变化规律的相近性通过归类比较后，得到较熟悉的物理模型后再进行问题求解的方法。两种物理对象、现象、过程，有某些因素引起相似或相同时，可以推断另外有可能相似或相同的地方，从而利用其中熟悉的相似或相同的方法来构建模型解决问题。④对称建模。利用物体的运动过程的时间与空间的对称性，根据已知条件，寻找或假设与之对称的另一个物理事实和另一个概念，建立物理模型，探究解决物理问题的技巧和捷径。对称性往往是某些物理现象及运动过程中的基本特性，因而利用它可构建出有利于解题的物理模型。⑤微元建模。物质是由微小的单元构成的，物体的运动是在时间及空间的积累下完成的，因而微小的单元与整体间存在的共性是其个性的某一方面。研究微元的对象在某一时刻或某一位置时的规律特点，便可找出整体的运动中所遵循的规律。利用这种微分思想来分析问题的方法被称为微元法。它是将研究对象(包括物体和过程)进行无限细分，再从中抽出微小单元进行讨论，从而确定被研究对象的变化规律的方法。高中物理有时涉及流体运动或者是连续物体的运动时，不能利用物理学规律直接对整个物体或过程求解时，往往通过把对象或者过程分割成许多微小的单元，使之由原来的非理想模型转化为理想模型来解决。

（三）模型教学的一般途径

物理建模过程不是一个简单的思维过程，是有一定的科学模式和方法可循的。要按照科学的程序思考及处理问题才能建立正确合理的模型。

1. 观察—实验—建模

观察和实验是了解和认识自然现象，定性和定量分析现象，并获得情感知识的源泉，是形成、发展和检验自然科学理论的实践基础。通过观察和实验明确所研究的物体对象，认识这些对象的变化过程，注意与其他物体间的联系。从中发现其主体而构建出清晰的空间和时间情景，建立起相关的物理学对象模型及过程模型等。例如，在教学中通过学生观察速度较快的公路的路基铺设情况，在转弯处，由路面倾斜情况认识匀速圆周运动模型在交通中的应用，使学生头脑中形成较明确的认知情景。由此可推广到火车的铁轨铺设情况等，明确在这时车辆被看作质点模型，而运动过程是匀速圆周运动模型并意识到其做圆周运动的原因，即受力情况。在公路上由于刹车带来的水泥路面上的橡胶划痕明确车辆在做匀减速运动模型，并通过课本给出的相关动摩擦因数来估算车辆的运行速度。培养学生通过观察实验抽象、总结模型的能力。

2. 分析综合—抽象—建模

分析就是从整体到局部的思维，是把事物的整体分解为各个部分、个别特性或个别方面的思维过程。综合是从局部到整体的思维，是把事物的各个部分或不同特征、不同方面结合起来的思维过程。分析和综合是处理问题的起始，通过分析和综合可以对事物进行较全面的理解。抽象是在思想上抽出同类事物的本质特征，舍弃非本质特征的思维过程。遇到较复杂的问题时，应当通过分析综合，从简单部分入手，建立相应的简洁的模型。通过抽象对物理现象及过程有深刻的认识，从而在头脑中建立起模型——新的图式。

3. 类比—联想—建模

所谓类比就是指某些事物相似或者其运动过程某方面相同时，推论它们在其他方面的也可能相同的思维活动。这时候也可以用较熟悉的物体或过程来代替不熟悉的物体或过程来求解问题。例如，在学习电势能问题上，学生对电场的分布及电势能的理解较困难。难以理解其变化过程，这时可以把电势能的变化与重力势能变化进行类比联想，以降低问题分析的台阶。通过这一联想把能量变化相类似的两个过程联系起来，构建在同一个熟悉的物理模型重力做功与重力势能变化关系的情景。另外在学习玻尔能级结构时，对于原子核外的电子运动动能及电势能的变化不易理解，尤其在发生电子轨道跃迁时的动能及电势能变化问题上。这时可利用学生非常熟悉的人造卫星运动模型，把电子等效为卫星，其运动中的库仑力类比为万有引力，则把万有引力势能等效为电势能，把电子动能等效为卫星的运动动能。

4. 直觉—思维—建模

直觉思维是创造性思维中最活跃的一种表现，直觉思维的建立在物理学上来说是与物理模型有紧密关系的。直觉是来自于实践，要建立在经过对物理情景的深刻理解基础上的。在应用知识的过程中逐步地简缩解决问题的过程，才能依据现有的线索对事物的可发展作出直觉的判断。直觉总是以所熟悉的有关的知识及结构为根据的，而抽象概括出的物理模型恰好提供了这样一个可能，给所面对的新形象、新情景提供一种快速识别并迅速解决的可能。反过来，直觉又提供了学习中的所要解决的问题进行建模的方法，在直觉的基础上通过思维分析，来构建解决物理问题的实际模型。因而在教学中给予学生直觉猜想的机会是提高他们科学能力及科学素养的好办法，在猜想的过程中应与原来所认识的物理模型相对应，并积极推广原有的结论或现象，使模型更加丰富。

三、模型教学法案例

【案例 5-3】

“单摆”的模型教学

“单摆”的知识位于新课标高中物理选修 3-4，第十一章“机械振动”第四节“单摆”，我们对其作了新的处理，以单摆的简谐运动和圆周运动两个物理模型为主线，贯穿模型教学。

（一）建构单摆实体模型

1.教学目标分析

单摆是本章继弹簧振子之后的又一个基本运动模型，是机械振动的核心内容，也是教学重点。在本节课中主要采用理想化方法、科学近似处理方法、控制变量方法帮助学生建构“单摆”这个物理模型。

2.情景创设

通过故事和实验使学生很快熟悉单摆的运动形式，为学生建立单摆模型提供必要的直观形象。

(1)讲述故事

1862 年，18 岁的伽利略离开神学院进入比萨大学学习医学，他的心中充满着奇妙的幻想和对自然科学的无穷疑问，一次他在比萨大学忘掉了向上帝祈祷，双眼注视着天花板上悬垂下来摇摆不定的挂灯，右手按着左手的脉搏，口中默默地数着数字，在一般人熟视无睹的现象中，他却第一个明白了挂灯每摆动一次的时间是相等的，于是制作了单摆的模型，潜心研究了单摆的运动规律，给人类奉献了最初的能准确计时的仪器。伽利略发现“摆”的规律之后，人类利用摆的振动规律制成了摆钟，对人类的物质文明及推动科学技术的发展起了很大作用。

将“摆”的规律用于制作摆钟的技术，对学生是一次很好的模型教学的教育。学生将形成从建立模型到应用模型的直观感受。

(2)演示实验

教师进行“单摆摆球的摆动”和“摆钟的摆动”两个演示实验，向学生展现单摆的各部零件，给学生以单摆这个实体模型的初步认识。另外也使学生很快熟悉单摆这种运动形式，为其建立单摆振动模型提供必要的直观形象。

3.建构单摆的实体模型

(1)学生阅读课本相关内容。

(2)学生回答什么是单摆：如果悬挂小球的细线的伸缩和质量可以忽略，线长又比球的直径大得多，这样的装置叫单摆。

(3)教师激励评价并提出问题：为什么对单摆有上述限制要求呢？

(4)教师讲解：线的伸缩和质量可以忽略——使摆线有一定的长度而无质量，质量全部集中在摆球上；线长比球的直径大得多，可把摆球当作一个质点，只有质量而无大小，悬线的长度就是摆长。

(5)教师总结:通过上述学习,我们知道单摆是实际摆的理想化的物理模型。

这个模型的建立首先以观察、实验以及已有的知识为基础,而后运用物理抽象思维,进行分析、综合、归纳和概况,抽象出反映事物主要因素和本质特征,成为理想化的物理模型。

(二)建构单摆过程模型——单摆简谐振动模型

1.演示

用力将摆球拉离平衡位置,使摆球与竖直方向成一角度,然后释放,并利用多媒体课件动画模拟单摆的摆动。

2.教学实施过程

(1)教师提问:同学们认为摆球做什么运动?

(2)学生回答:以悬挂点为圆心在竖直平面内做圆弧运动或以平衡位置为中心往复运动。

(3)教师提问:什么原因导致摆球做以平衡位置为中心的一段圆弧的往复运动呢?

(4)由学生根据圆周运动模型和弹簧振子振动模型的受力特点对单摆小球受力情况进行分析,如图 5-13 所示,找到圆周运动所需的向心力和机械振动所需的回复力。

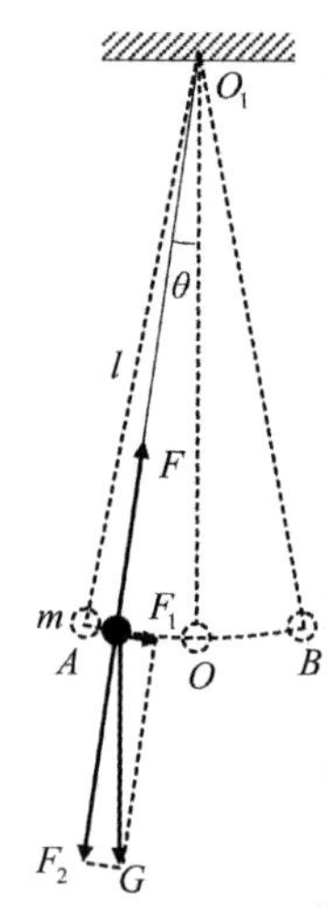

图 5-13 单摆的受力分析

(5)教师总结:正是沿运动垂直方向的合力提供了摆球摆动圆周运动的向心力,沿运动方向的合力 $F_1 = mg\sin\theta$ 提供了摆球摆动的回复力。

(6)教师利用科学近似的方法建构单摆简谐运动模型:小角度摆动时(摆角 $\theta < 10^o$):$\sin\theta \approx \tan\theta = \frac{s}{l} \approx \frac{x}{l}$,所以单摆在较小摆角摆动时:$F_1 = \frac{mg}{l}x$($x$ 表示摆球偏离平衡位置的位移,l 表示单摆的摆长),对照简谐运动的回复力特征可以得出这样的结论:单摆在较小偏角摆动时,回复力的方向与摆球偏离平衡位置的位移方向相反,大小成正比,单摆做简谐运动。

(三)应用单摆模型

物理模型在解题中的应用大致可以归纳为下列两类问题:一是通过对所给条件进行科学分析,将已知的物理条件模型化,删除条件中的次要因素,突出条件的本质因素,为问题的讨论求解铺平道路。二是将物理过程模型化,将一些较为复杂的物理过程经过科学分析抽象为较为简单且熟知的物理过程,使求解过程简化。在讲解的过程中,要讲中有练,讲练结合。事实表明,学生头脑中正确的物理模型的建立,物理过程图景的形成,学生的思维能力特别是从具体到抽象的概括能力和从抽象到具体的运用能力的形成,主要是在课堂教学和实验中,在教师提问、设问的引导下,通过学生自己动手、动脑、回忆,对比和联想实现的。因此,凡是学生自己能分析解答的问题,就应该启发他们自己来完成,实现讲讲练练,以练促讲。物理教学中注意物理模型的相关性,通过不同物理模型进行类比、延展、拓宽,找出其共性和个性,不仅能加深对物理规律的理解,还能帮助学生克服知识负迁移,培养知识正迁移。

第六章　物理实践活动教学

第一节　物理实践活动教学概述

一、物理实践活动教学的特征

虽然，物理课堂教学对物理教学和学生能力的提高起着至关重要的作用，但是，也存在着一些不足：

其一，如果学生动手的实验主要用于探究物理原理和规律，难以激发学生的学习兴趣。研究发现，发现大部分学生对单纯的课内探究实验缺乏足够的兴趣，学生在探究活动的许多环节中没由认真去思考和积极动手操作。究其原因，正如学生所说"我们都知道实验结论了"，使学生没有了探究的热情。

其二，当前的演示实验具有一定的新奇性和启发性，能够激发学生学习的欲望，但是学生被束缚在一切从课本出发的问题学习中，而学生在生活中必定会遇到很多物理问题，这些问题通过课内实验大多是不能解决的。

由此可见，课内探究实践在一定程度上忽略了学生主体的内在需要，限制了学生的发展。物理课外实践在一定程度上可以弥补课内实验的不足。

（一）物理教学实践活动的内容特征

(1)发展特长、培养兴趣、丰富物理学习生活。

(2)内容丰富多彩。课外实践活动可以围绕教材内容展开，也可以适当拓宽和加深教材知识；可以以自然界的物理现象为活动对象，也可将物理在现代生活、科学技术和生产领域的应用作为内容；还可用物理学史和科学家的故事为线索，进行某些设计物理实验并带有发明创造性质的活动。

(3)不受课程标准限制，不受课堂形式限制，形式灵活多样。中学物理课外实践活动组织形式大体可分为三类：一是班级以上的群体活动；二是小组性的活动，如航模小组。三是个别性的活动，如个别性的观察作业，小实验，小论文等。

(4)自愿参加，独立性强。自愿是课外时间将不同于课堂教学的一个特点，学生可以根据自己的兴趣、爱好和需要，选择一定的活动内容。

（二）课外实践活动学习的内容特征

1.物理知识的应用

如在学习了光的反射之后，可以让学生制作简易的潜望镜，也可以组织学生调查学校或家庭所在区域的光的利用、污染问题，写一份调查报告。通过这样的课外实践探究活动，可以使学生加深对光的反射现象的认识和培养运用所学知识解决实际问题能力。

2.课内物理学习内容的延伸

在学习了重力之后，可探究怎样用实验的方法测量物体的重心。在学习了质量知识后，可让学生调查成年人大脑的质量、成年人血液的质量、自行车的质量、摩托车的质量、一个鸡蛋的质量等等。

3.与其他学科知识综合的应用

如环保方面的问题、能源方面的问题、保温性能的问题等。要注意的是这类问题所探究的题目不宜过大，针对性要强，使学生易于操作。

在选择课外探究内容时教师应该倡导学生自己从生活和学习中发现问题，教师收集学生提出的问题并定时向学生公布，并结合学生实际能力确定探究的课题，学生根据自己的兴趣选定探究的课题，自行组建小组，进行探究。教师要定期检查学生方案的实施进展情况，定期组织学生进行交流。

（三）注重实践探究活动中的指导和督察

1.活动内容的选择

首先教师向学生推荐一系列的活动内容，让学生结合自己的实际，选择适合自己探究的活动内容，上报教师。然后，教师根据所选的活动内容分组建档。教师所选的课题，应以社会的热点问题、与生存密切相关的问题、切入口小的问题为主。还应注意两个定位，一是学生定位，所选的课题要与学生的基本状况相吻合；二是方法定位，在校学生所具有的研究条件有很大的局限性，所用的方法要切合实际。

2.方案设计

为避免实验的盲目性，必须保证充足的时间，以便讨论设计出可行的实验方案。

实验方案的设计步骤如下。

(1)学生以小组为单位，讨论设计出实验方案；

(2)各小组在完成实验方案后进行交流；

(3)取长补短，再次讨论修改实验方案；

(4)教师参与各小组，启发、诱导学生进一步完善实验方案，拿出可行的实验方案。

3.方案的实施

在探究过程中，指导教师应坚持把指导重点放在“指导方法，解答疑难”上，不要干预和指挥学生的探究，只有当学生在探究过程中发生明显偏差和问题时，教师才做适当点拨。一定要教育学生摒弃习惯了的依赖思想，养成独立思考的习惯。

当然指导教师必须密切关注学生的探究过程，督促学生按时按质完成好阶段性探究任务，督促他们根据事实认真填写探究活动记录表中的有关内容，当学生在实际探究活动中难以实施时，指导教师必须及时参与探究活动，成为他们小组的一员，及时指导学生进行探究，以确保探究活动的顺利进行。

4.课外实践探究活动总结的撰写

在活动结束前，教师参与各小组，指导学生总结探究活动中所取得的成果，写出有价值的科技小论文或者实验报告。

（四）课外实践探究活动课的评价特征

课外实践活动评价的目的是让学生从学习活动的各个侧面全面了解自己，认识自己，找出不足，找到自信，从自身的感受中激发求知、上进的信心和决心，从而使自己不断发展。

课外实践探究活动课的一个重要特征是重过程，淡化结果，所以，评价应关注每一个学生的发展，尊重和体现个体的差异性。如，学生完成小制作、小实验、小发明后，教师千万不能忽视对学生作品的评价。学生为自己制作或发明出的作品而喜悦的同时，更希望其他同学、老师一同分享他的快乐，教师及时的评讲或评比，既给学生一种满足感，又能够自然巧妙地指出作品中的不足，充分突出了学生的主体性，有利于学生自我意识的提高和自立、自信、自强的精神风貌的塑造。

二、物理实践活动教学的作用

物理课外探究活动的开展，对于物理课堂探究教学是有益的和必要的补充，并可起到课堂教学难以起到的作用，具体地说，课外探究活动的作用在于：

(一)激发学生学习物理的兴趣

青少年的兴趣往往是不稳定的，物理课外探究活动可以体现物理知识和物理现象的趣味性，培养学生相对稳定学习的心理素质，所以，其作用不仅在于使学生爱学物理，还要使学生不断体验到学习的愉快和满足，使刚萌发的兴趣幼芽，逐步形成稳定的兴趣和志向。

(二)培养创新精神

开展物理课外活动，给学生创造一个自由的、生动活泼的学习环境，开发智力、展露才华的一块任其自由驰骋的天地。使学生在活动中其智慧得到充分的发挥从而体验到创造的欢乐，自我意识得到充分的肯定和训练，更好的发挥学生的学习潜力，激发创新精神。

(三)发挥潜质

体现应用性，培养学生的素质，加深对物理课内知识的理解和巩固。同时，也可以在物理课外探究活动中，有条件让学有余力的学生做更多，要求更高的实验，解更难的物理题，制作更复杂的小制作，进一步激发他们勇于探索、勇于创新的精神，使在物理方面确有特长的学生的潜力得以发挥出来，有利于对特长的培养。

(四)培养能力

培养学生的实践思维能力和观察问题、分析问题、解决问题的能力，提高运用知识解决实际问题的能力，发挥学生创新的主动性和动手实践能力，开阔学生视野，培养学生的科学观，培养用科学知识来指导、解决实践问题的正确观念。激发了学生不断追求新知识、解决新问题、创造新成果的创新精神。

(五)加深理解

物理课外探究活动让学生更深刻的理解物理学的原理和规律。与课堂教学有密切的联系，但又不完全受课程标准的限制，它要求面向大多数学生，又不要求每个学生从事一样的活动，它从各个方面向学生提供学习、实践和创造的机会，使学生有可能根据自己的兴趣、特长，选择适合自己发展的活动。而且，在活动中可以得到充分的独立的锻炼，因此课外活动有利于反战学生的兴趣、爱好和健康的个性特征，形成志向。

(六)培养学生综合运用所学知识的能力

学生面对的世界是综合的，这个世界是由个人、社会、自然等基本要素构成的，这些基本要素彼此交融，超越了课本知识的界限。研究性学习要求学生从现实生活中提出问题、并深入自然活动和社会活动领域开展研究，有利于学生综合运用所学知识融会贯通的、多角度的思考问题和解决问题，因此有利于学生形成对自然、对社会、对自我的整体认识和把握。

(七)培养学生收集和处理信息的能力

在新时代背景下，信息技术已经不仅仅是一种手段，而逐渐成为人们社会生活的一个基本要素，它逐步改变了人们的生活方式和学习方式。研究性学习培养学生利用网络以及调查研究的方法来深化和拓宽对书本知识的认识，学到书本里、课堂中学不到的东西，使他们学会面对陌生的领域，知道到哪里去寻找答案，这对学生的一生都是至关重要的。

(八)培养学生语言表达能力以及交流合作的能力

研究性学习一般是以“合作”为形式，一个问题的最终解决处理建立在独立思考的基础之上，还需要同伴间的相互启发、帮助和鼓励，因此研究性学习有利于创造与团结协作的教育环境，有利于培养学生在交流与合作中学会共处。

第二节　物理实践活动教学的组织形式

根据具体条件，一般学校都可以组织以下形式的物理课外实践活动。

一、小制作、小发明、小实验

小制作、小发明、小实验是初中学生比较感兴趣的课外实践活动，其活动形式可以是家庭实验与室外实验。它对培养学生的兴趣和特长具有重要意义，并能为学生今后的创造活动奠定良好的基础。为避免活动的盲目性，必须保证充足的时间，以便让学生以小组为单位，讨论设计出科技制作方案或实验方案。各小组在完成方案后进行交流，取长补短，再次讨论修改方案，拿出可行的活动方案，在形成可行的活动方案后，学生便可以分工准备材料进行实验或制作。另外，教师平时要及时收集和评价学生在课外进行的小制作、小发明、小实验的活动成果。

二、网络学习和电脑制作

处在信息化时代，网络信息与物理学习的整合，已经是探究性学习不可忽略的问题。为了紧跟时代的脚步，培养学生终身学习的理念和能力，课外实践探究活动的内容还应该包括网络学习和电脑制作。为此，我们和计算机教师协商组织了计算机课外实践探究活动。如在学习了超声波后，让学生分组在网络上收集或下载了相关超声波知识和应用的大量资料，在计算机课上学习了电子报、网页制作后，让学生以物理学习中某一方面的知识为主线，分组收集和整理相关资料，利用 Word、PowerPoint、FrontPage 等软件制作主题鲜明的电子报和网页、网站。

三、参观、社会调查

参观、社会调查是学生在老师的指导下，针对社会上的一些关于物理现象、物理资源等一系列问题的走访、参观和调查。污染(废物品、废水、噪声)的产生、危害以及环保措施方面，如校内噪声的来源、污水的处理；水、电两种能源的利用，浪费及节能方面的知识，如设计家庭节水实验方案等。这种调查要求不能太高，只要学生总结出这些现象，写出调查报告即可。

四、物理课外小组

实践证明，它对培养学生的兴趣和特长具有重要意义，并能为学生今后的创造活动奠定良好的基础。物理课外小组活动的内容要丰富多彩，形式要多种多样，物理教师要负起责任来，组织好课外小组活动，对提高教师水平有利，对学生更有利。

科技小组的组织和活动内容，应当考虑学生群体的年龄特征和智能水平。

组织科技小组活动，应特别重视培养小组的集体感情和协作精神。

指导科技小组活动，还应当教育小组学生处理好业余爱好与课堂学习的关系。我们不应当要求全体小组成员都是“全优生”。

还应当注意，不要把课外科技活动看成是少数人的事情，应当扩大影响，给大家表现的机会。根据学校的实际情况，可以采用以下几种形式。

(一)学科兴趣小组

这种活动不同于课堂教学，但它与课堂教学又有密切的联系，有一定的研究专题和中心内容。这种活动组织可称为兴趣小组，研究小组或协会，这种小组以自愿结合为主，根据学生的兴趣、爱好和学校的具体条件而组成，小组活动灵活方便，人数不宜太多，一般为 10 人左右，或稍多一点。比如：高中可以组织物理实验兴趣小组，首先可以由教师介绍实验对物理学发展的重要意义，指出物理是一门以实验为基础的学科，然后教会学生进行物理实验的基本方法。当学到一些基本物理量的测量时，除了课本介绍的方法外，可以由学生通过兴趣小组去实践一些其他的方法。如重力加速度 g 的测量，除单摆实验以外，可以介绍闪光照片，滴水法测重力加速度的方法。同样，单摆实验可以走出实验室，用 10 米左右长的细钢丝作摆线，用直径为 15 厘米左右的铁球作为摆球来做单摆实验，g 的测量可以比较精确。高中还可以组织研究解题的学科小组，让学生自己去探索解题规律，掌握解题方法，从题海战术中解放出来。

初中可以配合课本，组织学生努力完成课本上的小制作和小实验的内容，使初中学生养成良好的学习物理的习惯，注重动手，注意观察。另一方面，可以每个班级组织 10 人左右的物理课外兴趣小组，以小制作，小实验为主。如：初二可以组织自制小天平，巧配土砝码；会飞的灯笼：孔明灯；学杠杆做杆秤等。初三可以组织自制形形色色的简易电池、铅笔芯变阻器和试电笔、直流电动机模型等等，这些参加物理学科小组活动的学生，一方面锻炼了自己，提高了自身的能力，更重要的是这些学生在班级中起到了带头人的作用，可以带动一批学生来学好物理，在全班级中形成良好的学习物理的气氛，这是物理教师所不能及的。

(二)科技创新(探究)小组

这种物理课外活动更有利于手脑结合，将理论知识运用于实际。可以说，动手过程中出现的各种问题，必然会促进学生去动脑，手脑并用。在动手过程中学习知识形成和发展能力，这是科技活动的一个重要特点。如可以具体组织航模、无线电、摄影、教具制作、地震观测等。

1. 航模小组

一般参加人数 8～12 人，初一、初二、初三、高一、高二、高三的同学都可以参加。由于年龄的不同和对知识的追求不同，可把航模活动的内容按年级提出不同的要求。初一学生学习模型制作基本知识，制作弹射模型飞机，吹塑橡筋模型飞机，并组织他们参加有关比赛。初二、初三学生开始制作牵引模型飞机。高中学生可开展线操纵特技模型和遥控模型的制作和表演。同时高中学生可以对初中学生进行帮助和指导。航模小组的活动有许多内容都安排在大操场，其他学生都会来观看，这对学校开展科技活动造成良好的气氛。

2. 无线电小组

无线电小组最好在高中学生中学习有余力的同学中选拔组织。因为平时用的时间较多，需要有电学的基本知识，无线电小组一般也以 10 人左右为宜。小组的活动除学点基础知识以外，主要通过实践来掌握。要搞好活动首先要有工具器材，一般小组活动必须的工具如：万用表、电烙铁、钳子、剪刀、螺丝刀等，工具可由学校统一购买，实验室统一保管，使用时可向实验室借。由于电子实验器材是易耗品，因而学生需用的器材可由学生出钱，辅导老师帮助采购，学校也可资助一些经费作缺损补充。同时活动要定时、定内容、定要求。活动前辅导老师要做好充分准备，如：要调试一台收音机，首先要准备好示波器、信号源、电源等，活动的内容一般为基本的电子电路以及收音机的装配与维修。无线电小组的建立可以培养一批无线电爱好者，平时可以为别人服务，对今后进入高一级学校或者就业都有好处。

3. 摄影小组

摄影小组的参加对象主要是高中学生，也可吸收少数初中学生参加，对自备照相机的学生可优先吸收。每组可以有 15 人到 20 人组成，活动年限两年为宜，第一年以边讲边操作为主要活动形式，每周活动一次，讲座内容以基础摄影知识为主，同时可以和美育教育结合起来。讲讲练练，提高学生兴趣，当底片或照片冲印出来后就加以评论、总结，不断提高学生摄影水平。第二年以实践为主，可在校内为师生摄影，收取成本费，这样既解决活动经费，又使学生获得大量实践的机会，一举两得。有条件的学校可以搞科技摄影，如：自由落体运动、平抛运动闪光照片的拍摄等等。

4. 教具制作小组

这个小组的组织目的旨在提高学生的动手能力，加深对物理规律的正确理解，帮助解决演示实验和学生分组实验仪器不足。教具制作小组初高中都可以组织，一般每个小组以 5 人到 7 人为宜，初二至高三每个年级都可以组织，由年级任课老师担任辅导老师最为合适。每个星期可集中活动一次，平时分散做一些必要的准备工作，如初二学生可制作小天平，气压机；初三学生可制作模拟电路板；高一学生可设计制作游标卡尺、气垫、动量守恒定律演示器；高二学生可设计制作起电盘与静电演示器，直流电路演示板；高三学生可设计制作无线电波的发射机和接收机等等。

5. 地震测报小组

这个小组是学校宣传和普及地震知识的重要队伍，又是群测群防的一个重要组成部分。小组由 15 人左右的高中学生参加，或稍多一点，有情况时要安排学生轮流值班。测报手段可由少到多，土洋结合，因地制宜，如：利用高度在 4 米以上的铁塔，中间吊装重锤就可制成“土地倾”；将电缆线头浇铸在铝柱内然后按东西、南北走向埋入地下 2 米多深处，即可测土地电；将简易应力仪埋入地下 20 多米深处测“地应力”；利用陶瓷偏角仪来测“地磁”等。在活动中要坚持理论学习和实际操作相结合，培养实事求是的科学态度，锻炼意志、毅力，在活动中要引导学生总结经验，改进测报方法，寻找新的测报手段。

（三）物理课外阅读小组

学校可以根据条件安排课外阅读课，或利用课余时间开放阅览室创造条件使学生多阅读一些科技报刊、杂志等书籍，这有利于培养学生的自学能力，开阔知识领域，引导成绩不佳的学生对科普读物进行有规定和有组织的阅读，是教师要操心的一件大事。实质上，这是学校生活实践中称为对落后学生做个别工作这件事的主要内容。阅读可以使学生摆脱成绩不良的状况，而且通过阅读可以发展学生的智力。所以课外阅读小组的活动更有利于成绩不佳的学生，就像感光力弱的胶卷需要更长的感光时间一样，成绩差的学生的智力也需要更明亮和更长时间的科学知识之光来照耀。每位物理老师可以把每个班级中物理成绩差的学生组织起来，成立阅读小组，这是我们物理教师的分内事。

五、物理竞赛集训

（一）物理竞赛的作用

物理竞赛是物理课外实践活动的一项内容，又是推动物理课外活动的措施。根据竞赛目的，可以划分不同层次：其一，用以加强实验技能训练的单项实验操作竞赛；其二，用以加强基本概念、基本定律及其运用的单元物理竞赛；其三，用以扩大知识面为目的的综合物理竞赛；其四，以选拔认为主要目的物理竞赛。

（二）物理竞赛的组织形式

初中、高中都可以组织，竞赛集训小组的人数也不宜过多，以 15 人左右为宜，属于尖子学生的培养以及少年智力开发的性质。集训的方式有两种：一种是集训的内容与课堂教学的内容同步进行，每个星期安排 2 个小时进行课后集训，可根据各级竞赛的要求进行加深和扩充。另一种以小班的形式从高一期中考试以后选拔“尖子”，集训学生可以不上物理课，上物理课时可以另外安排地方给这些学生进行自修，每个星期安排与物理课相同的课时进行教学，可加快进度，加深内容，在参加竞赛的时间上争取主动，并且进行以小班形式的教学，可以灵活多变，可用单元教学法来加快进度，体现学生为主体以及教师的主导作用，平时教师可以给学生介绍一些有关的参考书，指导学生一些学习方法。

六、开展各种讲座活动

有关物理知识的内容很丰富，可以进行新的科技成就、新兴科学的介绍，也可以围绕教科书中的有关内容进行爱国主义教育，把德育教育渗透进课外活动中去。

开展讲座活动，可以邀请专家、大学老师、校友、本校的老师，甚至学生自己组织讲座，特别是学生自己准备的讲座，更是自我教育的好形式。

例如：高一讲到人造地球卫星时，就可以做一次人造地球卫星的讲座，在介绍专业知识的同时，可以着重讲我国知识分子通过自力更生、艰苦奋斗，在空间技术上取得的成就。例如：高二讲到带电粒子在电场中的运动，可以逐步引导至正负粒子对撞机，然后可以安排专题讲座“北京正负粒子对撞机”。初中的讲座可以怎样学好物理的方法指导和学好物理的重要意义为重点，介绍我国古代的科技成就对全人类所作的贡献，以及由于近代帝国主义的侵略造成了我国科技水平已远远落后于人家，使初中学生感到历史赋予他们的艰巨任务，立志为振兴中华而学习。

七、物理科技节

科技节虽然是学校统一安排的工作，是学校开展科技活动的大汇展，而具体工作的组织和落实要靠我们物理教师去完成。因为科技节的大多数内容是和物理知识最密切的，在科技节中我们物理教师理应唱主角。

科技节活动一般可以每学年一次，或者每学期一次，具体时间为一周。组织科技节首先要做到组织落实，计划落实，要有明确内容和目的，全组老师和其他有关老师要分工负责，通力合作。

科技节活动的具体安排：首先要举行开幕式，有一个良好的开端，在全校造出声势。结束时要安排闭幕式，在闭幕式上要进行总结，表扬一批科技活动的积极分子，促进今后学校科技活动的广泛开展。

科技节主要活动内容可安排小发明、小制作、小论文比赛，为平时的小作品办展览，举行物理竞赛、智力竞赛、猜科技谜语，放科技电影、录像、举行科普知识讲座，参观科研单位及工厂，举行科技书展，布置科技宣传橱窗，举行有学生准备的物理小实验表演，组织物理课外小组活动成果报告会，组织航模表演等等。

举办好一次科技节，可以在学校掀起学科学、爱科学、用科学的热潮。

第三节　物理实践活动教学要求与实施

一、物理实践教学活动的形式

（一）要有计划

物理实践活动教学是学校总的实践活动教学的一部分，是学校教育工作中不可缺少的一部分，应当在每学年和每学期做出全面的统筹安排。物理教师要研究物理课程标准和物理教材，结合学生的年龄特点和兴趣爱好，以及指导的师资、设备、场地、经费等实际情况，再与学校的实践活动教学规划进行协调，研制出实践活动教学的计划。不精心考虑这些因素，随心所欲搞实践活动教学，会造成实践活动教学实质上沦为课堂教学内容的翻版，或者脱离实践活动教学的客观实际，实践活动教学难以为继，或者不考虑学生的年龄特点、兴趣爱好、能力水平，实践活动教学难以取得应有的效果。因此，应当把物理实践活动教学纳入教学工作计划，安排计划时应考虑内容特点、学生的心理生理特征、智能适应条件及学校资源等情况，并且师生协商共同制定出开展实践活动教学的规章制度。学校管理部门要对实践活动教学的计划和规章进行审核，对实践活动教学所需要的师资、活动时间、地点、设备和经费等——进行落实。在此基础上，将实践活动教学计划、要求、内容、方式、地点、纪律等事项张榜公布。

（二）自愿参与

一般来说，学生选择和参加实践活动教学要遵循自愿的原则。不同的学生有不同的个性、兴趣、爱好和特长。中学物理实践活动教学就是根据学生的个性差异，让每位学生按照自己的兴趣爱好，自觉自愿地参加一两项活动，在活动中激发、发展兴趣，发挥其特长。对不同的学生要有不同的活动内容和目标要求，要通过富于吸引力的活动来吸引更多的学生参加到实践活动教学中来。不可把丰富多彩的实践活动教学硬性地规定为某种活动，并强制学生一定要参加；更不能把实践活动教学搞成学科文化的补习班，硬要学生在周末参加。

（三）因地制宜

开展实践活动教学，需要解决辅导老师、场地、设备、经费等一系列具体问题。从客观上讲，各地区自然条件、经济文化发展水平、城市和农村学校的物质条件、教师的配备情况都有差异，应该结合实际情况，因地制宜地开展活动。当然，还要创造条件开展实践活动教学。要充分利用学校的师资力量，发挥学校仪器室、实验室的作用，教师可以同学生一起自制设备和教具来满足活动的需要。充分挖掘和利用科技馆、少年宫、公共图书馆，以及工厂、农村、科研单位、大专院校等社会性的教育资源来开展活动，力争社会各界对开展实践活动教学的支持。

（四）确保安全

学生不管在校内还是在校外活动，安全是学校和老师最大的忧虑。因此，开展实践活动教学要考虑各种安全因素，要预防在先。在每次开展实践活动教学之前，可以向学生说明注意安全的事项，让学生明确活动中有哪些不安全的隐患及碰到安全问题如何应对等问题。有的实践活动教学，要与家长沟通，必要的话还要签协议，在家长无异议后开展活动。有的实践活动教学鼓励学生购买保险，一旦出现事故，以减少学校、家长的损失。

二、物理实践教学活动的能力培养

（一）明确实践活动教学的原则

让学生进行实验设计，首先要让学生明确实验设计的原则，设计实验一般要遵循以下五个原则：

(1)目的性原则。设计实验必须明确实验目的，即明确这个实验要说明一个什么问题，并能据此明确实验的具体任务或实验的具体要求。

(2)科学性原则。设计实验所依据的原理要科学合理，采用的方法要正确有效.

(3)操作性原则。设计的实验方案必须切实可行，能够直接指导实验的实施和进行。

(4)安全性原则。设计的实验必须安全，要确保实验时的人身安全和仪器设备的安全，对于存在不安全因素的实验要做好安全和预防措施。

(5)准确性原则。实验采用的方法、选择的实验器材要有利于减小误差。

（二）指导实践活动教学设计的方法

学生了解了实验设计的方法，才能在实践中有章可循、有法可依。学生设计实验的方法和步骤有：

1.周密思考，分解课题

英国科学家贝弗里奇指出：“最有成就的实验家常常事先对课题加以周密思考，并将课题分成若干关键的问题，然后精心设计为这些问题提供答案的实验。”学生设计实验时，要让他们知道实验要解决哪些问题，这些问题经过分析、推理后可以分解成哪些更直接、更具体的问题。如设计“影响电磁铁磁性强弱的因素”实验时，根据猜想电磁铁的线圈匝数越多，通过的电流越大，电磁铁磁性将越强。由此可以分析出实验需解决的问题有3个：怎样测量磁性强弱、怎样改变和测量电流、怎样改变线圈匝数。

2.辨明条件,确定原理

同样的实验目的,可以依据不同的原理,在设计实验时,要依据现有的实验器材和实验条件来确定实验的原理。例如,在设计测重力加速度实验时,如提供的器材只有天平和弹簧秤,我们就可以利用二力平衡的

$$F = mg$$

提供的器材有打点计时器,则可以利用自由落体运动公式 $h = \frac{1}{2}gt^2$;给的器材有单摆,则可以利用单摆周期公式作为实验原理。

3.排除干扰,控制变量

具体的问题常常是由多个因素共同造成的结果,要研究某一物理量和另一物理量的关系,必须控制变量,使实验尽可能在纯化的条件下进行。例如,研究影响单摆周期因素实验中,在研究摆球质量跟周期的关系时,要使摆长、摆角等其他因素相同,特别是在改变小球的质量时,应该选用大小相同、材料不同的小球,而不能用大小不同、材料相同的小球,避免因此而造成摆长的变化。

4.学会技巧,妙用方法

在设计物理实验时,常用到一些技巧和方法,除上面提到的放大法、比较法、模拟法、等效法之外,常用的还有补偿法、光学测量法、转换测量法等。

转换测量法是指将某种形式的物理量,通过变换器(也叫传感器)变成另一种形式物理量的测量方法。如把机械量转换为电学量(压电换能器)、把光学量转换为电学量(光电传感器)等。

5.组装仪器,便于实验

实验一般有三个组成部分:①实验源,即实验信号的发生源;②实验对象,实验源信号所作用的对象,也是要研究的主体;③实验效果显示器,用以呈现实验所产生效应的部分,以便通过直接或间接的方式进行观察。确定了实验原理和方法后就要根据实验的这三个基本组成部分确定实验对象和实验源,选择实验效果显示器,然后巧妙合理地把它们安装起来,以能够方便、准确地进行实验。如凸透镜成像实验中,实验源可以用蜡烛,实验对象是凸透镜,实验效果显示器可用光屏,把它们依次安装在光具座上。

(三)激发实践活动教学的动机

动机是激发和推动学生设计实验的中介过程和内部状态。学生具有了较强的实验设计动机,就会以积极的态度进行实验设计。

1.利用兴趣,激发实验设计的内部动机

有研究表明学生对那些有助于他们解决生活中问题和困难的事物感兴趣,因为他们把它们看做是与自己有关的。因此教学时,根据教学内容提出与生活有关的物理问题让学生去解决,这会激发学生实验设计的动机。另外,学生对利用生活中的一些物品来做的实验也非常感兴趣,因此让学生利用生活中的物品,如可乐瓶、易拉罐、饮料吸管、胶带纸等作为实验器材来设计相应的实验也能有效激发学生设计实验的动机。

2.利用成功欲望,激发实验设计的外部动机

学生都希望自己能取得成功、能得到别人的尊重和承认。学生进行实验设计后，教师要多表扬，指出其优点和创新性。方案经过修改和完善后，应尽量让学生使用他们自己设计的方案进行实验，学生看到自己的思想变成了行动，并且能够解决提出的问题，其自我感觉是可想而知的。

三、物理实践教学活动的内容及其指导

（一）课外参观

为了扩大知识视野，了解物理基础知识在生产实际和科学技术中的应用，增强对物理的学习兴趣，学生对课外或校外的物理事物或现象进行观察是非常必要的。为此，教师可就近选择工厂、码头、水电站、物理科研单位或大学的有关实验室作为参观对象。

组织好物理参观活动应当注意如下几个问题：

1. 要明确参观的目的、选择参观的内容

中学物理教学参观可以安排在教学之前，将参观的内容作为引入新课的手段，以增加学生学习新的教学内容的背景知识和激发学生学习新课的兴趣；也可以安排在某一部分教学内容的学习之后进行。例如在学习了“简单机械”以后，可以组织学生到码头参观各种简单机械，学习了“动量”、“机械能”、“圆周运动”等有关内容后可组织学生到游乐场参观过山车、碰碰船、秋千、蹦蹦床等游乐设施。为了使参观更富有实效，教师可以在事前布置学生通过网络或图书资料学习与参观相关的更丰富的相关知识。

2. 要根据教学计划的要求和现场的具体情况，制订详细的参观计划

如参观的目的要求、分组与时间安排、参观的内容和步骤、参观的注意事项以及参观的记录或作业报告要求等。

3. 联系好参观的时间、地点，约请向导和讲解人员

参观前要和参观单位一起共同商量参观的时间和地点安排，同向导或讲解员介绍参观学生的学习情况并和他们一起研究讲解的内容和方式。

4. 对学生进行有关纪律要求和安全教育

由于参观的对象、环境等学生既陌生又好奇，很容易出现管理上的问题，事前要宣布参观纪律和强调安全注意事项，不能妨碍参观单位的正常生产和工作，不可以随意乱摸乱碰，更不能乱跑乱窜。

（二）课外阅读小组

有些学生对阅读物理课外读物有着浓厚的兴趣，成立物理课外阅读小组可以发挥他们的专长。安排、指导学生阅读有关的课外科普读物，浏览有关科普网站，不仅可以扩大他们的物理知识视野，了解科技知识和科技发展的新动向，提高科学的思维方法，而且当他们把收集到的物理信息进行整理、归纳发表于物理墙报或通过物理报告会向同学介绍时，又能对他们处理信息能力、文字和口头表达能力的培养和提高有着积极作用。教师要在学生的课外读物的选择、阅读的方法、读书报告的发表等方面给予及时的帮助和指导。

（三）课外科技小组活动

科技小组活动是中学物理课外活动一种主要的形式，它对培养学生的兴趣和特长、发掘学

生创造性潜能具有重要意义，是培养创新人才的一条重要途径，并能为学生今后的创造活动奠定良好的基础。

1.航模小组

航空模型的种类是非常多。从构造上看，有用一张纸、几分钟就能制作好的最简单的纸模型飞机，也有要用几百个零件、花几百个工时才能制作好的无线电遥控模型飞机；从性能上看，有只能飞几米远、在空中飞行几秒钟的模型，也有能飞几百米上千米并能做出各种特技飞行的模型。这些种类繁多、性能各异的航模，为不同年龄、不同条件的航模爱好者提供了广泛的选择余地。

小组可以按照学生的年级组建，也可以根据学生的特长和能力由不同年级的学生混合组建，按年龄与技术水平形成梯队，小组的人数一般为 8～12 人。可以分自由飞行小组、线操纵飞行小组、无线电遥控飞行小组、仿真和电动飞行小组等。活动中要注重骨干的培养，做好新老队员的交替，尽量多创造机会让学生参加航空模型的竞赛和飞行的表演。

2.无线电小组

无线电小组活动一般在初三和高中年级阶段的学生中开展，小组的活动可以结合电学的学习内容开展，也可以专题活动的制作开展。教师要先对学生进行必要的无线电基础知识、元器件的知识、工具的使用等方面的培训。开始安排一些简单的电子制作活动，如音乐电子门铃、闪烁彩灯、有线对讲机、声光报警器等。这些制作可以在专门为无焊接实验设计制造的“面包板”上完成，各种电子元器件可根据需要随意插入或拔出，免去了焊接，而且元件可以重复使用。待学生有一定的基础和技能后可以开展一些技术含量较高的专题制作，如发射与接收、报警与遥控、定时与控制等。无线电小组的建立可以培养一批无线电爱好者，节假日可以组织开展义务维修活动，还可以为无线电测向、无线电遥控飞行、机器人活动的人才培养打下基础。

3.实验研究小组

小组的活动内容可以和教学内容同步进行，也可以以专题实验研究的形式开展。开始按照教材上的“小实验、小制作”开展活动，再组织发动学生就地取材，制作简易教具，改进实验。还可以就课本和课外读物中的实验原理、装置、操作方法等提出改进方案，然后进行对照试验，认真分析比较，选出最优方案。专题实验研究选题和设计有很大的开放性，要注重学生的探究能力和创新能力的培养。如“电子音乐门铃在实验中的应用”、“玩具中的物理”、“大气压的测量”、“重力加速度的测定”、“用计算机做实验”等等。教师对学生的实验方案的优化、器材准备、实验过程中的疑难要给予及时的指导和帮助。为了充分调动学生的积极性，可在班级、年级、全校开展自制教具展览、实验创意设计大赛等活动。

4.物理竞赛

物理竞赛活动，从准备工作中的命题到竞赛中的评议以及组织工作都由物理教师来进行。物理竞赛的内容包括物理知识竞赛和实验操作竞赛，就组织形式来看又可分为个人竞赛和集体竞赛。物理知识竞赛通常采用抢答的形式来考查和锻炼学生运用物理知识的灵活性、推理判断能力、应变能力、思维的敏捷性和表达能力。实验操作竞赛在考核和锻炼学生把物理知识运用于实验的能力、理论联系实际的能力以及实验操作的准确性、熟练性和独创性等有着重要意义。物理竞赛一般先进行预赛，从各班选拔出 4～6 名参赛代表参加正式竞赛。教师在赛前要对赛题的制定、器材的准备、评分标准、竞赛的场地、时间的安排等方面做好充分的准备。竞赛要体现知识性、技能性、生动性、竞争性、公平性。

5. 物理晚会

物理晚会一般是在一学期末，物理课外活动将近结束时，组织的一次游艺形式的汇报会，晚会进行的时间以 1～2 小时为宜，参加者以各个课外小组的成员为核心，吸收数量较多的学生参加。物理晚会节目通常有物理相声、物理小品、物理情景剧、物理谜语、趣味物理实验、物理魔术和物理游戏等形式。物理晚会与其他形式的课外活动不同，它有着游艺活动的特点，给人以轻松愉快的感受和美的熏陶，它能融科学性、思想性、知识性、趣味性与艺术性为一体。因此，物理晚会是备受学生欢迎和喜爱的一种课外活动形式。

晚会前的准备工作是晚会能否成功举办的关键一环。要指导和帮助学生周密细致地做好如下工作：确定晚会的主题、内容和形式；场地布置、器材准备和技术支持；节目彩排、工作人员的安排等。晚会前，应确定一份正式的节目计划安排，内容应包括：晚会负责人、主持人、指导教师、节目序号、名称、表演形式、表演者、节目时间等。晚会的进行时，每人各司其职、节目应按计划进行。晚会结束后，做好场地的清理和器材的归还工作，并要求同学做好总结。

第七章　物理实验教学

第一节　物理实验的地位与作用

物理学是以实验为基础的科学。在物理学发展中，物理实验方法是物理学家研究物理学的重要方法。物理研究中的实验可以是一种探求未知自然现象的观测活动，也可以是在人为条件下使某种物理现象重复出现，并借助测量仪器，排除次要因素，突出主要因素，在最有利的条件下观测和研究客观物体物理运动的活动，作为一种研究方法，它是物理学方法的核心，是直接的物理学实践活动。物理规律的发现和物理理论的建立都必须以严格的实验为基础，并经实验的检验。

一、物理学发展中的物理实验的地位和作用

16～17 世纪的文艺复兴时期，以伽利略为代表的一大批杰出物理学家把实验方法与物理规律的研究结合起来，对物理学的发展作出了划时代的贡献，建立了比较完整和成熟的物理科学实验方法。伽利略等人的物理实验的研究思想和方法归纳起来有四点：

(1)把实验与数学结合起来，既注意逻辑推理，又依靠实验检验。伽利略的实验检验包括物理的(实际的)或思想的实验检验，形成的理论包括对假设进行的修正和推广。

(2)有意识地在实验中抛开一些次要因素，创造理想化的物理实验条件。既要力求使实验条件尽可能符合数学要求，以便获得超越这一实验本身的特殊条件的认识，又要设法改变实验测量的条件，使之易于测量。

(3)用实验去验证理论。伽利略认为科学实验是为了证明理论概念(或观察规律)而去做的，不应该是盲目的、无计划的；而理论(数学)又必须服从实验判决。

(4)把实验与理论联系起来。例如，把各物理量之间的关系用数学表达式联系起来，使实验结果上升到普遍的理论高度。再如，伽利略在实验的基础上，进行理论的演绎和逻辑的推理，得出越过实验本身的更为普遍的理论结论。

经过长达 300 年的发展，经典物理学发展稳健，但由于物理实验中发现了电子、X 射线以及放射现象，从而导致现代物理学的诞生。更有迈克耳孙－莫雷实验的“零结果”使物理学中诞生了一朵奇葩——相对论。所以可以说近现代物理是从实验发现开始，并在实验中不断发展完善而来的。

物理实验发展至今，可归纳当前物理实验方法特点如下：

(1)实验与物理理论越来越紧密结合，成为不可分割和相互依赖的结合体。

(2)实验需要更先进的技术和仪器设备。物理学要向更加深入的领域进军，探索更细微的结构、更远的距离、更大或更小的压强、更高或更低的温度等，就需要具有更高精确度的仪器仪表。

(3)物理实验方法与其他学科的结合和向其他学科的渗透，使得新的实验方法和技术更快

地在应用领域得到推广和使用。

(4)当代前沿的物理实验越来越成为大规模的、集体的、综合的工程,它的设计、建设和运转、使用都需要各方面的科学家和工程技术人员共同合作完成。另外,还需要有许多辅助的和配套的工程,最新型、前沿的科学实验可能还需要国际合作。

纵观物理学的发展历史,可知物理实验是物理学理论的基础,是物理学发展的基本动力。物理实验在物理科研中的主要作用主要有以下几点。

(一)实验是检验物理理论和假设的重要手段,也是判定理论的适用范围的根本依据

实验是检验物理理论的真理性的根本标准,一次单独的实验可以推翻或确证所有可能的论据。例如,麦克斯韦的电磁场理论只有当他预言的电磁波被赫兹的实验证实后才真正成为电磁理论的基础;爱因斯坦的光电子假设直到1916年被密立根的严密的光电效应实验证实后,光的波粒二象性才被人们接受;德布罗意的物质波假说也是在发现电子衍射后得到肯定的。物理理论一般都有一定的适用范围,这个范围往往也要由实验在检验理论的过程中来确定。

(二)实验是物理学理论产生的源泉

物理规律是物理学的核心。实验为发现和建立物理规律提供丰富的科学事实和科学数据,是建立物理规律的基本手段,是探求物理世界普遍联系的最重要的方法。实验资料是物理学乃至整个自然科学的基础。例如,伽利略的斜面实验、胡克弹性定律实验等都为经典力学的建立提供了宝贵的实验事实,使经典力学得以完善;在电学方面同样也是因为有大量的实验事实作为基础,才使欧姆定律、库仑定律、法拉第电磁感应定律等新规律得以建立;在光学方面,光的干涉、衍射和偏振也是先在实验中发现,后加以理论分析才得以建立;近代物理学的建立更是因为在实验中发现了X射线、电子和放射性现象等。

(三)常数测定

物质常数在一定条件下会随某一因素而改变,例如比热容、导热系数、电阻率、电阻温度系数、折射率、磁化率等;基本常数是物理学中的普适常数,是一般不会变化的量,如真空中的光速、基本电荷、电子的荷质比、普朗克常数、里德伯常数、精细结构常数等。常数之间的协调是检验物理理论的重要途径,尤其是基本物理常数的协调不仅是物理学也是科学技术的重大问题,而每次协调都是在大量的实验和在取得众多新的研究成果的基础上做出的。

(四)实验开拓物理学应用的新领域

近现代物理实验中,一方面实验要求高、新、精的仪器和设备,刺激着工业生产的发展;另一方面物理学家在研制实验仪器和工具的过程中会创造发明新的技术工艺,开辟新的生产领域,促进社会现代文明程度的提高。例如,现代社会中的许多技术(电工、电子技术、光谱学、核磁共振、超导技术、纳米技术等)都是经过大量的反复的实验研究才日臻完善的。

二、物理教学中的物理实验的地位和作用

我国高中物理共同必修模块中的物理实验,《物理课程标准》明确规定了对高中学生最基本的实验要求;而在必修和选修模块中,都程度不同地体现了对物理实验的进一步要求。在观察演示实验时,不仅要学生关注所观察的现象,同时要让学生理解该物理现象是用来说明什么

问题和怎样说明问题的；尽量让学生了解实验装置的工作原理。在进行学生实验时，让学生在明确实验目的、理解实验原理的前提下独立操作实验。在复制科学实验、模拟验证的过程中，学生可以获得具体的、形象的物理事实，为理解概念和规律奠定了必要的基础。因此实验在物理教学中具有不可替代地位和作用。

（一）物理实验教学符合人的认知

从认知心理学角度来看，人的认识一般是从实物、图形到数字符号的系统过程。实验能提供丰富的感性材料，使抽象的物理过程具体化、形象化，使学生在头脑中形成物理图像，有助于加深学生对物理知识的理解。同时，实验也能揭示新的实验事实与学生原有认知结构之间的矛盾，从而有效地激发学生的认知冲突，调动学生的学习积极性，培养学生学习物理的兴趣，主动求知，形成良好的学习动机，并帮助学生有效突破重难点，更好的理解和掌握物理概念及规律。

（二）素质教育中的物理实验教学

在素质教育中，利用物理实验教学来培养学生科学实验素养应包括两个方面。一是思想素质教育。通过实验逐步养成严格遵守实验操作规程的习惯，树立尊重科学的实事求是的态度和形成理论来源于实践而又指导实践的辩证唯物主义的观点，并能加强安全意识。二是心理素质教育。通过学生亲自动手做实验可以有效克服实验神秘心理、胆怯畏惧心理和依赖心理等，逐步培养学生对实验研究的兴趣、耐心、细心和恒心，进行有条理有层次的实验，养成良好的动手动脑、遵守纪律、爱护仪器的习惯，学会用科学方法处理问题。

（三）科学探究中的物理实验教学

学生实验是学生探究并获取知识与应用知识过程中的一个有机组成部分，要使其在合理的环节和预定的计划中去完成。在必修和选修各模块中安排了很多探究性学习，科学探究的课题是通过教师对探究的物理问题创设一些情境.让学生在观察和体验后有所发现、有所联想，萌发出科学问题或者创设一些任务，让学生在完成任务中运用科学思维，提炼出应探究的科学问题，把探究的课题分解为几个相对独立的小问题，思考解决每个问题的不同方法，根据现实条件选择、优化有关方法，从而形成探究实验的方案。通过这些实验的教学无疑可以提高科学探究的质量，促进科学探究学习目标的达成。

（四）物理实验教学与学生的发展

物理实验能培养学生的观察能力和实践动手能力。在实验过程中，常需要人通过眼、耳、鼻、舌、身等去感知研究对象的变化，需要操作者的手与足、手与眼、手臂与手指等之间相互配合、并用，从而达到运动协调。此外，中学生做实验可以让学生经历科学过程，体会科学方法，树立科学的价值观；可以让学生更加热爱科学，体验科学工作的乐趣；可以让学生学习科学知识，提高操作技能。

第二节　中学物理实验教学

一、中学物理实验教学概述

（一）中学生学习物理实验的心理特点

初中生年龄一般从 11～12 岁到 14～15 岁，其心理主要特点处于半幼稚半成熟的状态。其思维很大程度属于经验型，往往要借助于生活中亲身的感受、实践的直接认识及习惯观念等进行思维。

高中生的年龄是从 14～15 岁到 17～18 岁，开始迈入青年期。其思维属于理论型。他们能用理论做指导来分析综合各种事实材料，并发展成能依据一定的系统知识，遵循一定的逻辑程序，自觉把握和运用概念、判断、推理，不断扩大知识领域的能力。

在整个中学阶段，学生的思维处于经验型向理论型过渡。初中生和高中生的思维是不同的。初中二年级是中学阶段思维的质变时期，到了高二年级，这种转变初步完成。这时学生的思维成分，个体差异水平趋于稳定状态，思维发展的可塑性减小。从初中到高一，学生的智力和学业成绩变化还是比较大，而高二以后比较稳定，大学生的学习能力基本与高二以后保持一致。

中学物理教学应遵循中学生思维发展的这些规律。在初中阶段，逻辑思维不能要求过分“严密”“细致”，要抓紧“关键期”和“成熟期”的思维能力培养，要借助经验型思维，引导学生思维向理论型转化。

物理新课程强调积极开展以实验为基础的教学活动，不仅能够为学生充分发挥实验能动性提供途径，而且也为有效落实物理教学改革奠定基础。注重实验教学，能有效提高学生的综合素质，充分挖掘学生的潜力。而实验往往是物理教学的一大难点，比如，实验教学与理论无法很好的结合。而通过分析学生的学习心理和思维特点能有效地抓住学生学习实验的心理特征，更好地在教学实际中贯彻新课改的精神。

（二）中学物理实验教学的内容

近年来由于教育、教学的改革，中学物理实验教学的内容有较大的变化。这里仅就课改前后高中物理实验教学的内容的变动为例具体探讨一下。

经全国中小学教材审定委员会 2002 年审查通过的全日制普通高级中学教科书(人民教育出版社出版)在编写时就已经注意加强实验内容，具体表现如下。

1. 加强学生实验

学生实验的数目也略有增加，在高中物理总课时减少的情况下，实验的比重有所增加。实验要求也注意分出层次：前几个实验分条写明“实验目的”“实验器材”“实验步骤”等，有的还给出填写数据的表格；以后的实验不再这样分条写明。其目的是逐步引导学生在理解实验课文的基础上，自己独立地列出实验步骤等，从而培养其综合实验能力。

2. 加强演示实验

除数目有所增加外，在编写上更加醒目，专门用“【实验】”标出并加以边框。希望在教学中按照要求进行演示，以利于学生更好地观察现象，提高实验能力。建议有的演示实验可以采用边学边实验的做法,以增加学生动手机会,提高学生的观察和实验能力。

3.增加实践机会

教材在一些章节后增设“做一做”栏目,介绍简单易做的小实验,既可以鼓励学生多动手,又有利于学生更好地理解知识。有条件时甚至可鼓励学生自己设计一些小实验,这会大大提高学生的创造能力和学习积极性。

4.增加研究性(或设计性)课题

在教材后面列出研究性(或设计性)课题若干,供不同地区、不同学校根据学生情况选做,学校也可以根据本地教育资源自行开发研究题目。这些课题往往具有学科综合性,需要学生具有综合运用知识的能力,并能通过研究解决实际的问题。

(三)中学物理实验的分类与目标

有效地对物理实验进行分类并确定实验的教学目标,有利于更好地进行物理实验教学。

物理教学中的实验,按照传统教学模式的分类方法,大体上可以分演示实验、学生分组实验、课内小实验和课外实验四类。配合一定的教学手段就组成了各种实验教学课型,例如,将演示实验穿插在教师的讲授过程中组成演示讲授课;将教师的演示与学生的讨论结合可组成演示讨论课;将教师的指导贯穿在学生独立操作的分组实验中,就构成了学生分组实验课型。各种实验有各自的特点,各自的功能。在物理新课程标准以及新教材里,已经没有专门的学生分组实验了,而改为实验探究的课堂教学形式,来突出物理学的实践特性。

实验教学目标对实验教学起着导向、反馈和调节作用,是实验教学的出发点和归宿,也是实验教学评价的基本依据。实验教学目标实际上是物理教育总目标下的一个子目标,但它蕴含的内容比较丰富,任何一个物理实验课题,都包含有三维的教学目标,即知识与技能、过程与方法、情感态度与价值观,构成三维立体结构,是一个有机的整体。

1.知识与技能

此维度包括两大方面,其一是有关的实验原理、方法、步骤,实验仪器的工作原理和读数方法,误差分析和实验设计等内容属于知识,这一维度又可以分为 4 个层次:知道、理解、掌握、评价。

知道:对实验的内容、实验过程的回忆和识别;理解:初步理解实验的原理、步骤、方法、操作规程、注意事项等;掌握:能运用学过的实验知识的方法,解决新情境下的简单问题;评价:对有关的重要实验,掌握其设计思想,并能设计一些新的实验。

其二是有关仪器的使用、实验过程中的观察与操作都属于技能领域,这一维度又可以分为 3 个层次:模仿、操作、迁移。

模仿:在老师的讲解下模仿操作;操作:在模仿的基础上,能够连贯地、一体化的完成操作,并基本符合要求。迁移:对实验仪器和重要的实验经过,通过多次练习,达到比较熟练化地操作程度。

2.过程和方法实验

学生的学习过程既是接受知识的过程,也是发现问题、提出问题、分析问题、解决问题的过程。过程和方法实验教学目标可以分为 3 个层次:经历、感知、探究。

经历:参与、从事实验活动,具有真实的体验;感知:能说明实验操作的程序、方法和规则;探究:会用实验中学到的方法、操作程序、方式、规则等解决新的实际问题。

3.情感、态度与价值观实验教学目标

此维度包括实验中的动机、态度、习惯、兴趣、人际交往、体验和反应。

动机:知道做实验的意义;态度:在实验过程中,具有尊重事实、严肃认真、一丝不苟的科学态度;习惯:实验前的预习习惯,手脑并用、随时思考的习惯,爱护仪器、注意安全和整洁的习惯,并养成用实验手段研究物理问题的习惯;兴趣:对实验有浓厚的兴趣,克服困难的坚强意志;人际交往:实验过程中的积极参与、交流、愉快合作。体验:观察、注意实验的科学过程。反应:在体验的基础上,表达对实验的感受、积极态度和价值观,并做出相应的反应。领悟:具有稳定、一致化的行为和个性化的价值观。

二、中物理实验的基本要求

(一)对学生的基本要求

普通高中《物理课程标准》专门规定要开设“物理实验专题”模块,该模块注重从以下四方面培养学生:①经历实验探究过程;②强化实验方案的自我设计;③深入对实验过程和实验误差的分析;④重视对实验方案和实验结果评估。具体说来,对学生有以下基本要求:

(1)通过典型实例,认识实验在物理学发展中的重要地位和作用。了解可重复性和可控制性是对物理实验的基本要求。逐步养成严格遵守实验操作规程的习惯,逐步养成遵守实验纪律和爱护仪器设备的品格,有安全防护意识,培养出实验研究的兴趣、耐心、毅力等。

(2)初步具有发现问题、提出实验研究课题的能力;能根据实验目的,设计并讨论实验方案,确定科学、合理的实验步骤。

(3)通过实验认识测量的意义;理解系统误差与偶然误差、绝对误差与相对误差,以及有效数字的概念;会用有效数字表达测量结果;知道精度和准确度的区别;能对实验误差进行初步分析。

(4)在实验过程中能与他人合作交流;能够对实验方案和实验结果进行评估和反思,具有对结果进行质疑、改进方案的意识;能够用科学语言恰当的表述,正确地写出实验报告。

(5)能根据实验要求合理选择并安装实验器材,掌握常用仪器的结构和原理,正确进行实验操作;对较复杂或没使用过的仪器,能读懂相关说明书,并按说明书正确使用该仪器;具备用已有的知识和设备能否完成实验的判断能力;能排除实验中出现的一般故障。

(6)能正确观察和如实记录实验现象和数据,养成实事求是的科学精神;会用正确的方法分析处理实验数据,得出合理、科学的实验结论。

(二)对老师的基本要求

“课程标准”对教师如何搞好中学物理实验教学也有一定的要求,主要强调教师要具备一定的实验教学技能。所谓实验教学技能包括教师的实验技能和组织实验教学的技能。前者指教师自己完成物理实验的技能,后者指教师组织引导学生完成物理实验的技能。

中学物理教师所应具备的实验技能主要包括:

(1)实验操作技能。如,认识、选择和正确使用基本仪器;设计实验方案,制定实验步骤,并按照规范要求进行实验操作;排除实验中常见故障等。

(2)处理实验数据、完成实验报告的技能。如,设计记录表格、正确观测与读数、分析处理数据、分析实验误差及撰写实验报告等。

(3)实验研制技能。如,改进常规实验、设计新实验、研制教具与学具等。

中学物理教师所应具备的实验教学技能主要包括:

(1)能按照教学目标要求,确定实验目的,选择合适的实验内容和实验教学形式。

(2)在演示实验中能引导学生进行观察与思考,与课堂教学密切配合。

(3)能在学生分组实验的预习、实验、完成实验报告三个环节上,进行适当的组织引导工作;能对学生进行有效的实验技能训练。

第三节 中学物理实验教学过程

一、演示实验

所谓演示实验是指在课堂上主要由教师操作的实验,有时因操作的实际需要或为了调动学生积极性,也可以请学生充当教师的助手或在教师的指导下让学生动手操作。在中学物理课堂上,教师通过演示实验能够把鲜活直观的物理实验现象展现在学生面前,可以让学生获得生动的感性认识。教师指导学生对这些实验现象进行观察和分析,可以使学生更好地理解和掌握物理概念和规律,也可培养学生的观察能力、思维能力。由于演示实验对实验条件要求不高,所以各个层次的学校一般都可以开展。

(一)演示实验类型

演示实验可以从不同的角度进行分类。按照设施演示实验在课堂教学过程中目的和作用来分,一般可分为引入课题的演示、建立概念和规律的演示、验证和巩固概念和规律的演示以及应用知识的演示等。

1.引入课题

在讲授新课之前,为了引起学生对新研究的问题的兴趣,激发求知欲望,教师可以选择一些新奇有趣的实验进行演示。这类实验有利于把学生注意力立刻集中到课堂学习的情境之中,使他们对新课研究的问题形成初步地感性认识,并开始对教师设下的悬念进行思考。例如,在学习“摩擦力”时,可以先给学生演示能拖重物的课本“车”——把一本书摊开分成左右两部分,把左边书页均匀地插入另一本书中(插入面积越大越好),并在其上放几本重书,然后沿桌面拉右边的书页就可以拖着重物往前走。学生观察到这不可思议的现象,必会产生疑问,激起探求解释的兴趣。

2.建立概念和规律

在物理概念和规律的具体教学过程中,教师为了向学生提供具体物理现象和物理变化过程的感性素材,往往采用演示实验来实现。特别是所学的物理知识涉及生活中不常见的物理现象,通过演示实验给学生一个鲜活直观的物理场景,会使抽象的物理概念和规律更容易被学生理解和掌握。

3.验证和巩固物理概念

这类实验主要在讲授物理概念和规律之后进行,通过改变原来实验的条件或设计新实验进行演示,使学生对规律的普适性和科学性印象加深,对概念的理解和记忆更为准确。这类实验和建立概念和规律的演示的目的不同，它侧重于新知识结论的深化和巩固，有时也为了弥补前面实验某环节不易强调的内容。

4.应用物理知识的演示

在新课教授之后或在复习课中，通过演示实验再现一些物理现象，让学生运用所学知识进行分析解释。这类实验可以加深对知识理解和应用能力，培养学生发散性思维能力和理论联系实际能力。

（二）演示实验要求

为了充分发挥演示实验在中学物理教学中的作用，提高教学质量，教师在演示实验时要符合以下几方面的基本要求。

1.实验目的要明确

演示实验的设计安排一定要根据教学内容来安排，目的要明确。教师还要考虑在演示过程中如何引导学生观察实验现象，启发学生思维，使学生具有明确的目的，以便更好地完成教学任务。一般演示实验的目的：一是激发学生好奇心和课题学习的兴趣；二是为学生形成和掌握物理概念和规律提供感性认识，培养学生的思维能力；三是创设应用知识的解决问题的情景等。

2.实验要安全、可靠

成功的演示实验是圆满完成教学任务的前提条件。实验失败不仅会耽误课堂时间，同时如不能及时纠正甚至会让学生对讲解内容的科学性产生质疑。因此，在设计演示实验时务必保证其可靠性。这就要求教师课前要做好充分的实验准备，安排好时间分配，了解、掌握实验的准确程度，找出产生误差的主要原因和减少误差的方法。实验中如果出现失败，要及时查找原因排除故障，决不能弄虚作假、搪塞过关，要正确对待失败，以科学的态度向学生分析失败的原因。另外，因演示实验跟其他学生实验一样，必须要保证安全性。

3.实验现象要明显、直观

教师之所以进行演示实验，就是要把物理现象和过程在课堂上展示出来，让学生通过观察来获取信息，因此衡量演示实验效果好坏的最基本前提就是实验现象是否明显、直观，是否能被全体同学清楚准确地观察到。为此，我们可以在实验仪器的尺寸大小、所放置的位置、背景衬托和对比等方面进行考虑，必要时还可以通过机械放大、光放大以及电放大等手段来增强实验现象的可见度。此外，教师的实验操作要规范、快慢适度，选择仪器要力求简单。

4.要引导学生观察思考

在观察演示实验时，因其他因素干扰或现象本身变化迅速，学生往往抓不住观察的重点。为了使学生更准确地获得研究问题的关键信息，在演示前和实验过程中，教师要做出适当讲解，指导学生正确观察。对于观察的现象，教师要引导学生分析所说明的问题，直至得出规律性认识。教师要根据学生的具体反应适时地启发他们的思维，注意培养思维能力。

通过这一过程可以把教师的感情、思维方法、操作技能、科学态度等呈现给学生，给学生一个示范作用，潜移默化地教育学生，对学生的意志、品质、个性等非智力因素的培养有积极的影响。

（三）演示实验一般过程

教师是演示实验的主要操作者，是学生观察分析实验的引导者。在演示中要突出学生的主体地位，为了使演示实验教学活动收到良好的教学效果，演示实验的过程教师需精心安排设计。演示实验的教学过程主要有演示实验前的引导、实验演示与相关分析过程和演示实验结束的总结归纳等几个基本过程。

1. 演示实验的导入

演示实验的导入这一环节对学生初步认识进行观察有了充分准备提供了关键的感性素材，学生观察时也能把握实验重要信息、明确实验的目的。学生在演示过程中获取准确深刻的知识感性素材，是分析研究问题的基础。教师可以通过做好演示实验的导入工作来提高整个实验教学效果。

2. 演示实验相关过程分析

在演示中要有效引导学生观察分析实验，实验的演示与分析引导可以根据实际情况来进行设置。例如物理现象事实新奇直观，可以先演示后分析，这样更好地调动学生学习的热情兴趣，学生的注意力、好奇心集中到相关的未知内容上；一些较容易得出结论和解释实验结果的实验，可以设计成验证性实验来增加思考悬念，先分析后演示；对于复杂实验，应当采用边演示边分析的方法，层层递进，深入分析，操作与引导同时进行，以此帮助学生了解掌握现象的本质和规律。

3. 演示实验的总结和归纳

总结归纳过程也是物理演示实验的重要环节。在演示结束后要及时对实验过程做出明确的结论和规律。教师要启发引导学生在观察实验现象的基础上，经过详细的分析比较、抽象概括、归纳、演绎以及推理判断等方法，探究物理规律，得出结论。

（四）演示实验注意事项

要成功有效完成演示实验， 则应在演示实验教学中注意以下几方面问题：

1. 思考与实验并行，弄清实验原理

原理是实验的纲领，弄清了原理等于把握了实验的精髓。例如，在学习磁场对电流作用的左手定则时，就应该利用演示实验启发学生思维，在明白实验原理的基础上，主动得出“左手”定则，而不是接受教材现成的法则。

2. 明确教学目标和演示目的

明确教学目标和演示目的，演示实验要有针对性，例如，同样是抽纸实验，纸条是快抽还是慢抽呢？如果是用以说明物体的惯性问题就应该快抽；如果是用以说明动量的变化决定于冲量的大小，就应该既演示慢抽又演示快抽，以利于比较说明。

3. 演示实验的直观与深化

演示实验要有直观性并有效深化实验内涵。首先要使呈现出来的物理现象增大可见度，让尽可能多的学生都能看清楚，包括看清操作步骤、看清现象及其变化等，所以演示实验要求实验装置大型化、简单化，操作方便，安全可靠，突出其基本的结构原理，而不被那些次要的复杂结构所干扰。演示实验的显示要求清晰醒目，对比度大，观察目标突出。例如，可用大可乐瓶演示立体磁感线，其做法如下：教师先用透明无色的饮料瓶装入一定的黏性透明液体（如植物油或胶水），并放入一定量没生锈的铁屑（不宜过多），然后封好瓶口。演示时先将液体和铁屑摇匀，图 7-1 所示可分别做以下实验。

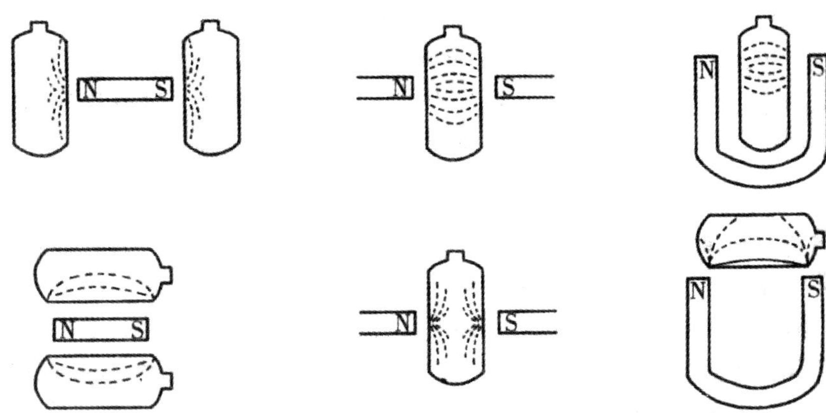

图 7-1　立体磁感线实验

深化与启发：能否演示载流线圈的磁场？要求学生课外自制和操作。

4. 演示实验的稳定与趣味

演示实验要有稳定性和趣味性。实验装置要牢靠稳固，经得起反复操作和轻微震动，要有很好的现象重复性，确保一定成功。同时要有趣味性，以激发学生的学习兴趣和情感反应。例如，在演示水的表面张力的时候，可用如下实验进行：取一空可乐瓶，在靠近底部的壁上钻三个小孔，孔径约为 1mm。注入清水，有三束水溢出，但当在三个小孔处用手指触摸一下，就三束合一束了。而后若弹一下瓶体，一束又分为三束了。

5. 操作的规范

演示实验时要严格按照操作的规范和程序。教师做演示实验时，一定要认真按照操作程序，不能违反操作规程。比如，如何接电路？如何调节天平？如何取放砝码？等等。教师应该在演示时起良好的示范作用，有利于培养学生的实验习惯和实验技能。

6. 活动方式的选择

演示实验要选择适当的活动方式，应根据教学情况、实验内容的不同而选择不同方式，以达到事半功倍的效果。其活动方式通常有：教师演示、师生共同演示和学生小组演示。

教师演示是指演示的准备与呈现过程由教师独自完成，一般是较为复杂的、不易成功的和有一定危险性的实验的主要活动方式。

师生共同演示是指学生协助教师呈现演示，更能很好吸引学生的注意力、观察力，易引发思维的碰撞，适用于难度不大的演示实验。

学生小组演示是指学生分成小组分别帮助教师进行演示，它的优点是能吸引更多学生的积极参与，其活动方式适用于更简单的实验。

当然，演示实验也有其不足之处。首先，演示实验一般是看教师动手做，学生边听教师讲边观察，处于被动接受的状态，自我思考程度弱化。且教师具有较高的实验技能，课前准备充分，实验结果都较理想，无形中就会使学生“迷信权威”。其次，演示实验中学生亲自动手操作的机会较少，有疑问或质疑无法直观地验证。其三，由于时间紧，教学过程中教师为完成教学任务，可能会急于得到演示实验结论而忽略引导学生对现象的观察，无法顾及引导学生的主动思考探究实验过程和思想方法。

（五）演示实验实例——光电效应现象

1.问题提出

光电效应是指一定频率的光照射在金属表面时会有电子从金属表面逸出的现象。光电效应实验对认识光的本质及早期量子理论的发展具有里程碑式的意义。做好光电效应的演示实验，对学生认识和理解光电效应现象，从而认识“光子”、理解“光的波粒二象性”具有极其重要的作用。然而，要做好光电效应的演示并非易事，有人把其称为“高中物理十大疑难实验”之一。实际教学中物理教师有的改用先给锌板带负电，使静电计指针张开一个角度，然后，用弧光灯照射锌板，可看到静电计指针迅速合拢，由此说明锌板上的电子在紫外线的照射锌板在光的照射下电子才能从金属表面飞出而产生光电效应。有的改变方式，让紫外线照射加有直流高压电源的金属网和锌板，通过串在其中的微安表观察光电流，但与紫外线使空气电离，从而导致气体导电相混淆。因此都不能有效、清晰、令人信服地演示光电效应实验。

2.思考分析

实验不易成功的原因是锌板上的电子在紫外线照射下从表面飞出去后，锌板就带上正电，在周围空间里形成阻碍电子继续飞出的电场，这个电场对电子的飞出起阻碍作用；即锌板因电子逸出而和周围空间形成了一个势垒。计算如下：

紫外线的波长 $\lambda=0.256\mu m$，频率 $\nu=5.0\times10^{15}Hz$，光子能量 $E=h\nu=33.15\times10^{-19}J=20.72eV$。

锌板的光电效应极限波长 $0.372\mu m$，逸出功 $W=\frac{hc}{\lambda_0}=3.36eV$。

这时的锌板电势是：$eU_0=h\nu-W$，$U_0=17.4$ 或至多几十伏，显然一般静电计无法检验。

3.解决方案

在锌板附近放一带正电荷的物体，以除去逸出的电子。

4.实验装置

锌板，验电器，紫外光和白炽光源，铜箔板和激光电源（或感应起电机），玻璃板等。

5.演示方法

第一步是撇开次要因素：分别给锌板带负电和正电，看到验电器张开，然后用紫外线照射，观察验电器指针变化情况，排除电离的次要因素，再对锌板带负电用紫外线照射时用加进和移走玻璃板指针的变化，说明紫外线照射的作用打出锌板上的电子。

第二步是突出本质因素：给锌板带负电后分别比较用白炽灯照射锌板及用紫外线照射锌板另一面时出现的情况，说明确实是紫外线照射所发生的现象。

第三步是强化光电效应现象，即让紫外线照射不带电的锌板而呈现预期现象，可用激光电源输出高压给铜箔板在锌板周围形成高压电场（也可以直接用感应起电机起电实现），从而起到清除电子的良好作用。

6.成功完成实验

真正做到像高中物理课本中介绍的那样：“把一块擦得很亮的锌板连接在灵敏验电器上，用弧光灯照射锌板，验电器的指针就张开了，这表示锌板带了电。进一步的检查表明锌板带的是正电。”从而，有效、清晰、令人信服地演示了光电效应实验。

二、边学边实验

(一)边学边实验概述

所谓边学边实验，是指学生在教师指导下一边学习一边进行实验的教学组织。形式。过去常称这种教学形式为边教边实验或随堂实验，但为了在教学中突出学生学习的主体地位，强调作为认识活动主体的学生一边学习一边实验的特点，以反映这种教学形式的实质，也体现了新课标的教改思想，故易名为“边学边实验”。

教师在课堂上安排学生边学边实验具有显著的特点。首先它可以调动学生的积极性，突出学生在课堂学习中的主体作用，避免教师出现满堂灌讲授的教学现象。由于通过亲手做实验来学习知识，学生学习积极性很高。其次，它能够提供更多的机会训练学生的实验技能和科学研究方法。这类实验一般过程相对简单、仪器轻便，便于灵活实施。另外，学生进行课堂实验探究过程，是在教师设疑、启发和引导下进行的，能够有效地培养学生思维能力和创造性能力。

(二)边学边实验教学特点

1.激发学生学习物理的兴趣

相关研究表明，80.6%的青少年学生往往不满足于看教师表演，而是更希望自己也动手做一做这些演示实验。也就是说，他们有强烈的操作兴趣。开展边学边实验，给学生更多的操作机会，符合学生的心理特征，因此，深受学生的欢迎。且教改实践证明，在边学边实验教学中，学生表现得特别兴奋，特别积极，因而学习效果也比较好。

2.理解和巩固物理知识

心理学研究表明，学生对学习内容的巩固程度，跟学习的方式有很大关系：一般说来，通过学生阅读文字材料或教师讲授之后，学生能够记住10%～20%；学生对于他(她)所看到的实物或实际现象，能记住50%；如果学生看到实物或实际现象，自己又描述过，便能记住70%；如果学生既动手做过，又描述或讲述过，则能记住90%。边学边实验既让学生动手做实验，又让学生在实验的基础上讨论、分析，最后得出用学生自己语言表达出来的物理概念和规律，可见动手、动脑、动眼、动口的边学边实验有利于学生理解和巩固物理知识。

3.培养学生的思维能力

许多学校多年来的教改实践表明，开展边学边实验教学，学生对一些基本实验仪器(如天平、刻度尺、弹簧秤、电流表、滑动变阻器等)的使用频率都较以前大大增加了，因此，学生的实验技能、实验能力都提高得很快。而成功的实验离不开积极思维，进行边学边实验教学，要求学生不仅知道做什么实验、要得到什么结果，还要知道怎么做实验。同时，在实验过程中还必然会遇到这样那样的问题和困难，这就要求学生一边动手，一边积极动脑，思维密度比较高。

学生的思维定势在学习过程起着相当重要的作用。思维定势有积极的一面，也有消极的一面。克服消极的一面是培养学生思维能力的重要途径。中学生喜欢追根溯源，但又习惯于“一因一果”的推理程式，要培养学生推理过程中的“一因多果”、“多因一果”的正确思维流程，应为学生提供“一因多果”和“多因一果”的推理机会，边学边实验由于需要学生在复杂多变的实验事实基础上抽象出物理概念和规律，这就为学生提供了分析主要矛盾、控制实验条件和参量、归纳实验结果、抽象物理概念和规律的机会。

4.领会和初步掌握学习和研究物理的方法

边学边实验的学习探索过程,更接近于人类认识客观规律的过程。因此,进行边学边实验教学,学生在直接参与实践的过程中,可以逐渐认识到实验是获得物理事实的根据,实验是检验假设的真理性的标准,可以逐步领会科学家是如何通过物理实验获得物理事实,从而得出概念和规律的。因而,通过长期边学边实验训练。学生将会逐步掌握物理学习和研究的基本方法。

(三)边学边实验一般过程

边学边实验具有很强的实践性要切实可行地根据学生的实际情况逐步培养边学边实验的习惯,通过指导多一些、要求低一点到指导少一些、要求高一点的过程让边学边实验的教学优势充分体现出来。

(1)创设情景,提出问题:教师通过一些物理现象和问题情景,使学生产生疑问,提出需要解决的问题。

(2)进行猜想,设计方案:要求学生对他们所提出的问题进行猜测,估计结果可能是什么,然后教师指导学生讨论如何用实验进行研究并拟订实验方案。

(3)实验讨论,获得结论:在学生实验观察和测定的基础上开展小组或全班讨论分析,在教师指导下获得结论。

实验器材方面,由于边学边实验中,学生人人动手,需要大量的实验器材。器材的来源可有如下途径:①充分利用学校已有的器材,挖掘闲置器材的潜力,提高现有器材的利用率。②鼓励学生从家里自带器材。许多实验器材都可以用家庭常用的现成器材代用。③师生共同自制仪器。自制仪器既是解决器材问题的最有效的途径,也有助于培养学生的动手能力。④研制低成本学具。组织教师研制低成本学具是实验教学的发展趋势,也可借助解决器材问题。

(四)边学边实验实例——变速直线运行

1.课题

变速直线运动,平均速度,即时速度。

2.教学目的

(1)使学生通过观察“一维电火花描迹仪”上小车的运动,理解“变速直线运动”的概念。

(2)使学生通过“一维电火花描迹仪”的描迹,掌握平均速度的计算方法,使学生理解纸条上的“时—空”信息与数学描述的关系。

(3)让学生探索“怎样使小车在某一时刻(或某一位置)起做匀速直线运动”,理解即时速度的概念,掌握即时速度的实验测定方法,初步理解力的瞬时性。

3.教学重点

(1)平均速度的概念和计算。

(2)即时速度的概念和测定方法。

4.教学难点

即时速度的测定方法和力的瞬时性。

5.教学方法

边学边实验，探索分析法。

6. 教具

“演示用电火花描迹仪”1 台，“简易一维电火花描迹仪”26 台，摄影仪 1 台。

7. 教学过程

(1)复习：

①匀速直线运动中“简易一维电火花描迹仪”的调试方法。

②判定匀速直线运动的方法(从描迹纸条上确定)。

(2)新课：

①变速直线运动。

实验：让小车做匀速直线运动，描迹后确认(不需要合力为 0)。

定义变速直线运动。

②平均速度。

小车做变速直线运动时，怎样描述它在某段时间内运动的平均快慢程度？

平均速度的定义：做变速直线运动的物体在某段时间内的位移 s 与通过这段位移所用的时间 t 之比，叫这段时间内的平均速度。$v=\frac{s}{t}$ 。

物理意义：表示做变速运动的某物体在某段时间内(或某段位移内)运动的平均快慢程度。

强调：速度是矢量，与位移方向相同；$v=\frac{s}{t}$ 适用于任何运动(包括曲线运动)；v 必须与 s，t 一一对应。

实验：测定小车在前 0.1s，0.2s，0.3s 内的平均速度。

③即时速度。

定义：做变速直线运动的物体，某一时刻或某一位置的速度。

探索：怎样测定小车在某一时刻或某一位置的即时速度呢？

实验：调节描迹仪，使小车能匀速运动(先目测，再描迹确认，调节底板螺母)；小车前半段做加速运动，后半段做匀速直线运动；分析纸带，测出即时速度。

测定：让物体从某一瞬时(或某一位置)做匀速直线运动，此匀速直线运动的速度为物体在这一瞬间的即时速度。

强调：即时速度简称速度；即时速度的大小简称速率；力的瞬时性。外力为 0 时，物体做匀速直线运动；物理意义：表示运动物体在桌一瞬时或某一位置运动的真实的快慢情况。

④课堂练习。

电火花描迹描出如下纸条，(两点之间有四个点未画出)

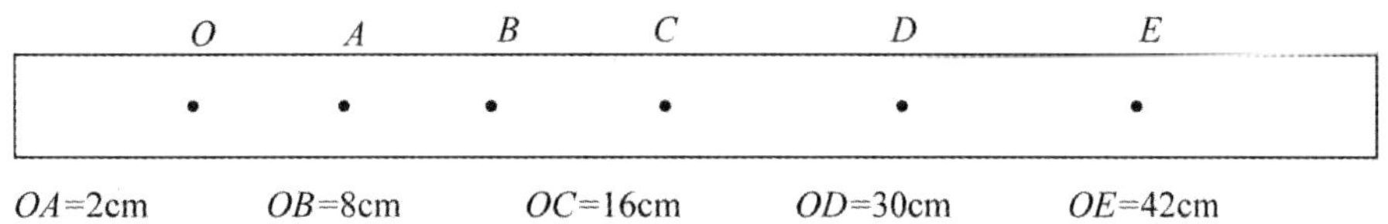

求：(1)OA，OB，OC 段的平均速度。

(2)若小车从 C 点开始做匀速直线运动，则 C 点的即时速度为多少？

一物体在一条直线上运动,第 1s 内通过 5m,第 2s 内通过 20m,第 3s 内通过 25m,第 4s 内通过 25m,求:物体在最初两秒内的平均速度;物体在 4s 内的平均速度。

⑤全课总结。探索方法的总结;实验方法的总结;物理概念的总结。

三、分组实验

(一)分组实验概述

1.定义

学生分组实验是学生在教师指导下利用整节课时间在实验室里进行的小组合作完成物理实验的教学形式。它的最大特点是学生亲自动手操作仪器、控制实验过程、观察物理现象、测量数据,最后由小组共同分析误差、总结改进方法、得出结论。学生在该过程中完全处于一种主动学习的状态。因此,分组实验以无可辩驳的物理事实使学生对物理概念和物理规律的理解得到深化,对培养学生的实验技能和实事求是的科学态度,以及对培养学生学习物理的兴趣等方面都有重要作用。

2.类型

根据实验教学目的的侧重点的不同和新课程的要求,可将中学物理学生分组实验分为六种类型:基本操作实验、测量性实验、验证性实验、研究性实验、设计性实验和实践性实验。

(1)基本操作实验是以掌握常规仪器的操作使用方法,或是掌握某种装配技能为基本目标的实验。如,电压表和电流表的使用等。通过一定基本技能的训练为后继更高要求的实验打下基础。

(2)测量性实验是指利用测量工具、仪器仪表对某物理量进行直接或间接测量为基本目标的实验。如,用电流表测电流,用电压表测电压等为直接测量;而速度和加速度的测量,密度的测量等是通过测定相关物理量,再运用其间关系式求得,稍为间接测量。测量性实验在定量分析、数据处理、误差分析方面都比基本操作实验要求更进一步。

(3)验证性实验是以验证已知常数或规律以及学习实验检验方法和技能为基本目标的实验。如,验证牛顿第二定律的实验,验证动量守恒定律,用油膜法估测分子的大小等。验证性实验能帮助学生理解一些重要物理量、物理常数的物理意义,了解一些科学测定方法,巩固对概念和规律的运用。

(4)研究性实验是以探究物理规律及学习探究方法为基本目标的实验,学生在实验过程中自己去分析问题、解决问题并归纳总结出规律,这类实验体现出很强的探索性,有利于培养学生的创造性,提高学生分析问题的能力和实验综合能力。

(5)设计性实验是不用现成的实验方案,在一些特定的要求和条件下自行设计新的实验方案和步骤,完成实验要求。设计性实验需要学生具有相当高的探索能力和创造性,在研究性实验中也包含了设计实验的思想。因此开展设计性实验是培养学生创造性思维的一条重要途径。

(6)实践性实验是为了巩固所学物理知识,培养学生实际运用知识和操作的能力,让学生把理论与实践联系起来。如,安装简单的照明电路等。

(二)分组实验要求

教学过程中有明确的要求,主要包括学生分组实验的目的和对中学生的基本要求两个方面。

1.学生分组实验的目的

学生分组实验的目的主要有三点：

(1)了解基本实验仪器的构造、原理，学会基本仪器的使用。

(2)探究或验证物理规律。

(3)培养学生独立工作能力。

2.对中学生的基本要求

学生分组实验对掌握物理基础知识，发展能力和养成正确的科学观都有重要的作用，在实验教学过程中，要求学生：

(1)了解常用的基本仪器的构造、原理和正确的使用方法。

(2)学会正确进行观察、测量、读数和进行纪录。

(3)学会初步分析、处理和运用实验数据，得出结论。

(4)了解误差的概念并学会初步的误差计算和分析。

(5)会写实验报告。

(6)培养学生严格遵守操作规程和尊重事实的科学态度。

(7)培养学生克服困难、遵守实验纪律、保持安静、爱护仪器的优良品质。

(三)分组实验的教学过程

在分组实验中学生是主体，教师仅是起指导作用，因此其教学过程就是教师指导学生做好以下三个环节：

1.做好实验前的准备工作

实验前要做好预习，认真仔细地阅读实验内容，从而明确实验目的，弄懂实验原理；明确所用仪器装置，弄清操作步骤和注意事项；设计出合理科学的数据表格。实验前的准备是保证实验得以正确顺利进行和取得较大收获的重要前提，使学生能自觉地有目的地做好实验。因此在这一环节中，教师可设计一些与实验有关的练习题，通过学生回答题的情况来检查学生准备情况。

2.实验中正确操作、观测和记录

在实验过程中要指导学生手脑并用，做到心到、眼到和手到，不能机械地按规定的实验步骤操作，甚至看一步做一步。首先，要了解仪器装置的性能、规格和使用方法，仔细安装和调整实验装置，使之符合实验条件。其次，按实验步骤逐步操作时，应在实验原理的指导下，正确使用仪器，头脑中对实验有一个整体的物理情景，对每一步要做什么要得到什么有一个清晰的概念，不能盲目操作。在这一环节中，教师主要协助学生解决实验中遇到的问题，指导学生学会检查和排除故障，最后指导学生仔细观测和记录原始数据，并要标明单位，然后准确有序地填入预先设计的表格中。

3.正确分析和处理数据，写好实验报告

实验后要对得到的数据进行仔细的分析、计算和处理，做出合理的结论。处理数据要尊重客观事实，不能乱凑数据。最后要学会自己独立地写出简明的实验报告，报告一般包括实验原理、目的、器材、步骤以及简单的误差分析等。但实验报告也不能格式化，不要按现成的格式填写，要根据实际情况有所侧重。分组学生实验做完后，各组学生在离开实验室前还要整理所用器材，恢复原状，有损坏的要及时报告。

最后值得注意的是，学生分组实验是以学生活动为主的实验，教师不能安排过于详细、过于具体的讲授活动，要创造一个让学生有充分动手动脑的实验环境。实验课上应当让学生有更多的主动权，教师要引导学生主动探索问题，让学生自己设计实验，选配仪器，进行简单的故障排除，数据处理和分析，从而逐步培养学生探有问题的能力和实验能力。

（四）分组实验的教学方法

1. 观察—分析—总结法

实验离不开观察，因此，在实验教学中要采用观察—分析—总结法。

这种方法的核心思想：

（1）学生的观察。在教师的指导下，学生通过对物理现象的观察，深入了解物理现象发生、发展、变化的全过程。

（2）师生的分析。在学生对物理现象进行全面、系统、具体观察的基础上，在教师的引导下，对物理现象产生的原因和条件进行理论分析，找出物理现象产生的条件，解释现象产生的原因。

（3）师生的总结。在学生对物理现象进行观察和分析的基础上，教师和学生一起，要对观察实验的方法与技巧、物理现象的本质以及如何利用这个物理现象解释有关物理问题，进行归纳和总结，有利于提高学生观察实验的能力。

2. 示范—练习—总结法

技能训练性实验的目的是要求学生掌握物理仪器的使用方法或读数方法，因此，要采用示范—练习—总结的教学方法。

这种方法的核心思想：

（1）教师的示范。在学生练习使用某种物理仪器之前，教师要对这种仪器的操作方法、读数方法及使用时应注意的问题等，做好示范。如：在练习使用螺旋测微器时，可采用实物投影仪，教师将螺旋测微器的使用方法及读数方法投影到大屏幕上，使全班学生都了解螺旋测微器的使用方法及读数方法。

（2）学生的练习。在教师的指导下，学生自己练习物理仪器的使用方法或读数方法。只有通过学生自己的实际练习，才能更好地掌握物理仪器的使用方法或读数方法。

（3）师生的总结。在学生实验练习了某种物理仪器以后，教师要引导学生及时总结使用方法及读数方法，找出其难点问题，师生共同分析，得出解决方法。如，对螺旋测微器读数时，学生对“半刻度线”是否露出的判断，有疑惑，此时教师要从螺旋测微器的原理出发，分析判断“半刻度线”是否露出的方法：可动刻度的零刻线在固定刻度的准线之上，固定刻度的半线未露出；可动刻度的零刻线在固定刻度的准线之下，固定刻度的半刻线已露出。可简记为：半刻线“下露、上未露”。

3. 理论—实验—综合法

验证性实验的目的是使学生用实验验证物理规律，有利于深入理解物理规律。因此，在教学中要采用理论—实验—综合法。

这种方法的核心思想：

（1）理论介绍。在学生用实验验证某物理规律之前，要向学生详细介绍：这个物理规律是谁发现的？在什么条件下、通过什么方法发现的？只有这样，才能使学生对这个物理规律有充分的认识和理解。如:气体等温变化的玻一马定律,是英国科学家玻意耳和法国科学家马略特在研究气体的压强和体积的关系时发现的。这一定律仅对一定质量的气体,在温度不太低,压强不太高的条件下成立。由于它是通过实验研究而发现的,因此叫做实验定律。

(2)实验验证。让学生通过具体实验去验证物理规律,加深对物理规律的认识和理解,并且通过实验训练,使学生逐步掌握实验方法与技巧,提高实验能力。

(3)综合分析。在学生验证了某物理规律的正确性之后,教师要引导学生进行综合分析。一方面总结实验方法与技巧,另一方面要从理论和实验两个方面来理解和认识物理规律。如:对气体等温变化的玻一马定律,通过分子动理论来解释和用实验来证明它的正确性,这样学生对该定律的理解就更加透彻。

4.引导—实验—分析法

测量性实验的目的是通过物理实验,测出某些物理量的数值,有利于学生加深对这些物理量的理解。因此,在教学中要采用引导—实验—分析法。

这种方法的核心思想:

(1)教师的引导。在学生做实验之前,教师要引导学生分析:被测物理量与哪些因素有关?采用什么方法测量最方便、准确?如何去测量?

(2)学生的实验。在确定实验方法之后,要指导学生按照实验步骤进行具体实验操作,按要求测出有关数据。此时,教师要加强个别指导,对学生中有创造性的好方法及时予以肯定和表扬,对学生中错误的操作方法予以及时纠正。只有让学生通过实验训练,才能提高实验能力。

(3)实验数据分析。学生通过实验测出有关数据之后,教师要指导学生对实验数据进行分析处理。处理实验数据通常有两种方法:解析法和图象法。解析法准确,但运算繁琐;图象法形象直观,但有时不够精确。要根据具体实验要求选择不同的数据分析方法,得出被测物理量的结果。

5.引导—探索—总结法

探索性实验的目的是在已有知识的基础上,用实验观测得到的结果来寻求新的规律,重在培养学生探索物理知识的能力。因此,在教学中要采用引导—探索总结法。具体做法是:在老师的指导下,将实验的有关数据测出来,再对数据进行处理、分析,总结出有关的物理规律。

这种方法的核心是:

(1)教师的引导。在学生做实验之前,教师要引导学生明确实验的目的、提供的器材及实验原理。

(2)学生的探索。让学生自己设计实验方法,确定实验步骤,并获得实验数据。通过不断探索和实践,提高学生探索物理知识的能力和分析问题的能力。

(3)师生的总结。在学生达到实验目的,总结新的规律或测量获得数据后,教师和学生一起对实验的原理、方法进行归纳总结,对得到的规律进行分析,根据实验的条件加深理解,使学生逐步掌握实验方法与技巧。

(五)分组实验实例——伏安法测电池的电动势和内电阻

1.实验名称

用伏安法测电池的电动势和内电阻。

2. 实验目的

测定电池的电动势和内电阻。

3. 实验原理

(1)电流表的内、外接法的选择

由于电流表、电压表内阻的影响,不管采用电流表内接还是外接都将引起误差。为减少误差,当被测电阻 R_x 较小时,一般采用外接法;R_x 较大时则采用内接法。若 R_x 处于中间时,可用临界电阻方法粗略判定:先算出,临界电阻 $R_0 \approx (R_A R_V)^{\frac{1}{2}}$ 。(推导过程略,仅适用于 $R_A \leqslant R_V$ 的情况),若 $R_x > R_0$ 可采用内接法;若 $R_x < R_0$ 可采用外接法。如 R_A 、R_V 均不知,可用试触法判定:通过改变电表的连接方式看电流表、电压表的变化大小确定正确的接法。

(2)数据的处理

①公式法:在自己设计的电路中(内接法或外接法),改变滑动变阻器 R 的阻值,从电压表和电流表中读出几组,I,U 值,利用闭合电路的欧姆定律求出几组,ε,r 值,最后分别算出平均值。

②作图法:用作图法来处理数据,即在坐标纸上以 I 为横坐标,U 为纵坐标,用测出的几组 I,U 值画出 $U-I$ 图像,所得直线跟纵轴的交点即为电动势值,直线斜率的绝对值即为内电阻 r 的值。

4. 实验器材

电压表,电流表,滑动变阻器,电池(1 号电池两节),电键,导线。

5. 实验步骤

(1)电流表用 0.6A 量程,电压表用 3V 量程,按自己设计的电路图接好实物。

(2)把变阻器的滑动片移到一端使阻值最大。

(3)闭合电键,调节变阻器,使电流表有明显示数,记录一组数据(I_1,U_1)。用同样方法测量几组 I,U 值,填入自己设计的表格。

(4)打开电键,整理好器材。

(5)处理数据,用公式法和作图法两种方法求出电动势和内电阻的值。

6. 注意事项和误差分析

(1)为了使电池的路端电压变化明显,电池的内阻宜大些(选用已使用一段时间的 1 号干电池,或在电池上串接几十欧的电阻以示为电池内阻)。

(2)干电池在大电流放电时极化现象较严重,电动势 ε 会明显下降,内阻 r 会明显增大。一般长时间放电不宜超过 0.3A,短时间放电不宜超过 0.5A。因此,实验中不要将,调得过大,读电表要快,每次读完立即断电。

(3)要测出不少于 6 组的 I,U 数据,且变化范围要大些。用方程组求解时,要将测出的 I,U 数据中,第 1 和第 4 为一组,第 2 和第 5 为一组,第 3 和第 6 为一组,分别解出 ε,r 值后再分别求平均值。

(4)在画 $U-I$ 图像时,要使较多的点落在这条直线上或使各,占、均匀分布在直线的两侧,个别偏离直线太远的点可舍去不予考虑,从而提高精确度。

(5)干电池内阻较小时路端电压 U 的变化也较小,即不会比电动势小很多,因此在画 $U-I$,图像时,纵轴的刻度可以不从零开始,而是根据测得的数据从某一恰当值开始(横坐标 I 必须从零开始)。但这时图线和横轴的交点不再是短路电流,但直线斜率的绝对值还是电源的内阻。

(6)根据实验的情况具体分析系统误差和偶然误差,并提出解决方案。

四、课外实验

(一)课外实验概述

1.定义

课外实验一般是指按照教师布置的任务和要求,学生课外利用一些简单的仪器或自制器具独立进行观察和实验的活动,它是课堂实验教学有效的补充形式。课外实验可以扩大学生的知识领域,使学生把自己所学的理论知识联系生活实际,同时,也可以激发学生对物理理论和技术学习的兴趣,培养他们独立工作能力和运用知识的能力。

中学物理教科书中通常设置了许多“小实验”和“小制作”的课题,供学生开展课外观察和实验。学生生活在丰富多彩的物理世界中,自身也可以观察到有许多有趣的物理现象,可以发现各种各样的实验课题,他们可以找到一些日常生活用具或器材来进行课外实验,这些为学生课外实验提供了大量的素材和机会。物理教学中,应当结合学生生活实际,组织学生开展物理课外实验活动。

2.类型

课外实验活动按内容来分,一般有以下几种类型:

(1)观察性实验

课外观察性实验一般是教师有意识地引导学生观察大自然、日常生活和生产实践中出现的物理现象以及与物理知识相关的事件,是学生课外学习物理的广阔课堂。例如,雨后的彩虹,五彩晶莹的薄膜等。在师生的相互启发下,学生在观察、思考这些现象的活动中都将有新奇的发现。对这类活动,重点应放在扩大观察范围和培养兴趣上,鼓励学生写出观察和思考的结果,定期举办观察发现汇报会,介绍所观察到的物理现象,并分析其中的物理道理。

(2)课外科技活动

为使学生了解现代科技成就的发展和应用,教师可以组织学生成立科技活动小组,有计划地进行系列科技活动:例如,微机活动小组、无线电活动小组、航模活动小组等等。对这类课外活动,要求有一定的计划性,并要有一定组织形式。

(3)课外小实验

课外小实验是学生在没有老师亲临现场指导下,利用课外时间自己进行的实验活动。这类实验,学生需要自己设计实验方案,同时,一般都没有现成的仪器,需要自己寻找器材或者自制用具来完成实验。通过课外小实验研究,使学生进一步理解物理概念和规律,灵活运用所学知识,训练实验技能,培养他们独立工作能力。对这类课外实验,要求学生掌握实验目的、原理,自行设计实验装置进行实验操作,要有必要的实验结论。

(4)课外小制作

物理课外小制作是让学生利用课外时间自制一些简单仪器、模型和器具等。如制作、潜望镜、简易万用表、弹簧秤等。这类课外实验,要求学生在自制过程中有所创新、有所突破,可以深化学生对所学知识的理解,激发他们创造意识,发展他们创造性思维能力和操作技能。在制作中教师可以适当地予以指导，对制作的成果要进行展出交流，组织评选活动。

（二）课外实验基本要求

教师布置的学生课外实验，要想获得好的学习效果一般要考虑如下因素：

(1)选题内容应具有科学性和探索性。学生通过实验可以观察到有关物理现象或能够解决有关物理问题，以满足学生通过探索而获得成功感。

(2)要方法简单、器材简便、效果明显。课外实验不易安排复杂性实验，一般能够容易完成，所需实验器材也比较简单，有些器材可以自己制作完成。另外，实验效果明显的课外实验更能激发学生的兴趣。

(3)实验过程必须安全可靠。学生课外实验不能选择一些存在安全隐患的实验项目。

(4)要注意对学生的统一要求和因材施教相结合的原则。由于各学生自身能力和实验条件的差异，教师在布置课外实验时要考虑课外实验的难度和可操作性.要让学生找到适合自身条件的实验课题。

此外，开展学生课外实验成功与否的关键还在于有效的组织安排。教师应该要求学生写出观察和实验报告，培养学生严肃认真的科学态度，并且通过展览会、表演会、报告会、竞赛评比等活动形式对学生课外实验进行评价，不断深化和丰富课外实验成果。

第四节　物理实验教学研究

随着新课程改革的深入和新物理课程标准的实施，实验教学将发挥越来越大的作用。因此，积极开展对中学物理实验教学的研究有着非常重要的意义。

一、“时一空”测试研究

（一）“时一空”测试概述

17 世纪初，伽利略就用脉搏和水漏作为计时工具，开始定量地观测运动体的“时一空”信息，进而用于研究力学规律。他最先提出加速度概念、惯性概念及相对性原理，为牛顿力学的发展铺平了道路。

力学的一般规律基本上可通过感官从所能感知的现象中获得。空间、时间和运动是客观物理对象最重要的表现形式，但不同的人对这种客观表现形式的感知却有很大差别，要精确地描述运动、把握运动规律，就需要对运动体在空间的位置和与位置相对应的时间信息做出测量和记录。物理教学应以运动学为突破口，提倡“形象化教学”，培养学生正确的空间感、时间感和运动感。因此，在物理教学方法上要体现物理学科的认知特点；在实验设备上要有能直接从运动物体的时空关系上获得有序排列的“时一空”信息记录的仪器。把力学的“时一空”规律用仪器显示，能有效地帮助学生从形象的感知到抽象的概念和规律的建立，能促进学生从形象思维向抽象思维的发展。

（二）“时一空”信息与研究

运动规律，指的是运动中的各力学量之间的联系及其发展趋势。研究运动规律必须有一定数量并且具有一定准确度的“时一空”信息单元。以奥运会上的百米短跑为例，在计时中使用的是光电传感电子秒表，其准确度达到0.01s。它用来记录比赛是可以的，但用于训练运动员则不够，因为它不能反映运动员的起跑反应速度、加速阶段的变化以及最后的冲刺能力等，也就是说，它提供的信息量太少。只有一个数据不能看出变化规律。物理学通常把一组描述位移与时间的数据作为一个“时一空”信息单元。

在测量技术发展的初期，对运动物体的位移与时间的测量只能分别进行。每次使用只能获得一个数据，这一个数据对时间与位移之间的对应关系的描述是粗略的。若把物体运动中的位移 s 以及此位移 s 所对应的时间 t 称为一个“时一空”信息单元，而一个“时一空”信息单元只能在运动学中表示物体运动的平均速度。即使再跟它的质量相联系，也不过是多了一个平均动能和一个平均动量。易知只用一个这样的实验数据研究运动规律，不足以研究。必须再在一定的条件下，测出不同的位移所需要的时间，即通过时空同步测量来获得一系列“时一空”信息。

时空同步测量所获得的“时一空”信息单元的组合，便是多元“时一空”信息。用多元“时一空”信息研究运动规律不但可以提高效率，显示各种运动的动态形象，更重要的是，它在探讨物理问题时，可以提高精确度和准确度。

(三)“时一空”测试基本方法

根据实验方法的不同，时空记录可分为按时定位、按位定时和时位同定三类。其特点分别介绍如下：

(1)按时定位：就是根据事先设定的时间信息来记录运动物体空间位置的实验方法。如，用节拍器来研究物体运动就是这种方法。这种方法简单但粗糙，可用于研究比较缓慢运动的物体。

(2)按位定时：就是在运动物体必经的路径上事先确定出计时点(空间位置)，然后测出经过该位置的时间。如，在田径运动中的赛跑就是典型的按位定时。在实验中常用光电门计时，但要得到运动物体的多个时空信息，就需要采用多个光电门、多路计时，对设备无疑提出较高要求，而且实验前对运动轨迹也要有预见性，增加了实验的复杂性，加大了操作的难度，不易达到。

(3)时位同定：就是在记录时间的同时记录运动物体空间位置的实验方法。其具体手段又主要有三种：

①机械式：以振动周期为时间单位，通过机械打点获得记录。由于在测量时阻力与约束的影响，信息结构比较粗糙，难获得较多有用信息，实验误差大。原来中学普通使用的打点计时器就是机械式“时一空”信息测试的设备。

②光测式：以光脉冲周期为时间单位，可展示出非常动人的力学形象，可在对力学运动规律不产生干扰的条件下获得运动体的多元“时一空”信息(包括运动体的形态)，且所记录的信息具有较高的教学价值。但该方式的设备与消耗费用都比较昂贵，使用技术也复杂，要普遍地应用到中学尚不可能。例如，数字计时器或是频闪摄影技术现在大多仅在一些高校或科研单位的实验中采用。

③电测式：以电脉冲周期为时间单位，可以经济地迅速获得准确而又丰富的运动体多元“时一空”信息。实验研究表明，这是到目前为止最行之有效地手段。在电测式中，一种简易可行的仪器是电火花描迹仪。它用微弱电流将运动信息从墨粉纸转印到普通白纸上，使电测式

记录消耗费用大幅度降低，灵敏度比打点计时器提高 5 倍，而且还解决了安全用电问题，成为一种适合教学需要又有较高的性能价格比的仪器。

电火花描迹仪又分为一维电火花描迹仪和二维电火花描迹仪，其研制与试用均获得成功，已被列入 21 世纪中学物理实验必备仪器之列。一维电火花描迹仪可横放、竖放或斜放使用。二维电火花描迹仪可竖放或平放使用。两种电火花描迹仪都是“一器多用”的教学仪器，能复制多种规律的运动，且便于改变控制条件。学生在几分钟内便可装好仪器。在观察运动现象时，学生可以观察到电脉冲将“时一空”信息依次记录在白纸上。

以上两种电火花描迹仪主要有以下优点：

(1)仪器的交互性较强。仪器改变控制条件方便，获得信息丰富而迅速，大大提高了主客体间相互作用的频率，从而可以引导学生从信息的“时一空”结构上，理解其宏观形象的特点，培养学生的发散思维能力以及在多维空间思维上的想像能力。

(2)操作简单，显示快速。装好纸带，放置好物体后，只需操纵按钮开关使物体运动，就可利用电火花描迹仪在纸带上记录丰富而准确的“时一空”信息，分析记录纸带上的信息，即可得出实验结果。

(3)有助于培养学生动手动脑能力。生动而丰富的信息作用于主体后，激起主体兴奋，兴奋的大脑在初识客体的基础上，产生联想与推理，从而激活思维，产生再次作用于客体的设想并动手操作实验。在此过程中，学生动脑与动手协调合作。

(4)仪器功能多。一维描迹仪能做 10 多个中学物理实验，二维描迹仪能做 10 个中学物理实验。这对学校来说，既简便又经济；对学生操作来说，一经掌握仪器的操作方法，就可以在以后的操作中更迅速、更容易、从而提高实验效率。

(5)实验数据更精确。该套仪器与现行中学实验仪器相比，更科学、更完善，测出的实验数据更精确。该套仪器能有效地多次重演物理现象，以供学生和教师反复仔细地研究，探索相应的物理规律——位移、速度、加速度等的变化规律。

二、物理实验探究式研究

(一)物理实验中的科学探究

在《物理课程标准》中，科学探究既是学生的学习目标，又是重要的教学方式之一。其旨在强调学习求知的方法，大力倡导发挥学生能动性的探究式学习方式，从被动接受知识向主动获取知识转化，从而培养学生的科学探究能力、实事求是的科学态度和敢于创新的探索精神。学生在科学探究活动中，通过经历与科学工作者进行科学探究时的相似过程，学习物理知识与技能，体验科学探究的乐趣，学习科学家的科学探究方法，领悟科学的思想和精神。

《物理课程标准》中指出科学探究中所包含的要素有：提出问题、猜想与假设、制定计划与设计实验、进行实验与收集证据、分析与论证、评估、交流与合作。其具体探究过程可以涉及所有要素，也可以涉及部分要素。在中学物理课程各个模块中都安排了一些典型的科学探究的课题。

高中阶段的物理课程应注重和提高科学探究的质量。新的教科书改革中：一方面把探究活动的方式引向多样化，如文献探究、网络查询等方法均可适当引入高中物理教学；另一方面加大研究性学习的力度，为较深入的科学探究奠定基础。科学探究活动的具体内容、方式和要求等，应根据不同模块的性质和任务有所不同。例如，大部分的模块可以以探究教科书中所涉及的科学规律为主；偏重技术领域的模块可以以操作或制作性探究活动为主；偏重科学原理领域的模块可以以理论性探究活动为主；偏重社会领域的模块可以以验证物理学发展史中重大发现的探究活动为主；而专题研究性模块可以以探究具有较高科技含量的具有新鲜感的物理问题为主，并可安排一些开放性探究课题。

（二）科学探究性实验一般过程

高中《物理课程标准》中倡导的“科学探究课题”就有“探究性实验”，它是在学生不知道相关知识，尤其是不知道各物理量之间有何关系的前提下，让学生通过一个科学探究性实验来完成求知的过程。在此，我们就“探究性实验”的一般过程做简单分析：

(1)提出问题

实验是从提出一个科学问题开始的。科学问题是指能够通过收集数据而回答的问题。这个问题可以是通过观察和体验而感兴趣的问题或者是一个可以验证的观点，并能描述实验的目的。

(2)构想假设

假说是对实验结果的预测，和所有的预测一样，假说是建立在观察、现有的证据和以往的知识经验上的。但与许多预测又有不同的是：假说必须能够被检验；而预测是推论的一种，有可能是错误的。

(3)实验设计

设计一个实验来检验假说。在计划中应该确定所研究问题的变量、写明详细的实验器材和实验步骤以及在实验中要进行的观测，必要时要创建一个过程流程和设计记录实验数据的表格。设计实验时涉及两个很重要的问题就是变量控制法和可操作定义。

变量控制法是指在一个设计良好的实验中，除了要观察的变量以外，其余变量都应始终保持相同。变量是指实验中可以变化的因子，其中人为改变的因子称做调节变量。随着调节变量变化而变化的因子称为应变量，应变量是为了得到实验结果而需要观察或测量的指标。

可操作定义是指要说清楚某个变量该如何进行测量，或者实验中具体某个术语该如何表述。实验者按照你的陈述能进行实际操作。

(4)进行实验

严格按设计中确定的步骤认真操作，按照说明安全、正确地使用实验设备。仔细记录实验中所观察到的所有情况，包括清晰准确地描述质的结论（描述性评论）和量的结论（数字性数据）。

(5)分析数据

实验中得到的观察和测量结果称为数据。实验结束时要对数据进行分析，看是否存在某种规律或趋势；能否支持先前的假说；实验中是否存在缺陷；是否需要收集更多的数据等等。常常把数据根据需要整理成表格或图像，以便更好的帮助分析数据。当然，在信息技术水平日益提高的今天，利用计算机记录数据、处理数据，利用计算机进行数据的图像处理已广为师生所接受。

(6)得出结论

结论就是对实验研究发现的总结。在下结论的时候，通常需要重复几次实验才能得出最后的结论。而教师应鼓励学生从得出的结论中发现新的问题,并设计新的实验来寻求答案。

(7)交流结论

为使研究可重复、可验证,把研究过程的细节、实验结果和得出的结论与他人交流,与人分享,或是让新的发现发表出来。

(8)重复上述步骤

大部分科学家在得出重要结论之前,都必须反复实验。因此,如果你提出的实验结论不能解决问题,就必须重复前边所有的步骤,反复实验,直到得出答案为止。

(三)科学探究性实验的教学

在物理实验教学中采用探究的方式进行,形成探究式的物理实验教学模式,可以同时发挥探究教学和实验教学的优点,实现常规的接受式理论教学所无法实现的功能。

1.探究式问题设计

在科学探究性实验中,问题的设计是相当重要的。设计的问题恰当,可以引导学生思考,有助于探究;设计的问题不恰当,又会使探究性实验丧失应有的作用。通过问题设计探究性实验有时可以不受本身实验限制,可在实验的内容上进行拓宽、延伸。

例如,在单摆实验中,不要求学生去死记实验步骤,而是在实验不同阶段设计出合理的问题供学生思考:

(1)建立单摆模型

问题1:单摆主要由哪两部分组成?

问题2:两部分在量与质方面有何区别?

问题3:两部分在几何关系上有何区别?

问题4:悬与绕有何本质区别?

问题5:线长测量好后挂还是挂好后测量?

问题6:手持摆球拉紧测量线长还是自然悬挂测量线长?

问题7:如何较为正确量出小球的直径?

(2)单摆实验

问题8:单摆摆动时,调整改变的因素有几个?

问题9:有哪两种不同的摆动?

问题10:如何避免锥摆运动?

问题11:在测量全振动时间时,在何处起计时较为准确?

(3)数据处理

问题12:为了减少测量误差,通常采用什么方法求 g 值?

问题13:是否可以改变摆长 l,测出对应的周期 T,然后由不同的 l 求出 $\bar{l}$,不同的周期 T 求出 $\overline{T}$,最后根据 $\bar{g}=\dfrac{4\pi^2\bar{l}}{(\overline{T})^2}$ 测得 g?

问题14:如小球为不规则重物,怎样才能求解(可先假设其质心处的假想半径为 l_0,当改变摆线长分别为 l_1 和 l_2 时,测出周期 T_1 和 T_2,联立两式消去 l_0 可得 $g=\dfrac{4\pi^2(l_1-l_2)}{T_1^2-T_2^2}$?

问题15:如何仅用已知周期为 T_0 的秒摆来测待测单摆的周期?

2.探究式实验类型

科学探究的形式是多种多样的,可以是课堂内的探究性实验也可以是课堂外的探究性活动。具体说来,探究式实验类型可以分为:探究式演示实验、探究式分组实验、探究式边学边实验以及探究式课外活动实验。

探究式演示实验常采用定向归纳式探究。归纳式探究的重要特点是以归纳的方式演示教学材料,在演示过程中教师提出一些相关的问题,要求学生自己寻找答案,从探索中得出一般性结论。而在这过程中,教师通过设计探究性问题来激发学生的探究欲望和启发学生的创造性思维。

探究式分组实验是在教师指导下,学生围绕实验课题进行实验,从中探索科学概念和规律。探究式分组实验教学重视实验探究的过程,把科学方法的培养和科学思维的训练放在首位。让学生自由陈述科学问题、积极寻求解决问题所需的数据,并在解释数据的基础上得出结论。

探究式边学边实验一般是由教师提出问题或创设条件,而学生则对问题进行假设论证,利用教师创设的情景通过实验探索去论证一些现象和规律。在这种实验过程中应该充分突出学生的主体性,教师只需适时引导。

探究式课外活动实验可以是教师提出课题也可以是学生自己选定课题,学生分成若干课外小组,小组共同分析课题,设计方案直到得出结论。通过这类实验可以培养学生自主学习、勇于探究和严谨的科学态度。

第八章　物理教学设计

第一节　物理概念教学设计

一、物理概念的概述

(一)物理概念的定义

物理概念是物理现象和物理过程的共同属性及本质特征在人脑中的反映，是对物理现象和物理过程的抽象化、概括化的思维形式。

基于人类认识能力的无限性、认识水平的阶段性和认识方法的多样性，物理概念的定义是操作性、思辩性、模糊性和实践性的辩证统一，物理概念在发展中无限接近它所描述的客体。

给物理概念下定义，主要是为了通过定义将概念所反映的客观事物的物理性质或特征揭示出来，以区别于其他概念。因此，所下定义应具有科学性、专一性、完整性、可操作性及操作的简易性。

(二)物理概念的内涵与外延

物理概念的内涵是反映在概念中的物理现象的本质属性，是该事物区别于其他事物的本质特征(通常所说的概念的物理意义)。例如，电势是描述静电场能的性质的物理量，其大小可用公式 $U=\frac{W}{q}$ 来量度，它决定于电场本身的性质，而与检验电荷无关。电场强度反映静电场力的性质的物理量，用公式 $E=\frac{F}{q}$ 来量度，电场强度的大小也只与电场本身有关，而与检验电荷无关。电势和电场强度是从不同的角度来描述电场性质的物理量，其反映电场的本质是不同的。

概念的外延是指概念所反映的属性那类事物的数量和范围。在物理学中，物理概念的外延通常就是物理概念的适用条件和范围。物理概念的适用范围是指概念所反映的事物在某一层次或某一范围具有的属性。如质点的外延，即物体可以看成质点的条件：如果在研究的问题中，某个物体的形状、大小及物体上各部分运动的差异是次要或不对研究产生影响，就可以把这个物体看做一个有质量的点。同一个物体有时可以看做质点，有时又不能看做质点，这要看具体的情况和研究目的。如在地球绕太阳的公转中，地球中任一点对太阳的位移、速度和加速度都略有差别，但地球半径远小于地球太阳间的距离，上述差别可以忽略不计，仍可视公转为质点运动。但研究地球的自转，地球内各点的位移、速度和加速度的方向及大小差别悬殊，不能忽略，地球就不能视为质点。有时一个物体可以看做质点，在另外一种情形下它的某个部分不能看成质点。如研究列车沿平直的轨道运动时，车厢各点的运动完全一样，可以用车上某一点的运动代表列车的运动。这时研究列车的运动可以把它当成质点。而研究列车车轮的运动时，就不能将列车的车轮看做质点。

(三)物理概念的分类

1. 从认识论的角度分类

从认识论的角度，物理概念分为具体概念、抽象概念和特殊概念。

具体概念是以物理现象为基础而概括抽象出的概念，如力、速度、加速度、折射率等。具体概念必须建立在大量的物理现象、物理事实、典型实验的基础上，通过思维活动揭示出本质特征。

抽象概念是以对物理现象和物理过程的理性认识为基础而建立的概念，如场、能、质点、绝对黑体、光的波粒二象性等。这类概念的建立必须实现由感性认识到理性认识的质的飞跃。

特殊概念是以科学推理的高度思维为依据而抽象出来的概念，如时间、空间等。特殊概念的变革往往决定了科学理论的变革，如牛顿的绝对时空观决定了经典物理学的建立，而爱因斯坦的相对时空观是相对论建立的基础。

2. 从质和量的辩证关系角度分类

从质和量的辩证关系角度，物理概念可分为定性概念和定量概念。

定性概念定性地反映物理现象和物理过程的本质属性，如机械运动、机械振动、干涉、衍射、电磁波等。定性概念通过对一类物理现象的分析、综合，抽象出其本质特征，用语言加以定义。

定量概念定量地反映物理现象或物理过程的本质属性，如速度、加速度、电场强度、电势、磁感应强度、磁通量等。我们把这类物理概念称为物理量。物理量既反映出物理现象的质的特征，又从量的角度反映物理现象的性质。物理学是研究物理现象和物质结构的基本规律的一门学科，具有严密的数学体系。因此，物理量是物理概念的重要组成部分，定量地描述物理规律离不开物理量。

3. 从概念在物理学和物理教学中的地位来分类

从概念在物理学和物理教学中的地位，物理概念可以分为基本概念、重要概念和一般概念。

基本概念是最重要的、应用最为广泛的、在物理学的发展过程中起重要作用的概念，如功、能、力、质量、速度、动量、压强、电流、电压、电场强度、磁感应强度等。

重要概念是由基本概念分支出来的、在物理教学中占有重要地位的一些概念，如弹力、重力、功能、势能、平均速度、瞬时速度、自感、角动量等、。

一般概念是在物理教学中需要学生了解的一些概念，其应用的局限性较大，如分力、合力、外力、内力等。

二、物理概念教学的重要性

1. 物理概念是物理学最重要的基石

纵观物理学内容，大体可分为物理现象、事实、概念、规律和理论。其中，物理概念是物理规律和理论的基础，因为物理规律(包括定律、原理、公式和定则等)揭示了物理概念之间的相互联系和制约关系。例如,如果学生对力、质量和加速度这几个概念搞不清楚,那就无法理解和掌握牛顿第二定律,更谈不上正确应用了。可以这样说,如果没有一系列物理概念作为基础,就无法形成物理学的体系。例如,若没有电路、电流、电压、电阻、磁感应强度、电磁感应等一系列概念,就不能形成电磁学;同样,若没有光源、光线、实像、虚像等一系列概念,也就无法形成几何光学。

总之,物理概念反映着人类认识物理世界漫长而艰苦的智力活动历程,是人类智慧的结晶,它使人们在纷繁复杂的物理世界中,能够把握事物的本质特征,成为物理思维的基本单位和有力工具。借助这种简略、概括的思维形式,人们找到了支配复杂的物理世界的简单规律,建立了假说、模型和测量的方法体系,从而筑起了宏伟的物理学理论大厦。所以,物理概念是物理理论的基石和精髓。

2.让学生掌握好物理概念是物理教学的关键

教学实践表明,物理概念是物理基础知识中既不易教也不易学的内容。目前中学生普遍感到物理难学,其症结之一就在于物理概念教学没有搞好。在教师方面,往往不同程度地存在着只注重让学生多做练习,而不注重让学生形成正确的物理概念的做法;在学生方面,往往只注意背定义、记公式、做练习题,而忽视了对物理概念的理解。其结果必然是丰富的物理含义被形形色色的数学符号所淹没,概念不清就会越学越困难,怎么还谈得上知识的灵活运用呢?事实上,能否使学生逐步领会某些重要的基本概念,如力、功、能等,达到教学要求,不仅直接影响学生对某一章节的学习,而且会影响对整个物理学的学习。所以,让学生掌握好物理概念是物理教学成败的关键。

3.物理概念教学是培养能力、开发智力的重要途径

学生形成、理解和掌握物理概念,是一个十分复杂的认识过程。在这一过程中,要在物理环境中通过观察、实验获取必要的感性知识,或者用实验对结论进行检验;要运用物理学方法,通过复杂的思维过程(分析与综合、比较、抽象与概括)把新事物与自己认知结构中原有的概念联系起来,通过同化或顺应来认识和理解新事物;还往往要运用数学知识和数学方法来表达概念。形成初步概念以后,还要从与其他概念的比较、分析中,从新旧概念之间的联系中,从学习有关的物理规律中,从反复应用概念去解释现象或解答问题中,不断加深对概念的认识和理解。所以,引导学生形成物理概念、发展对概念的理解,是学习物理学方法、培养学生多种能力(特别是思维能力)、开发学生智力的重要过程和途径。

三、物理概念教学的过程

(一)创设情境,引入概念

“创设情境,引入概念”是概念教学的第一阶段,一般有两种顺序方式:一是教师先陈述点明主题,简介为什么要引入相关概念,然后创设情境,引入概念。如“曲线运动”这一节课,教师先确定这个主题,确定要引入“曲线运动”的概念,使学生明确为什么要引入这个概念的缘由。这样把教学目的转化为学生的学习目的,引起学生学习兴趣与注意,激发学生求知欲望。之后教师再创设教学情境,或者让学生举例曲线运动的现象,再寻找反映各种曲线运动本质的共性。这是一种先聚焦、再发散引入概念的方式。它有利于学生更快列举出相关的现象,找到共

性，抓住事物的本质，形成物理概念。二是教师先创设情境，展现某个典型的物理现象或一系列物理现象，然后让学生找出它们反映某一类本质的共性。如“单摆”这一节课，教师可以先展示一系列振动现象，然后探讨反映振动现象本质的共性，形成振动的概念。这是一种先发散、后聚焦引入概念的方式。这两种引入概念的方式都可以利用生活和自然现象、实验、知识网络等创设物理概念概念引入的教学情境。

1. 生活现象与自然现象情境

生活现象与自然现象情境是指利用生活和自然现象建构一个教学情境，可以通过教师、学生口头表述、图片展示、视频播放等手段呈现。通过生动而且被学生所熟知的现象来创设物理情境，学生会有身临其境的感受。这些生活现象情境所反映的某种物理本质属性的相关性越大，学生就越容易抽出其共性，形成概念。如在教学速度、摩擦力、惯性等概念时，都可以列举一些比较典型的物理现象，再让学生通过观察、分析、综合、抽象等，认识这些典型物理现象的某一本质属性，初步形成相关的物理概念。学生的头脑中都存在一些前概念，有些前概念有助于形成正确的科学概念，也有些前概念对形成正确的概念有阻碍的作用。如学生对生活中摩擦力的观察，往往会对摩擦力的方向有错误的观念。又如，学生在生活中常见到运动快的物体停下来需要更长的时间，学生就可能认为惯性大小与物体运动速度有关。这些错觉更需要教师创设情境，消除不利影响，实现认知的顺应过程。

2. 实验情境

实验情境是指教师和学生利用演示实验或学生实验，建构一个问题情境，唤起学生的注意，并通过一组或几个相关实验归纳出物理概念。运用实验来展示有关的物理现象和过程，不仅使学生感受深刻，而且创设的情境越新颖生动，就越能引起学生的兴趣和主动思考。要创设一些结果出人意料之外的，与学生学习前概念或常识相违背的差异性实验情境。这些实验展示的现象，与学生学习科学的潜概念发生矛盾，能引发学生强烈的认知冲突，使学生头脑中产生各种各样的疑惑。特别是有些物理概念所涉及的现象和过程并不是学生日常生活中常见的，这就更需要创设情境，如电容、自感、互感等概念。这类物理概念的引入往往非常需要借助演示实验或学生实验等建构情境。

3. 知识的网络情境

物理课程中的前后、上下、新旧知识有非常密切的联系，这些联系也往往是物理教学时创设发现问题情境的素材。知识网络情境是指新概念往往与已学过的概念、规律之间存在着联系，抓住知识间的联系，从已有知识出发，通过逻辑演绎，把新概念自然地引导出来。教学中可以利用物理知识的联系来引导学生对相关知识进行分析推理，来发现问题并提出问题。如在加速度的教学时，要复习速度的概念，同时列举不同物体运动速度改变的快慢不同的事例，让学生探讨用怎么样的物理量来描述物体速度改变的快慢问题，引导学生认识到用单位时间的速度改变可以描述物体运动速度改变的快慢，这样就引出了加速度的概念。通过前后、上下、新旧知识之间的联系可以使学生认识到引入概念的可能性与必要性，把知识系统化和连贯化，便于理解、掌握和不断深化概念。

（二）思维加工，形成概念

物理概念的形成是设置判断情景、实现思维加工和抽取本质特征的过程。

物理概念的形成有两个层次：其一是科学家们创立物理概念的过程，其二是学生建立物理概念的过程。从认识论的角度来看，两个层次的物理概念形成都是对物理世界的认识过程，它们是一致的、统一的，即以感觉、知觉和表象为基础，通过分析、综合、抽象、概括等思维活动，从个别到一般，从具体到抽象，从认识到应用，逐步把握物理现象和物理过程的本质的认识过程。

要使学生形成正确的概念，首先，应从具体的事例出发，即通过联系学生在生活实践中观察到的物理现象，列举各种事例或进行必要的实验等方式，使学生明确建立概念的事实依据，使他们对有关的物理现象和过程形成必要的感性认识，以建立起对研究对象的正确清晰的表象，这是形成概念的基础。其次，概念并不是感性材料的堆积，而是对物理现象和过程等感性材料进行科学抽象的产物。因此，在学生已有足够数量的感性认识的基础上，就要引导他们进行科学的抽象，即引导他们运用比较、分析、综合、想象、归纳、概括等方法，去逐步抓住事物的本质特征，以达到认识从感性到理性的飞跃。所以，在概念教学中，既不能只提供形成概念的事实依据而不同时引导学生进行科学的思维活动，也不能只是从概念到概念、从理论到理论的简单“演绎”。

物理概念是科学抽象的成果。不同的概念，它们的引入和建立的方法可能各不相同。在中学物理教学阶段，建立物理概念主要有以下三种方法。

其一，是分析概括一类事物的共同本质特征。像前面谈过的机械运动、平动概念，就是通过分析、比较、综合、概括，抽象出事物共同的本质特征。小孩最初形成“人”、“房子”等概念时，就运用了这类抽象的方法。所不同的是，形成日常生活中的那些概念时，事物的共同特征比较直观，容易理解；而物理学中抽象出来的共同特征不那么容易琢磨，需要有足够的、典型的感性材料作基础，更加注意通过分析、比较，认识所列举的同一类事物的共同特征以及容易混淆的两类事物之间的根本差别，才能形成比较清晰的概念。

其二，是把物质、运动的某种属性隔离出来，得到表征物质或运动的某种性质的物理量，如密度、速度、加速度、功率、压强、比热、电阻、电场强度、磁感应强度等等。这种类型的抽象，特别是用两个(或多个)物理量的比值来定义的物理量，在中学物理教学中用的很多，而学生常感到困感。教师应当通过一些重要物理概念的教学，教会学生这类抽象方法。

其三，是用理想化方法进行科学抽象，质点、刚体、理想气体、检验电荷、纯电阻等，是把研究对象本身理想化；无摩擦的表面、绝热容器等，是把物体所处的条件理想化；匀速直线运动、简谐振动、光的直线传播等，是把物理过程理想化。理想化方法就是突出所研究的事物中起主要作用的性质或条件，完全忽略其他性质或条件而进行的一种科学抽象，它反映的是所研究的事物的本质特性，呈现所包含的主要矛盾。理想化方法是物理学研究中最基本、最重要的思想和方法之一。

(三)运用概念，巩固深化

在学生形成并领悟了物理概念以后，要通过运用概念做一些练习和解决一些问题，帮助学生巩固和深化所学的物理概念。为了帮助学生循序渐进地巩固和加深对概念的理解，练习要注意难度的层次性。如先让学生做简单的识记层次的练习，检查学生对所学概念的识记情况；然后让学生做一些简单的理解层次的练习，检查学生对所学概念的理解程度和错误；再进行较复杂的分析与应用类型的练习，强化学生对所学概念的进一步理解。要加强概念建立过程和方法的练习，如关于物体的加速度，下例说法正确的是：A. 加速度越大，物体运动得越快；B. 加速度越大，物体速度变化越大；C. 加速度越大，物体速度变化越快；D. 加速度为零时，物体的速度也为零。如果学生不明确加速度概念建立的过程与方法，很容易选错。教学中要利用练习使学生加强对加速度概念的理解，让学生进一步明确加速度是描述物体速度变化快慢的物理量，与物体运动速度大小并无直接关系。

物理概念教学极为重要的环节是引导学生应用物理概念解决问题。为此，教师必须有计划、有目的、有针对性地选择一些贴近学生生活和联系社会实际并具有典型性和灵活性的问题。典型性是指所选择的问题一定要突出概念的基本特征，并要结合学生学习中存在的难点和容易出现的错误。灵活性是指使学生能灵活地正确运用概念去分析、处理和解决有关实际问题。例如，在学习了惯性概念后，让学生分析为什么在公路上行驶的汽车要保持一定车距，为什么可以通过拍打衣服去除掉沾在衣服上的尘灰等问题。

运用物理概念解决实际问题的难度也要有一定的层次性。一开始，提供的问题的难度应当低一点。以后逐步适度加大问题的难度和复杂性。切不可不顾学生学习概念的特点和规律，让学生不切实际地解决一些高难度的问题。这样做只能挫伤学生学习的积极性，不利于物理概念的巩固与深化。

四、物理概念教学设计及案例分析

在物理实际教学中，概念教学的应用实例很多，下面我们以《物理教学》1998 年 20 卷第 5 期。

关于“功率”教学研究

在新时期的物理教学中，为了贯彻素质教育的新思路，提高教学的效果，探索和改革观行的课堂教育模式，笔者有幸参加了上海市物理概念教学研究课的备课和执教活动(发达地区“上教版”九年级物理“功率”)。通过研讨，笔者对物理概念教学有了新的认识，对概念教学中开展物理科学研究方法的教育和建立概念的教学过程有了颇多的心得体会。以下就研究课的教案及设计思想整理成文，谨请专家及同仁批评指正。

【教学目标】

(1)知道机械做功有快有慢的基本事实，会比较做功的快慢；

(2)学会建立功率概念的科学方法；

(3)理解功率的概念。

【教学重点】

(1)功率概念的形成过程；

(2)理解功率的概念。

【教学难点】

理解功率的大小反映做功的快慢程度。

【课时安排】

1 课时。

【教学流程】

如图 8-1 所示。

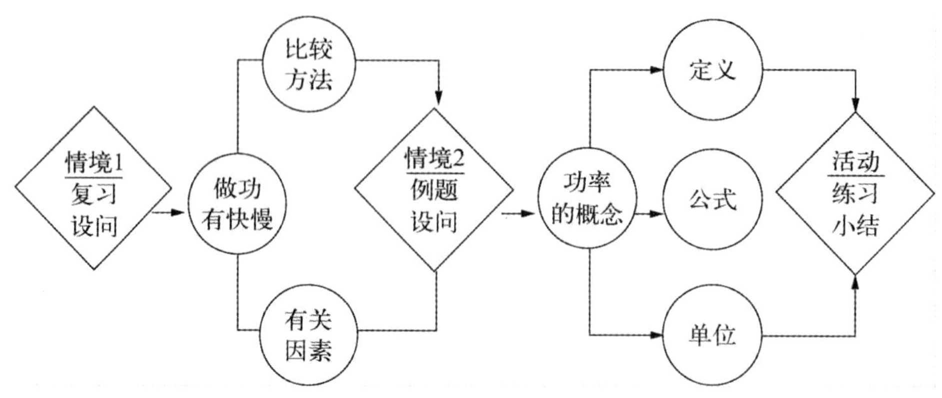

图 8-1

【教学过程】

(一)引入课题

情景 1:如图 8-2 所示,为了支援上海的城市建设,同学们参加了一次义务劳动。甲、乙两同学分别将 120 块砖搬到了二楼。(用挂图创设情景,激发学生的兴趣)复习设问:用图分析甲、乙两同学做功多少?

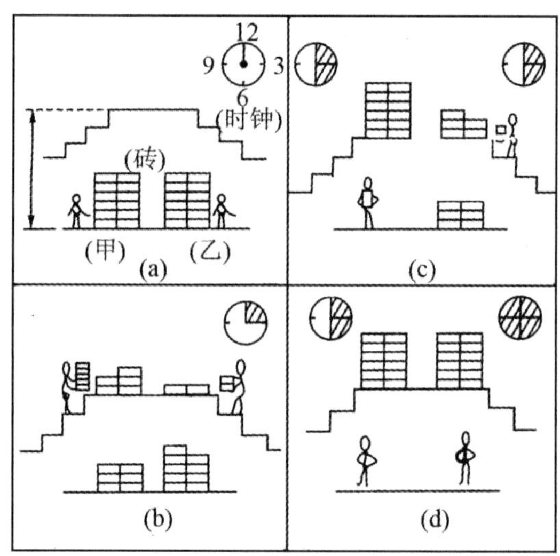

图 8-2

学生活动:

(1)图 8-2(c)甲做功多少;

(2)图 8-2(d)甲、乙两同学做功相同,因为

$$W_{甲}=W_{乙}=F\cdot s=120mgh$$

(说明:m 为每块砖的质量,h 为楼高)

投影归纳之一:

	甲	乙
砖数(块)	120	120
做功(焦)	120 mgh	120 mgh

问:甲、乙同学谁做功快?为什么?

学生活动:

(1)甲比乙做功快;

(2)因为做功相同,甲做功时间30min,乙做功时间60min。

投影归纳之二:

	甲	乙
砖数(块)	120	120
做功(焦)	120 mgh	120 mgh
时间(min)	30	60

老师讲述:搬砖过程中有做功多少和做功快慢的问题。做功多少是上节课学习的物理概念;做功快慢是我们今天要研究的问题。请同学们翻开书第23页,“功率”。

板书:

“§5.功率

1.做功有大有小,做功有快有慢。”

(二)新授课

1.做功快慢的比较方法

问:(对照图8-2)甲比乙做功快的理由是什么?

学生活动:

(1)由图8-2(b)、图8-2(c)可知:甲、乙同学在相等的时间内做功不相同,甲比乙做功多,所以甲比乙做功快;

(2)由图8-2(d)可知:甲、乙同学做功相同,甲比乙先完成任务,所以甲比乙做功快。

问:做功有快有慢,用什么方法可以比较做功的快慢呢?

学生归纳并板书:

“2.比较做功快慢的方法有:

(1)$W_{甲}=W_{乙}$时,时间短则做功快。

(2)$t_{甲}=t_{乙}$时,做功多则做功快。”

2.影响做功快慢的因素

问:通过以上的讨论,请同学们想一想:影响做功快慢的因素有几个?它们分别是什么物理量?

学生活动:影响做功快慢的因素有做功的多少和做功的时间长短。

练习1.判断:做功快的物体一定做功多吗?

学生活动:判断对错并说明理由。

3.一般情况下比较做功快慢

情景2:如果在甲、乙搬砖中有丙同学参加,他搬砖105块用去实践35min。投射归纳之三:

:

	甲	乙	丙
砖数(块)	120	120	120
做功(焦)	120 mgh	120 mgh	120 mgh
时间(min)	30	60	35

例题设问:甲、乙、丙做功谁最快?谁最慢?为什么?

学生活动:

(1)搬砖劳动中,甲做功最快,乙最慢。因为甲每分钟搬4块砖,乙每分钟搬2块砖,而丙每分钟搬3块砖。

(2)即甲、乙、丙每分钟做功分别是4 mgh、2 mgh、3 mgh。

教师讲述:做功/时间——反映物体做功的快慢程度,它表示单位时间内做功的多少。引入功率的定义。

板书归纳:

“3.功率的定义:单位时间内所做的功。功率的表达式:

功率=做功/时间,即 $P=\dfrac{W}{t}$。

功率的单位:瓦特;1瓦特=1焦耳/秒,1千瓦=1000瓦。”

教师讲述:功的符号W,功率的单位瓦特的符号W。

问:功率概念的建立经过了几个主要步骤?

学生活动:功率概念的建立主要有:(1)比较做功快慢;(2)找出影响做功快慢的两个因素;(3)导出一般情况下比较做功快慢的关系式;(4)建立功率的概念。

(三)新课巩固

问:功率70W表示什么意思?

学生活动:功率70W表示机械在1s内做了70J的功。

问:功率70W和450W功率哪个大?做功哪个快?为什么?

学生活动:450W比70W功率大,做功快。因为450W=450J/s,70W=70J/s,由做功快慢比较方法之二得到。

练习2.一台机器,功率是1.5KW,它表示机器在1s内做了____的功,2s内做功____。

学生活动:1.5×10^3J;3×10^3J。

练习3.使用机械做功时,下面说法正确的是(　　)

(A)功率大的机器一定比功率小的机器做功多

(B)功率大的机器一定比功率小的机器做功时间少

(C)功率小的机器一定比功率大的机器做功慢

(D)以上说法都不对

学生活动：

(1)由搬砖的例子可以判断 A、B 错误的理由；

(2)由 $P=\frac{W}{t}$ 推导 $W=Pt$ 或 $t=\frac{W}{p}$ 说明 A、B 错误的理由；

(3)由功率的含义知机器做功快即功率大。

选(C)。

练习 4. 一台机器用 2min 做了 6×10^4J 的功，这台机器的功率是多少呢？

学生活动：

已知：$t=20\text{min}=120\text{s}, W=6\times10^4\ \text{J}$

求：P

解：因为 $P=\frac{W}{t}=\frac{6\times10^4\text{J}}{120\text{s}}=500\ \text{W}$

答：这台机械的功率是 500W。

(四)新课应用

1. 与旧知识类比

问：速度与功率在感念及概念的形成中有哪些相似？

学生活动：(1)概念类比；(2)概念形成过程类比。

投影归纳：

	速度	功率
定义		
含义		
公式		
单位		

2. 知识拓展

问：生活中除速度、功率外还有其他比较快慢的问题吗？他们有无相似之处？

学生活动：

(1)车流量、客流量；

(2)定义式、定义、单位等均进行类比。

问：生产技术中有快慢比较的问题吗？

11 月 8 号长江三峡“大江截流”工程中，影响大江截流的主要因素之一是节流“流量”。这里的“流量”指标是用来比较节流“龙口”水流量快慢的。

三峡工程中截流时流量的问题讨论：

(1)通过某截面水流量快慢跟那几个因素有关？

(2)水流量的定义式及单位。

(3)水流量表示什么意思？

结束语：今天这堂课，同学们不仅掌握了功率的概念，而且也懂得了如何建立功率概念的科学方法。更令人高兴的是，同学们能用掌握的知识去研究新的技术问题。

布置作业:(略)

第二节　物理规律教学设计

一、物理规律的特点

物理学是以实验为基础的科学,是由物理概念和物理规律组成的严谨的、精密定量的理论体系。其中,物理规律具有以下特点。

1. 物理规律是观察、实验、思维、想象和数学推理相结合的产物

科学规律只能被发现,而不能被"创造",不能无中生有,物理规律也不例外。物理规律的发现方法大致可分为两类:一类是实验归纳法;另一类是理论演绎法。二者虽然存在着很大的差别,但是,一个物理规律的发现,都是与观察、实验、思维、想象和数学推理有着紧密的联系的。

【案例】牛顿第二定律就是在取得大量实验数据的基础上,经过分析和综合,并运用数学方法总结出来,又被实验和生产实践验证的客观规律。

2. 物理规律是物理概念之间必然联系的反映

物理规律都由概念组成的,并用一定的文字语言或数学语言把这些概念之间的逻辑关系表示出来。

【案例】欧姆定律涉及导体的电流、电压、电阻三个可测量的物理量,表明了通过导体的电流和加在导体两端的电压和导体电阻三者之间的定量关系。

3. 物理规律具有近似性和局限性

由于物理学研究的对象和过程往往不是处于自然状态的实体,而是经过科学抽象所建立的理想模型和理想过程,因此,反映物理量之间关系的物理规律,只能在一定的范围内是足够真实的,对客观世界的反映具有近似性。另一方面,物理规律总是在一定范围内被发现的,或在一定的条件下推理得到的,并只在有限的领域内检验的,所以物理规律还具有局限性。

二、物理规律教学的分类

物理规律通常分为定律、原理、定理、公式、定则(法则)、方程及方程组等。

定律是对客观规律的一种表达形式。它是通过对物理现象进行观察、实验,在积累了大量观察事实或实验结果的基础上,通过归纳和概括而得出的。一些基本定律构成了物理学各分支的理论基础。例如,牛顿三定律和万有引力定律是牛顿力学的基石,静电学乃至整个电磁学的大厦都是建立在库仑定律这块基石上的,光的直线传播规律、反射定律、折射定律则是几何光学的基石。

定理是由基本定律出发,通过数学演绎和逻辑推理的方法而得出的物理规律。定理的普遍性和适用范围都不如定律那样广泛,其应用范围只是局部的、个别的命题。如果说定律是根,定理便是枝和叶。例如,力学中的动量定理、动量矩定理及动能定理都可以由牛顿第二定律推演出,电磁学中的高斯定理可由库仑定律和场强叠加原理导出,静电场的环路定理、磁场的高斯定理、安培环路定理也都可以由理论演绎的方法导出。

原理是物理学中具有普遍意义的基本规律,它是在大量实践基础上形成的共识。原理对

物理学的许多相关部分具有普遍的指导意义，从原理出发可以推演出各种具体的定理。例如，叠加原理在经典力学、机械运动与波动、电磁学、光学、声学、量子力学等学科中都有广泛的应用。由费马原理可直接推出光的直线传播定律、反射和折射定律，其正确性可被反射和折射定律所验证。由于原理具有高度的概括性，可以认为它和基本定律是等价的。例如，分析力学中的哈密顿原理是和牛顿运动定律等价的原理，由哈密顿原理可以推导出重要的拉格朗日方程和正则方程。再如，功能原理、相对性原理、虚功原理、光路可逆原理、惠更斯原理、光速不变原理、泡利不相容原理等等，在物理规律中都占有重要地位（目前中学物理阶段仅保留了“使用任何机械都不省功”这一条功的原理）。

在中学物理中还有一些重要公式，尽管它们没有用定理、原理来命名，但同样反映了物理量的本质联系，在处理物理问题中应用广泛，因此也属于物理规律。其中，应用较多的公式有：液体压强公式 $p=\rho gh$；电阻串联公式 $R=R_1+R_2+R_3+\cdots+R_n$，并联计算公式 $\frac{1}{R}=\frac{1}{R_1}+\frac{1}{R_2}+\frac{1}{R_3}+\cdots+\frac{1}{R_n}$；滑动摩擦力公式 $f=\mu N$；匀变速直线运动公式 $v_t=v_0+at$；$s=v_0+\frac{1}{2}at$ 匀强电场两点间电势差与场强的关系式 $U=Ed$；安培力公式 $F=ILB\sin\theta$ 等。

定则（或法则）是为了帮助理解和便于记忆，用于表达事物之间的内在联系并得到公认的一种方法。例如，中学阶段接触到的“平行四边形法则”、“安培定则”、“左手定则”、“右手定则”等等，在中学物理教学中都是重要内容。

方程、方程组也是一些物理规律的表达形式。在中学阶段以方程的形式出现的物理规律有4个：适用于绝热系统内热交换过程的热平衡方程 $Q_{放}=Q_{吸}$，该方程的基础是能的转化和守恒定律；理想气体状态方程 $\frac{p_1V_1}{T_1}=\frac{p_2V_2}{T_2}$，各种气体在压强不太大、温度不太低的情况下，都近似地遵循该方程；爱因斯坦的光电效应方程，该方程也是能量守恒定律在光电效应中的具体反映；质能方程 $E=mc^2$，揭示了物体的质量和能量不可分割的联系。

普通物理学和理论力学中用方程表达物理规律的更多些。例如，理想液体做稳定流动时的伯努利方程 $P_1+\rho gl_1+\frac{1}{2}\rho v_1^2=P_2+\rho gl_2+\frac{1}{2}\rho v_2^2$；理想气体的克拉伯龙方程 $PV=\frac{M}{\mu}RT$；光学中布喇格方程 $2d\sin\theta=n\lambda$ 等。

用方程组的形式表达物理规律的典型就是麦克斯韦方程组，积分形式为

$$\oiint_s D\cdot \mathrm{d}s=q_0,\ \oint_L E\cdot \mathrm{d}l=-\iint_s \frac{\partial B}{\partial t}\cdot \mathrm{d}s,\ \oiint_s B\cdot \mathrm{d}s=0,\ \oint_L H\cdot \mathrm{d}l=I_0+\iint_s \frac{\partial D}{\partial t}\cdot \mathrm{d}s,$$

它是描述电磁场运动规律的基本方程组，是电磁相互作用的理论基础。它在电磁学、电动力学中的地位相当于牛顿力学中的牛顿运动定律。

三、物理规律教学的基本步骤

（一）创设便于发现问题、探索硅铝层的物理环境

教师带领学生学习物理规律，首先需要引导学生在物理世界中发现问题。因此，在教学的开始阶段，要创设好便于发现问题的物理环境。在中学阶段，一是可以引导学生通过观察、实

验发现问题,也可以使其分析生活中熟知的典型事例,从中发现问题;二是通过对学生已有知识进行分析引申和逻辑展开发现问题。创设的物理环境要有利于引导学生探索规律。例如,使学生获得探索物理规律必要的感性知识和数据,提供进一步思考问题的线索和依据,为研究问题提供必要的知识准备,等等。创设的物理环境还应有助于激发学生的学习兴趣和求知欲望。

【案例】在欧姆定律的教学中,我们用分步实验法来研究电压、电流强度和电阻之间的关系。

(1)保持电阻 R 不变,研究电流强度和电压的关系。为此,使 R 两端的电压成整倍增加,记下每次的电压值和电流强度值。

(2)保持电压 U,研究电流强度和电阻的关系。为此,改变电阻值,记下每次的电阻值和电流强度值。这些实验结果是学生进行科学抽象的素材。至此,教师便创设了良好的探索物理规律的情境

(二)思维加工,建立规律

在已有的概念和实验数据的基础上,教师要引导学生进行科学思维,即运用比较、分类、分析、综合、归纳、演绎、判断、推理和想象等方法,抓住物理现象和过程的本质特征和内在联系,摒弃非本质的、偶然的因素。具体而言,在中学阶段主要是运用实验归纳法和理论分析法,或者把两者结合起来进行。

1.运用实验总结规律的方法

第一,由对日常经验或实验现象的分析归纳得出结论。如电磁现象中的左、右手定则,力的平行四边形法则,楞次定律的教学就可以运用这种方法。

第二,由大量实验数据,经归纳和必要的数学处理,得到结论。如力矩的平衡条件、光的反射定律的教学就可以运用这种方法。

第三,先从实验现象或对实例的分析中得出定性的结论,再进一步通过实验寻求严格的定量关系,得出定量的结论。如牛顿第二定律、光的折射定律的教学就可以运用这种方法。

第四,在通过实验研究几个物理量的关系时;先分别固定某些物理量,研究其中两个物理量的关系,然后加以综合,得出几个量的关系。如欧姆定律、焦耳定律的教学。

第五,限于实验条件,先介绍前人通过实验得出的结果,再通过对实验结果的分析,得出结论。如库仑定律的教学。

2.运用已有知识,通过理论推导,得出新的物理规律的方法

第一,先用实验或实例做定性研究,再运用理论推导得出结论。如动量守恒定律的教学。

第二,在观察和日常经验的基础上,研究理想实验,通过推理、想象,得出结论。如牛顿第一定律的教学。

第三,运用已有的数学知识,进行演绎推理,得出结论。如气态方程、万有引力定律的教学。

第四,运用物理量的定义式或函数图像,导出物理规律的公式。如由加速度 a 的定义式导出口。$v_t = v_0 + at$

3.提出假说,检验和修正假说,得出结论

对有些物理规律的研究,可以先引导学生在观察实验或分析的基础上进行猜想,提出假

说，然后再运用实验或理论加以检验，修正假说，得出科学的结论。如阿基米得定律、楞次定律的教学可以采用这种教法。

无论采用哪种方法，都要在探索的基础上，得到物理规律的文字表述和数学表达(初中阶段有些规律只要求用文字表述)。

(三)引导学生，对物理规律进行讨论

一般要从以下三个方面进行讨论：

(1)讨论规律(包括公式和图像)的物理意义，包括对文字表述含义的推敲、对公式和图像含义的明确。

(2)讨论和明确规律的适用条件和范围。

(3)讨论这一规律与有关概念、规律、公式之间的关系。

在讨论的过程中，应当注意针对学生在理解和运用中容易出现的问题进行引导，以使学生对这一物理规律获得比较正确的理解。

(四)引导学生运用规律解决问题

在讨论的基础上安排一些典型的例题和习题，有助于学生进一步深刻地理解规律，并且还能训练学生运用知识解决实际问题的能力。在这一过程中，一方面，要用典型的问题通过教师的示范和师生共同讨论，使学生结合对实际问题的讨论，深化、活化对物理规律的理解，逐渐领会分析、处理和解决问题的思路和方法；另一方面，更主要的是组织学生进行运用规律的练习。要引导和训练学生善于联系日常生活中的实际问题学习物理规律，经常用学过的规律科学地说明和解释有关的现象，通过训练，使学生逐步学会有逻辑地说理和表达。对于运用物理规律分析和解决实际问题，要逐步训练学生运用规律分析、解决问题的思路和方法，使学生学会正确地运用数学解决物理问题，还应当鼓励学生运用学过的规律独立地进行观察和实验，自己动手、动脑进行小设计和小制作，创造性地解决一些简单的实际问题。要帮助和引导学生在练习的基础上，逐步总结出在解决问题中一些带有规律性的思路和方法，逐步提高各种思维能力的水平。

【案例】学生学了阿基米得原理后，用阿基米得原理测物体的密度，有些学生往往会感到困难，不会利用浮力求体积。因此教师在讲述规律之后，还应提出一些有代表性的问题和习题，让学生进行练习，然后针对学生在练习中暴露出来的问题，再加以纠正和强调。除习题训练外，还可适当安排一些小设计、小制作活动等。

总之，学生掌握物理规律的认知过程是一个十分复杂的过程。首先应该让学生获得必要的感性认识；然后在感性认识的基础上，引导学生运用“科学的抽象”来概括归纳出规律；再使学生理解规律的物理意义；最后还要使学生在运用规律的过程中，从定性与定量两方面不断加深对规律的理解。

四、物理规律教学设计及案例分析

在物理教学中，物理规律教学的例子很多，例如：自由落体运动

案例来源：北京四中王运淼。

“自由落体运动”的教学设计

（一）重视科学教育方法

伽利略开创了研究自然规律的科学方法——抽象思维、教学推导和科学实验相结合的方法，在其后的几百年时间里，物理科学逐渐发展称为科学知识与科学方法相结合的自然科学。因此，在物理教学中，知道学生学习科学知识的同时，还应当重视科学方法的教育。

“自由落体运动”这节课的教学中，有两段教学内容都体现了对学生进行科学方法教育：

1. 物体下落的快慢不是由它们的轻重决定的

启发学生观察思考：落体运动很常见，你们仔细观察过落体运动吗？

演示：从同一高度同时释放石头和羽毛，再释放金属片和纸片。可以看到：石头比羽毛下落得快，金属片比纸片下落得快。类似的现象在生活中很常见。早在公元前 4 世纪，希腊哲学家亚里士多德通过观察大量物体下落的现象，归纳出：物体越重，下落得越快。

提出问题：是不是重的物体一定比轻的物体下落得快？

实验研究：利用面积相等的金属片和纸片，设计小实验，动手做一做，并对看到的现象进行说明。

学生的实验方案可能有：将纸片团成纸团，纸团、金属片同时释放；将纸片团成纸团，纸团、纸片同时释放；金属片、纸片呈竖直同时释放；纸片放在金属片上释放等等。

实验方案虽然不同，但是，通过观察、分析实验现象，得出的结论是相同的。

得出结论：重的物体不一定下落得快。

逻辑推理：意大利的物理学家伽利略有一个很巧妙的推理：假设“重的物体下落得快”是正确的，那么大石头要比小石头下落得快。把两块石头用绳拴在一起下落，大的就会被小的拖着减慢，整体比大的单独下落要慢。可是，两块石头加起来比大石头重，应该下落得更快，与假设相矛盾。所以，重的物体不一定下落得快。

显然，轻的物体也不一定下落得快。

得出结论：物体下落的快慢不是由它们的轻重决定的。

2. 自由落体运动是初速度为零的匀加速直线运动

初步观察小球做自由落体运动，可以知道：自由落体运动是加速直线运动，而且初速度为零。

提出猜想：自由落体运动是初速度为零的匀加速直线运动吗？

指导学生回顾初速度为零的匀加速直线运动的规律。

速度 $v_t = at$ ，位移 $s = \frac{1}{2}at^2$ ，其中 $s \propto t^2$ 。

实验验证：利用自由落体仪、光电计时装置和计算机进行实验研究，通过实验研究知道：$s \propto t^2$ 。

得出结论：大量的实验可以证明，自由落体运动是初速度为零的匀加速直线运动。

（二）渗透人文教育

物理学史是一部人类的进步史，每一项重大的发现，都联系着社会，联系着人。许多物理学家的治学态度、研究方法，以及他们的人格、品行，都是我们学习的榜样。因此，物理学史中蕴藏着极其丰富的人文思想。在指导学生学习物理知识的同时，适当进行一些学史的介绍，就能潜移默化地对学生进行人文教育。

在进行“自由落体运动”的教学前，教师应当指导学生课前预习：阅读课本上的阅读材料——伽利略对落体运动的研究，还可以阅读伽利略的传记。号召学生不仅要学习伽利略研究自然规律的科学方法，还要学习他尽管身处逆境却始终不屈不挠地探求真理的精神。

教师还应当指导学生正确评价亚里士多德在科学发展史上的地位：亚里士多德是古希腊的圣人，恩格斯称他是最博学的人。他的著作很多，对西方的哲学和自然科学的发展都有很大的影响。限于当时科技发展的水平，他在物理方面的论述，今天看来很多是不恰当的。但是，在两千多年前他能够通过观察、归纳，形成自己的一套理论体系，已经很不简单了。

(三)引入新的教学理念

新的教学理念明确指出了三个维度的教学目标：知识和技能；过程和方法；情感、态度和价值观。因此，在设计教学时，不能只考虑知识目标，还应兼顾另外两方面的教学目标。

在“自由落体运动”这节课中，“测定反应时间”的教学使这三个维度的教学目标融于一体。

1. 师生合作做一个小游戏

教师出示一枚金属小书签，用两个手指捏住书签上端。请一位学生，伸出拇指和食指，在书签下端做捏书签的准备。告诉学生，如能捏住，就送给他做纪念。

在学生注意力不集中时释放书签(措施：教师若无其事地对学生说：“这枚书签漂亮吧。”说的同时，松手)，学生一般捏不住。可鼓励该生再捏一次，这次教师要有意识地让他捏住(措施：书签的下端距学生的手远些)。

然后，教师指出这个小游戏能检验人反应的灵敏程度，引出“反应时间”的概念。

2. 指导学生设计一个测定反应时间的实验

看到桌上的直尺(带刻度、长 30 cm)，联想到刚刚做过的小游戏，多数学生已经有了一些想法。

请一组学生谈谈他们设计的方案：原理、器材、怎么操作、怎么读数、怎么计算出反应时间。其他组学生不断补充。最后，形成完整的实验方案：

原理：人的反应时间等于直尺下落的时间。

器材：直尺、计算器。

操作：一人捏住尺子的上端，保持直尺竖直不动。另一人两手指呈捏的姿势，在直尺的下端零刻度处等待。前者释放，后者捏住(注意后者要紧盯着前者的手，且在捏的过程中后者的手不能向下移动)。

读数：测出直尺下落的距离 s，即后者捏住处的刻度值。

处理数据：根据位移公式 $s=\frac{1}{2}gt^2$ 可计算出直尺下落的时间，即人的反应时间 $t=\sqrt{\frac{2s}{g}}$

学生分组做实验，测定自己的反应时间。

3. 教师用一根“神秘”的尺子检测学生，直接读出反应时间

让学生猜一猜这根尺子的奥秘。学生经过思考能够明白，教师事先完成了时间和位移的转换，把时间标在了尺子上。这样就制成了一把“反应时间测量尺”。

4. 提出一个研究性学习小课题

建议学生在课外动手做一把“反应时间测量尺”，用它跟踪检测自己的反应时间；检测不同

人群的反应时间(性别、年龄、职业等)。研究采集到的数据,总结出反应时间跟哪些因素有关,等等。

(四)应用现代信息技术

以计算机和互联网为代表的信息技术,正以惊人的速度改变着我们的生存方式和学习方式。为适应数字化生存新环境,我们在物理教学中应当积极探索应用现代信息技术,提高教学的效率。

在"自由落体运动"这节课的教学中,现代信息技术的应用体现在两方面:

(1)用 Microsoft PowerPoint 编制了计算机教学软件,将文字、表格、图片、动画等一一投影到大屏幕上,替代了板书。

(2)用自由落体仪、光电计时装置和计算机(硬件、软件)研究自由落体运动的位移 s 和时间 t 的关系,测定重力加速度 g。

自由落体仪如图 8-3 所示,立柱的上端有一个电磁铁,通电,小钢球就被吸引住,断电,小球做自由落体运动。在立柱上有 4 个可移动的光电门,当小球经过某一光电门时,利用光电计时装置就能测出小球下落到这个光电门所用的时间。

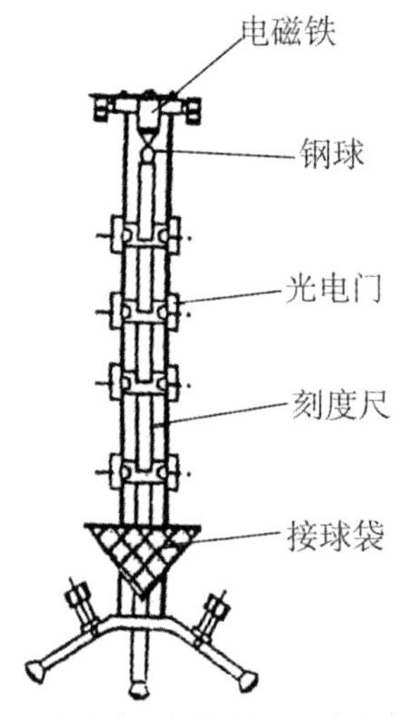

图 8-3　自由落体仪

从刻度尺上读出小球末端的位置和 4 个光电门的位置,输入计算机,就能得到小球下落到 4 个光电门时经过的位移 s,相应的时间 t 由光电计时装置测出后直接传送给计算机。

这样,小球下落一次,就能得到 4 组实验数据。

编制的计算机软件不仅能记录实验数据,还能处理实验数据:

建立一个坐标系(纵轴 s,横轴 t),在坐标平面上描点,让学生看看这 4 个点在排列上有什么特点(看不出它们在怎样一条曲线上)。换一个坐标系(纵轴 s,横轴 t。),能够看出 4 个点差不多在一条直线上。

根据这 4 个点拟合一条 s—t。图线:差不多是过原点的一条直线。

改变光电门的位置,多做几次。大量的实验可以证明:自由落体运动的位移与所用时间的平方成正比。所以,自由落体运动是初速度为零的匀加速直线运动。

根据实验数据还可以计算出重力加速度 g 的数值(图线斜率的两倍)。

附:"自由落体运动"教案

【教学目标】

(1)理解什么是自由落体运动,知道它的运动性质;

(2)理解什么是自由落体运动的加速度,知道它的方向和大小;

(3)掌握自由落体运动的规律,尝试规律的简单应用。

【教学方法】

体现新教材的特色,指导学生在参与和合作中学习,并体验简单的科学研究过程和方法。

【教学仪器】

石头,羽毛,金属片,纸片;牛顿管,抽气机;自由落体仪,光电计时装置;金属书签,30cm 刻度尺,计算器。

【教学过程】

1.自由落体运动

启发学生思考:你们看见过落体运动吗? 你们仔细观察过落体运动吗?

演示:从同一高度同时释放石头和羽毛,再释放金属片和纸片,观察现象。

公元前4世纪,希腊哲学家亚里士多德通过观察大量物体下落的现象,归纳出出:物体越重,下落得越快。

提出问题:是不是重的物体一定比轻的物体下落得快?

学生分组进行实验探索,最后请学生演示(不同方案),并说明实验现象,得出结论:重的物体不一定下落得快。

介绍意大利物理学家伽利略的推理。

得出结论:物体下落的快慢不是由物体的轻重决定的。

进一步思考:如果没有空气阻力的影响,物体下落的图景是什么样子的呢?

教师演示牛顿管。

物体只在重力作用下从静止开始下落的运动,叫做自由落体运动。

如果空气阻力的影响很小,物体的下落也可以近似看做自由落体运动。

不同物体从同一高度做自由落体运动,它们的运动情况是相同的。

教师讲有关落体运动的物理学史,正确认识从亚里士多德到伽利略的科学发展历程。

2.自由落体运动的性质

初步观察小球做自由落体运动,可以知道:自由落体运动是加速直线运动,而且初速度为零。

提出问题:自由落体运动.是初速度为零的匀加速直线运动吗?

指导学生回顾初速度为零的匀加速直线运动的规律:

速度 $v_t = at$,位移 $s = \frac{1}{2}at^2$,其中 $s \propto t^2$

教师简单介绍伽利略对自由落体运动的研究。然后,介绍自由落体仪、光电计时装置

置,并演示。通过实验研究得出: $s \propto t^2$ 。

大量的实验可以证明,自由落体运动是初速度为零的匀加速直线运动。

3.自由落体加速度

在同一地点,一切物体做自由落体运动的加速度都相同,这个加速度叫做自由落体加速度,也叫重力加速度,通常用 g 表示。

重力加速度 g 的方向总是竖直向下的,它的大小可以用实验的方法测定。

利用自由落体仪测出当地的重力加速度。

国际上取北纬45°海平面上的重力加速度值作为标准值, $g = 9.80665\text{m/s}^2$ 。通常的计算中,可以把 g 取作9.8m/s。,在粗略的计算中,还可以把 g 取作 10m/s^2 。

提出继续研究的问题:为什么不同地点的重力加速度 g 的数值不同?

4.例题

从楼顶释放一个铅球,请你估算:从开始运动起,它在1s内、2s内、3s内下落的位移分别是多少? 在0.1s内、0.2s内、0.3s内下落的位移又是多少?

通过这道例题,教师指导学生联系实际,建立自由落体运动的图景。

第三节　物理实验教学设计

一、物理实验教学的概述

(一)物理实验教学的目的

物理实验教学的目的是:通过物理实验教学,让学生在符合其认识规律的情境中观察物理现象、体验物理过程、感悟基本的科学方法,在获取或巩固物理知识的过程中,使学生理解和掌握运用观察和实验手段处理物理问题时的基本程序和技能,具备敢于质疑的习惯,严谨、求实的态度和不断求索的精神,培养学生对物理学习的动机与兴趣,逐步提高学生的观察能力、思维能力、操作能力及评估与合作交流的能力。

需要强调的是,对于有定量要求的学生分组实验,尤其是探索性实验,对学生质疑习惯的养成和非智力因素品质的提高等都有其独特的优势。质疑与释疑是物理学的基本思想方法之一,始终存在于物理学研究的全过程中,当然也存在于这类实验过程中,从提出问题开始到控制变量的操作,从数据的获得到数据的处理,从误差分析到实验报告的形成,无处不存在质疑的因素与释疑的机遇。由于实验原理大多都是理想化的,有些实验原理本身就有近似性,而真实实验必定不是理想的,加上实验条件和实验操作等一系列因素,导致实验数据、实验结果与理论计算结果有偏差是必然的。教师要引导学生形成对误差的正确认识,不能简单地认为是自己观察或操作的错误,鼓励并要求学生提出质疑,并尝试作出解释,更要批评那些为了所谓的正确而擅改实验数据的做法,提倡不怕失败、从头再做的精神。物理实验观察内容的真实性提供了在物理实验教学中养成敢于质疑、释疑和培养非智力因素等品质的可能性。

(二)物理实验教学的任务

实现物理实验教学目的,要依赖长期的一系列具体实验教学工作来完成。对这些工作内容和要求的综合概括就是物理实验教学的任务。主要有:

(1)积极创设获取、应用和巩固物理理论知识的实验条件;

(2)创造机会尽量多地使用基本实验仪器,并熟练掌握其使用方法;

(3)学会直接测量和间接测量某些物理量的知识、方法和技能;

(4)明确进行物理实验的一般规范,能按一定的要求正确完成实验操作;

(5)学习掌握观察物理现象的基本技能技巧;

(6)学习和掌握使用有效数字和误差理论处理实验数据和表示实验结果的方法;

(7)培养学生在物理实验中的观察、思维和操作能力;

(8)知道探索性实验、验证性实验和基本物理常数及相关物理量的测量是物理实验的基本任务;

(9)使学生感受物理与生活、社会和科技的关系,激发兴趣,培养动机;

(10)培养学生实事求是的科学态度和严谨的科学作风,养成良好的实验习惯。

二、物理实验教学的意义

实验教学是物理教学的有机组成部分，无论从物理教学的目的任务，还是从物理学科特点以及学生的年龄特征等诸多方面考虑，实验教学在物理教学中都占据着极其重要的地位，对提高物理教学质量，培养创造性人才具有极其重要的作用。

（一）实验教学能为学习物理概念与规律提供符合认识规律的环境

理性认识是在感性认识的基础上形成的，要形成感性认识，就必须让学生看到、摸到、听到、接触到各种现象。所以说，在物理教学中，要使学生形成概念、认识规律，教师必须想方设法创造一种以学生为主体的学习物理的环境，让学生在物理环境中通过各种活动去认识物理世界。而观察、实验则是创设物理环境的最主要方法，是获取物理知识的源泉。物理现象的观察，仅靠直接观察与生活实践是不够的，因为直接观察与生活实践提供的物理事实，往往是各种复杂的运动形态或各种物理现象交织在一起，本质的和非本质的因素交融在一起，有时反映本质的现象还会被其他现象所掩盖。另外，自然界中的许多物理现象，往往受时间、环境、条件等方面的限制。例如日、月食、虹、原子弹爆炸等现象，并非随时都能观察到。更何况有些现象，在自然界和生活中难以观察到，如光电效应，正、负电子。而物理实验则可以运用仪器、设备提供精心选择的、简化的和纯化的素材使物理现象反复再现，从而有目的地进行观察研究，使学生对物理事实获得明确、具体的认识，以最有效的方式迅速掌握前人已经认识的真理，通过最简捷的思维活动形成概念、建立规律。例如，通过对电动机的观察很难清楚地获得“电流在磁场中受力”这一规律的感性认识，而通过一根通电导线在 U 形磁铁的磁场中的运动来建立“电流在磁场中受力”的规律则是轻而易举的事。

（二）实验教学能激发学生学习物理的兴趣与求知欲望

“激发学习兴趣”是中学物理教学目的任务之一，实验教学是“激发学习兴趣”的最有效方法。因为物理实验真实、形象、生动，对中学生有很强的吸引力，极易唤起他们的直觉兴趣。例如，“煮金鱼”、“猎猴”等实验出乎学生意料之外的结果，可使学生的注意力高度集中，并唤起他们的好奇心，激发他们的求知欲望。另外，由于实验是一种有目的性的操作行为，所以，学生在观察的基础上，很自然地会产生一种自己操作的欲望。如果教师善于观察学生的表现并因势利导，容易使学生的好奇心、直接兴趣逐渐转化为探求科学知识的持久兴趣和饱满热情。

（三）实验教学是发展学生能力和技能的重要途径

实验是手、脑并用的实践活动。在实验过程中，通过阅读实验资料、操作实验仪器、观察实验现象、排除实验故障、记录实验数据、分析实验结果等活动，使学生的阅读能力、思维能力、操作技能和手、脑并用能力以及语言和文字表达能力都能得到锻炼。并且，由于实践与思维、动手与动脑的相互联系，使学生的实际技能以及创造能力都能得到发展。所以说，做实验的过程是一种综合能力的培养过程。而且，这种综合训练过程，也是创造能力得以产生的基础。

（四）实验教学有利于使学生掌握科学研究方法

在实验过程中，学生需要运用归纳、演绎、判断、推理、数学、逻辑等多种方法分析问题和解决问题，这样就能够对学生进行各种科学方法训练。

(五)实验教学有利于培养学生良好的科学作风和道德素养

实验本身是一个严格的科学过程,要获得实验的成功,必须一丝不苟,来不得半点虚假,这对培养学生实事求是的态度和严谨的科学作风是十分有益的。此外,实验对磨炼学生的意志、培养学生遵守纪律、爱护公物的优良品德也都具有十分重要的作用。

(六)实验教学是科学探究的重要形式

科学探究是《课程标准》中倡导的学习方式之一,根据学生学习过程中所采用的手段和方法的不同,科学探究可以分为三类,即以实验为主的探究、以理论推导为主的探究、网络环境下的探究。其中以实验为主的探究是物理教学中科学探究的重要形式,可以说,中学物理教学中大部分科学探究都要通过实验来进行。科学探究的大部分要素,如制订计划及设计方案、进行实验收集证据、分析与论证等要素都与实验联系在一起。

综上所述,实验教学在中学物理教学中占有相当重要的地位,不能仅仅把它理解为直观教学的一种手段,要充分发挥它的各种作用。

三、物理实验的分类及主要方法

(一)技能训练试验、测量性实验、验证性实验和探索性实验

按照实验知识、技能、能力等训练的目的和功能的标准来分类,中学物理实验可以分为技能训练实验、测量性实验、验证性实验、探索性实验几类。

1.技能训练实验

技能训练实验有两种类型:一种是让学生掌握基本实验仪器的调整、操作、使用方法以及注意事项。如刻度尺、天平、滑动变阻器、温度计、测力计、量筒、压强计、秒表、安培计、伏特计、示波器等基本仪器的使用。做好这类实验,要引导学生了解并学会使用实验器材,掌握实验的基本要领,形成正确的操作规范。通过实验操作,让学生对操作实验有所体会,知道在什么条件下使用什么样的实验仪器,其操作规范和要领怎么样等等。另一类是让学生巩固和应用所学物理知识,提高理论联系实际的能力以及训练学生的实际操作技能的实验。如安装简单照明电路、组装显微镜、组装望远镜、安装收音机等。做好这类实验,要引导学生明确实验任务、实验的基本原理、操作的基本要领。

从教学方式角度来看,技能训练实验教学是一种“实验—操作—训练”方式。在中学物理实验中,可以说所有实验项目都有技能训练的要求,技能训练实验是进一步实验教学的基础。教师要指导学生通过严格的实验训练,让学生进行有效的模仿,能够根据实验目标,正确地选择和使用物理测量工具、物理实验装置,合理地安排实验步骤,规范、熟练地组装和调试设备,积极地完成实验操作和实验任务,并能初步学会排除实验故障,初步学会分析实验误差及其产生原因,写出完整的实验报告。

2.测量性实验

测量性实验不同于技能训练实验。虽然技能训练实验也能直接测量物理量或是直接观察基本现象,但主要功能是基本的实验技能的操练。而测量性实验是学生具备基本的实验技能的条件下,对未知的物理量或物理常数进行测定。大量的测量性实验是根据已知的规律用直接测量的物理量来求得待测的物理量,即间接测得物理量,并要进一步进行误差分析,或进行

测量方法的比较，以期用最佳的实验方法和途径精确测得物理量。如测定物质的密度、测定固体的比热、用冲击摆测弹丸的速度、测定普适气体恒量、测定重力加速度、用伏安法测电动势和内电阻等实验，都是属于这类实验。测量性实验的教学方式一般是“任务驱动—实验操作—分析评价”的流程。做好测量性实验的关键是教师要引导学生明确实验的任务、掌握所依据的原理，还要兼顾实验仪器容易选择、实验组装方便、测量准确度高等因素。

3. 验证性实验

验证性实验一般有两类，一类是安排在学生学习了物理规律之后做的实验，目的在于验证所学物理规律的正确性。如学生学习了平抛运动规律以后做实验验证平抛运动规律的正确性，学习了动量定理后做实验以验证动量定理的正确性，学习了机械能守恒定律以后做实验机械能守恒定律等等。从教学方式来看，这类验证性实验的教学属于“理论学习—实验验证”的方式。另一类是学生并没有学习相应的知识或规律，但学生已经对相应的知识或规律做出了有根据的猜想与假设，为了验证这种猜想与假设的正确性，设计实验进行验证。如在“力的合成”的教学中，教师在引导学生对“一个力与它的两个分力在怎么样关系”问题的探讨中，让学生有理有据地猜测它们可能的关系，教师对这种猜想假设进行精炼的讲解，然后设计力的合成的实验进行验证。从教学方式上看，这类的验证性实验教学属于“问题探讨—猜想假设—实验验证”的方式。

无论哪一类验证性实验的教学，都要发挥实验教学的发展性的教育功能。关键是教师要引导好学生设计实验的教学活动，切不能让学生做照样画葫芦般的机械化操作。要让学生明确实验的设计思想和实验原理，自己构想实验方法，控制实验条件，排除干扰因素，在实验中测量数据，并对数据进行有效的处理，从中归纳实验的结论，从而验证所学的规律或猜想假设。

4. 探索性实验

探索性实验亦称为探究性实验，它是指学生在未知所探求知识或规律的前提下，通过实验设计、实验操作、实验分析，对这些知识或规律进行科学认识的实验形式。现行高中物理课程十分重视探究性实验的教学，各个模块都安排了一些实验探究活动。如“通过实验研究质量相同、大小不同的物体在空气中下落的情况，从中了解空气对落体运动的影响”，“通过实验认识滑动摩擦、静摩擦的规律”，“通过实验，探究加速度与物体质量、物体受力的关系”，“用打点计时器或光电计时器探究恒力做功与物体动能变化的关系”，“通过实验认识电场和磁场的性质”，“通过实验认识感应电动势的产生条件及影响感应电动势大小的因素”，“通过实验认识共点力平衡的条件”，“通过实验认识刚体的平衡条件”，“通过实验埋解光的折射定律”，“探究并理解透镜成像的规律”，“通过实验探究门电路的基本作用”，“通过实验认识安培力”，“通过探究理解楞次定律”，“通过实验，了解电容器和电感器对交变电流的导通和阻碍作用”，“通过实验，探究变压器的电压与匝数的关系”，“通过实验探究，了解气体的实验定律”，“通过实验探究单摆的周期与摆长的关系”，“通过实验认识波的干涉现象、衍射现象”等等。这些内容都可以根据教学的实际情况，把实验安排成探究性的形式来进行。

从实验教学方式来看，物理探究性实验教学的基本方式是：创设情境—提出问题—实验探究—形成结论—交流讨论。这类实验一般安排在学习物理规律之前，先创设问题情境，让学生发现并提出探究的问题，通过实验的探究活动，模拟科学家发现事物规律的研究活动，去探索物理量之间的必然关系，总结出物理规律，从而领会科学探究的一般过程并学会科学探究的一般方法。

（二）常规物理实验与数字化实验

如果按照物理实验是否要用到信息技术的标准来分类，则物理实验可以分成常规物理实验和数字化物理实验。

1.常规物理实验

常规物理实验是用传统手段和方法来进行的实验。许多常规物理实验由于其实验器材简易、操作方便、现象生动、过程有趣，在激发学生学习物理兴趣和培养学习动机，获得丰富、具体、明确的感性知识，培养学生的观察和实验能力，培养实事求是的科学态度方面，具有不可代替的重要作用。因此，应大力加强用常规手段和方法做物理演示和学生实验，最大限度地利用实验室现有的器材，力求利用多年闲置的器材开发新的实验。另外，还要鼓励利用学生身边的物品和器具做实验。倡导用日常器具做实验，有利于学生动手能力的提高、创新意识的培养、科学素养的提高。

2.数字化实验

数字化实验主要有基于 DIS 的实验和虚拟实验。前者主要由真实实验装置、传感器、数据采集器、计算机及其分析软件构成的实验系统；后者主要利用虚拟现实技术而做的非真实的实验。

DIS 实验系统是基于 MBL 技术由 20 世纪 80 年代发展起来的。这种数字化的实验系统主要由“计算机数据采集系统（DIS）”及配套的专用实验仪器等组成。教育部 2006 年 7 月 19 日发布的《中小学理科实验室装备规范》中第一次将“计算机数据采集系统”列入装备标准中，是新配备标准增加的重要内容之一，并规定“计算机数据采集系统”应具有在线和离线功能。

在 DIS 实验系统中，传感器探测非电物理信号（如温度、光强等）并将其转换为电信号，通过数据采集器将电信号转换成计算机可识别的数字信号，最后由分析软件将这些测量数据实时显示为图象和数据表等，以帮助学生利用图象变化来观察实验现象，理解和分析实验规律，以及表达探究结果等。

许多物理实验涉及大量的测量采集、数据测量、绘制规律的曲线和图象，这些工作往往是耗费时间的“苦差事”，而且绘制的曲线和图象又往往难以说明问题。如用“实验方法研究匀变速直线运动”、“通过实验认识滑动摩擦、静摩擦的规律”、“用实验探究恒力做功与物体动能变化的关系”等实验，均可以采用基于 DIS 实验系统来做实验。高中物理课程标准已经将“认识传感器”、“利用与计算机相连的传感器进行实时测量，做物理实验”、“利用传感器制作简单的自动控制装置”等作为教学的内容。随着中学物理实验室 DIS 实验系统的配置，在中学物理教学中运用 DIS 实验将越来越普及。

（三）“学生实验”、“实验”、“演示”、“做一做”、“问题与练习”等

高中物理教材中的实验，根据它们在物理学中和物理教学中的地位、难易程度、用时长短、学校的器材条件，分成以下几类：

1.“学生实验”

这类实验是在物理实验室中做的定量实验。这些实验要按照教学要求，由学生们分组进

行。一个学生实验编为一节，在节的标题中有“实验”二字的实验，如“实验：探究小车速度随时间变化的规律”，是全体学生都必须完成的较大的实验。这类实验有些是验证性的，多数则是探究性的。一般可在两课时或一课时内完成操作，数据处理往往要在课后进行。

2.“实验”

“实验”栏目中的实验都是要求学生亲自动手做的随堂实验，这类实验比学生实验简单，用时短，多数是定性实验。

3.“演示”

演示实验一般是由于器材或其他因素所限，主要由教师来做的实验。在课堂上由教师操作，学生观察、思考、讨论。有些演示的操作应该有学生的参与。

4.“做一做”

在“做一做”栏目中，有些是实验性的活动。这些实验中，有的要用到计算机，有的要用到生活中的器材，有条件的要尽量多做。“做一做”栏目中实验的趣味性较强。这些实验属于扩展性的实验，不作统一要求，学生可根据自身的情况选做。

5.“问题与练习”

在“问题与练习”中也有一些实验性的题目。这些题目中的器材也是容易获得的。这些实验的难度比“做一做”中的低些，学生应当完成。

另外，教材还安排了很多探究性的学习活动，而实验往往是这些探究活动的重要组成部分。

高中物理把物理实验分成“学生实验”、“实验”、“演示”、“做一做”、“问题与练习”，有些实验强调学生必做，有些实验则让学生根据兴趣与爱好选做；有些实验强调学生定量操作，有些实验则让学生定性进行；有的实验要求学生课内做，有的实验则让学生课外做。这样的分类和做法反映了物理实验教学有一个统一的基准要求，也体现了实验教学尊重学生的选择性，以满足学生个性化和多样化发展的需求。

第四节　物理习题教学设计

一、物理习题课在教学中的功能

（一）认知的功能

练习具有认知的功能是指通过练习帮助认知并实现知识的巩固和深化。物理学的知识仅仅靠教师的讲授，在一般情况下学生还是很难正确地认识，更谈不上熟练掌握。因此，在学生学习概念、规律之后，教师需要根据教学实际有针对性地要求学生进行练习，并及时地批改和纠正，帮助学生理解、巩固和深化所学的知识。

许多练习与生活和社会的实际相联系，学生解决这类实际问题是要灵活运用所学的知识，同时加深所学知识的理解和应用水平。可以说，学生要真正掌握知识，经历物理练习这一环节是不可或缺的。有经验的教师正是通过适时提供恰当的习题和问题，让学生通过自身努力和钻研，在释疑解惑过程中巩固、深化、活化所学知识。

(二)检测的功能

练习具有检测功能是指师生双方可以通过练习对学生的学习及教师的教学进行诊断和评价。学生的学习情况,教师除了通过课上的观察、提问等方式来了解以外,最主要的是通过学生完成习题的情况来了解。学生在物理练习的过程中,最能暴露学习中知识上的缺陷和解决问题方法上的弱点。通过学生对基本概念题的解答,可以考查学生对有关基本概念的理解是否确切;通过学生解答综合题,便能了解学生掌握和灵活运用基本知识的能力;通过学生做实验练习,便能了解他们实验知识或技能的掌握情况。教师应当根据教学目标设计相应的练习,通过批改练习对学生学习目标的达成度作出评价,对教学有效性作出评价,从而调整自己的教学计划和教学方法,提高教学质量。同时,学生通过教师对作业批改的反馈,也能知道自己的缺陷和薄弱环节,从而进行针对性弥补练习,提高学习成绩。

(三)发展的功能

练习的发展功能,主要是指通过练习,扩展学生的知识面,培养学生的学习能力,促进学生的科学情感态度与价值观的养成。

练习可以扩展知识面。由于物理教材受到课时和版面的限制,有些与基础知识有关的、学生应该知道的知识,不可能全部编入教材。通过练习可以加深和扩展必要的知识。如太阳能电池、磁流体发电机原理、录音机的录放原理等科学常识都可以编成练习题,让学生通过练习了解这些知识。

练习可以培养学生的各种能力。学生解答物理习题就是运用理论知识解决实际问题的过程。学生要综合运用所学的知识和方法,对问题进行科学的想象、分析与综合、判断与推理,并运用数学知识和方法求得解答;既能加深对概念和规律的理解,更重要的是能学习用物理知识解决实际问题的方法;还能培养学生的想象能力、分析判断能力、逻辑推理能力、论证表达能力、运用数学能力等。

练习可以培养学生的科学情感态度与价值观。学生在做物理练习时,要将学过的物理原理、概念、规律应用到具体情况中去。这样就很自然地建立了理论与实际的联系,体会到物理知识是有用的、有价值的,进而产生学习物理的兴趣和情感。在物理练习过程中,学生的思维活动处于高度集中和活跃的状态,他们凭借自己的力量去克服困难,聚精会神地寻找解决问题的途径,这也是锻铸学生意志的过程。学生对实践性习题的解答,如学了"惯性"后让学生调查学校附近街道的交通安全设施,写一篇题为《遵守交通规则,避免交通事故》的短文;参与一些诸如环保、能源等方面的社会调查活动,一方面可以了解物理在技术和社会的作用,另一方面有利于树立科学的价值观和利用知识服务社会的责任感及使命感。

二、物理习题课的要求

(一)物理问题要精心选编、努力创新、联系生活实际

应该把物理问题解决教学与现代物理知识、科技发展前沿、最新科技成果联系起来,跟上社会的发展脚步,体现物理问题解决教学的时代性,促进学生关注物理学知识的应用所带来的社会问题,培养学生的社会参与意识和社会责任感;借助信息技术,扩大课堂的信息量,反映物理原理对自然现象、科学技术和社会生活中物理问题的科学解释,反映物理知识在生活中的广

泛应用，促进学生把所学到的物理知识与在周围环境中得到的感性认识相联系，加深其对物理知识的理解，提高学生的科学素养以及应用物理知识的能力。

物理问题的编制和选取还要尽量贴近学生学习生活与社会生活实际，树立“从生活走向物理，从物理走向社会”的理念，主动将那些常见的、有较强启发性和应用性的生活现象与物理知识融入高中物理习题教学中。例如，汽车上的安全带、安全气囊等，就是利用了动量定理这个物理原理，而汽车上的 ABS，则是利用了物理学中的静摩擦力。另外，物理教学中为了解决问题的方便，常常把实际生活中的物理对象理想化、抽象化，如“一辆车”、“一个木块”、“一个小球”等，一般都理想地抽象为质点来处理。然而题意的表述如果是“一辆乘坐 5 人的大众牌轿车”或者是“一位同学的自行车”，那么显然比“一辆车”更贴近学生的生活；题意中的物体的运动轨道如果是“一段半圆形的公路”，那么也显然比“一个半圆形轨道”更形象具体。通过分析，学生可以很容易地把“一段半圆形的公路”抽象成“一个半圆形轨道”，因此，与传统的那种子弹打木块、木块在小车上运动等之类的题目相比较，这种问题既有利于培养学生的抽象思维能力，又能够增强物理问题解决教学的实用性、趣味性。

选择恰当的问题是物理问题教学的首要环节，问题的质量是决定问题教学质量的最重要因素，在选择物理问题时应精心选编。

（二）物理问题解决教学应注意对学生进行解题指导

物理问题的类型很多，每种类型都有一定的思路和方法，我们既要训练学生解决问题的思路和方法，又要使学生按照一定的步骤规范解决。例如，计算题的解决一般要经历“审题、确定研究对象、简要写出已知条件、根据物理知识列出方程、求解并验证结果”等五个步骤。若不注意训练学生解决问题的思路和方法，则易使学生出现以下问题：不熟悉解题规范、未经充分分析题意便急于解答、不复核算出的结果或不顾条件乱套公式等。

我们知道，在运用概念和规律解决问题时，最重要的起始环节就是确定研究对象。当所要解决的问题与研究对象有直接联系时，确定它比较容易。然而，当所要解决的问题与研究对象无直接联系时，就需要通过转换研究对象来求解。若找不到合适的替换方案，思维过程就会出现障碍。因此，在教学中，要注意培养学生善于寻找替换方案、及时扫除思维障碍。其中一个重要措施就是教给学生等效的思想和方法，并且能在各个教学环节中体现出来。

（三）练习要循序渐进，符合学生认知发展的特点

在教学过程的不同阶段，应根据学生掌握知识的实际情况选择不同难度的物理问题。例如，新授课上的练习及课后作业应选择一些基本的问题进行训练，以巩固学生所学知识；而章末或期末复习中则可以安排一些能深化、活化学生所学知识的问题，难度可以稍大些，有一定综合性、灵活性。

（四）物理问题解决过程要注重培养学生的信息素养

21 世纪是知识经济的时代和信息高速发展的时代，人们不可能获得所有的知识和信息，只能选取所需要的有效的信息，因此，教师在物理问题解决教学中可以通过多种方式或方法，引导学生从问题中的已知条件中提取有用的信息，培养学生提取信息、加工信息的能力。例如，多给已知条件，让学生选择正确的、最简便的或最佳的解题途径，敢于舍弃多余条件；少给已知条件，让学生通过实验、查阅相关资料等间接途径、方法或者自己创设条件来完成问题的

解答;创设隐含条件,让学生通过对题意的领悟,发现解决问题的突破口。这样,通过变化问题的条件,增加问题的迷惑性和趣味性,鼓励多方面探寻解题办法,锻炼学生处理信息的能力。

(五)分析问题要注重学生学习过程

中学物理问题解决教学不仅要注重教师的“教”,更应关注学生的“学”,注重学生的思维过程。在讲解物理问题时,教师应引导学生通过想像、作图、模拟或实验等途径来分析问题所包含的物理过程,启发学生分析、梳理解题思路,结合自己的物理知识体系,寻找解答问题的正确方法;另外,判断学生的解答是否正确,不能仅看答案是否正确,更不能把解答过程是否符合“标准答案”作为判断的唯一标准。例如,有些问题可以直接用动量定理或动能定理来解答,不能因为为了完成教学任务、节省时间,教师就单纯地套用公式,直接给学生讲授正确答案,而忽略中间的物理过程的分析。只有这样才会有利于学生分析问题、解决问题能力的提高。

(六)解决方法要注重灵活多样性

要使学生摆脱题海,达到最好的教学效果,提高物理问题解决教学的效率,教师讲解问题的方式就要灵活、多样,力图用最少的时间,解决最少的问题,充分发挥每一个物理问题的作用,促进学生能够举一反三、以一贯十、触类旁通、融会贯通,例如,一题多变、一题多解等。对一道基本题,通过加深、扩展,变化题目的情境或条件,使其成为多道有关的问题,促进学生对物理规律的灵活运用;或者是采用多种方法解答一个问题,从多个侧面或者渠道深入认识同一个物理现象或物理问题,培养学生的发散思维能力,开阔其思路。

另外教师还要引导学生归纳解题方法、总结解题规律。通过讲解问题,把表面上不同但实质相同的多个问题或多种物理情境,归纳为一类,用同一个物理规律或物理方法解答,总结解题的思想或方法。通过多题归一,实现认识一类物理现象的共同规律,从而达到触类旁通的教学目的。

(七)课堂教学要突出学生主体地位

学生是具有独立思维能力的人,物理问题解决教学也要贯彻人本主义的理念,突出学生的主体地位,注重学生自主学习,让学生积极参与、乐于探究、勇于实验、勤于思考。师生之间还要建立良好的师生关系,注重对学生的情感教育,帮助学生形成正确的人生观、价值观。在物理问题解决教学中,教师要以学生的全面发展为根本,尊重学生的人格,关注个体差异;以学生的学习为中心,成为学生学习的组织者、促进者、合作者、帮助者,而不是权威的知识讲授者,为学生创设积极主动参与习题教学的条件和环境,让学生在教师的指导下主动地、富有个性地学习,在积极向上、生动活泼的学习气氛中建立平等和谐的师生关系。例如,有一位教师上物理习题课,总是指定几道典型的问题让学生在课前完成,到上课时,先让若干个学生在黑板上逐个展示、讲解自己的解答过程,教师自己只是对学生的讲述适当地给以引导、补充、完善,或者纠正其中的错误,有时个别学生遇到了困难,还可以请小组内其他同学帮助讲解。每次习题课上,学生们都是争先恐后地到讲台上讲解,课堂效率很高,气氛非常活跃,班级的整体成绩也很好。

在注重自主学习的同时,还要提倡教学方式多样化。教师可以适当选取一些具有开放性或探究性的问题,采用讨论或探究性的学习方式或者多种方式相结合,鼓励学生大胆提出独特、新颖的想法或见解，通过物理实验、课堂讨论或课下探究活动等方法和途径，发展学生思维的灵活性、新颖性和批判性，培养学生的创新能力。有的学校开设了研究性学习校本课程，学生通过参加探究性学习活动，学习积极性大大提高，不但没有影响正常的学习，而且还促进学生更加合理分配学习时间，学习兴趣提高的同时也提高了学习效率。

三、物理习题的形式

根据练习的目的、教学内容的要求、学生的知识和能力水平、完成的时间和地点等因素，物理练习可以有不同形式。

（一）课内练习与课外练习

根据练习需要学生在课内还是课外完成的标准，可以将练习分为课内练习和课外练习两类。课外练习又可以分为课前练习和课后练习，课前的练习也可以用于上课的初始阶段。

1. 课前练习

课前，教师根据学生的实际情况，对和本节内容直接相关的已学内容进行选择性复习，并让学生进行一些预习性的练习，这些练习题量一般不大。通过课前预习题的反馈情况，教师可以根据学生的学习障碍，有针对性地开展教学。

2. 课堂练习

课堂练习是根据课堂教学内容和知识要求层次，紧扣教材，突出教学重点而精选的一类题目，选用难度不大、分量适宜、全班绝大多数学生都可以答对的习题，适时安排在课堂中。通过课堂练习的反馈，教师可以判断学生对课堂认知目标的达成度，找出学生知识和能力缺陷，以便及时调整课堂教学的速度和难易程度。

3. 课后练习

课后练习主要是用于巩固课堂学习的知识，一般采用每节课后的习题，有回答问题、进行物理计算、做单元学习小结、绘制图表或实验装置图、家庭小实验、阅读参考资料、网上阅读等，也有一些课外或校外实践性作业，如参加一些工业生产原理和环境保护等方面的调查等。课外练习的难度和分量要适当，一些题目难度比课堂练习要高一些。

（二）纸笔类练习与实践类练习

根据做练习的主要手段是什么的标准，可以大致将练习分为纸笔类练习和实践类练习。

1. 纸笔类练习

纸笔类练习是指借助纸笔工具来进行练习。传统的练习大都用纸笔工具来完成，比较适用于对基础知识与基本技能的巩固与迁移，对过程与方法，情感、态度与价值观则很少涉及。现代教学倡导纸笔练习也要融合科学探究能力、科学情感态度与价值观方面的内容。

2. 实践类练习

实践类练习一般都是要求学生进行一些观察、实验、参观、技术设计、调查等实践活动才能完成的练习。又如学光学时让学生制作针孔照相机、磨制冰透镜等；学习力学时让学生制作橡皮筋测力计、潜水艇等。实践类练习往往在问题、方法和结果上具有一定的开放性。

（三）客观题和主观题

根据练习答案是否提供给学生选择的标准，物理练习可以分为客观题和主观题。

1. 客观题

客观题是指题目不仅有题干，而且已经将答案列出，由学生做出选择的题目，如单选题、多选题、判断题。客观题是教学中经常采用的习题类型。它有以下几个优点：结论清晰，答案固定，具有排他性，便于教师迅速而准确地对授课对象的知识掌握情况作出评价，得出客观结论。

2. 主观题

主观题是指只有题干，答案需要学生独立写出来的那些试题，如概念解释、简答、论述、综合题等。主观题的形式多种多样，可以用于考查学生的思维过程、方法以及能力。有些主观题的解答是一题多解的，学生解答这些问题需要发散思维、创新思维等高级思维的运用。这些功能都是客观题型很难实现的。

（四）封闭题和开放题

根据练习问题的条件、过程和结论是否完全确定的标准，练习可以分为封闭题和开放题。

1. 封闭题

封闭题一般是指问题的条件、过程和结论都是完全确定的，而且是不多不少的。封闭题的特点是具有"完备的条件"、"解题过程单一"和"固定的答案"。封闭题定向性强，可以用在不同条件下进行起定势作用的操练，对于学习和巩固新知识是必不可少的。

2. 开放题

开放题是指问题的条件是不完全确定的，或者解决的过程是多元的，或者结论是不唯一的，甚至是没有标准答案的。开放题的特点是"答案不固定"、"解题过程不唯一"和"条件不完备"。对开放题的解答，学生需要综合各种知识和能力，进行独立分析和思考，提出对问题的不同看法，获得多种解题途径并筛选最佳方案。因而解答开放题具有培养学生求新、求异、求佳思维能力的作用。

（五）判断题、填空题、问答题、作图题、计算题以及实验题

从练习文字表达的结构及作答方式的角度，物理习题可以分为选择判断题、填空题、问答题、作图题、计算题、实验题等。

1. 选择题

选择题通常提供一个题干，后面备几个答案，供学生选择。选择题有单选和多选题之分。选择题题干的表述要清晰和明确，一般用肯定式表述；各个选择项之间要有一定的相似性和迷惑性；整个试卷中要避免出现解答的线索，正确的选项要随机排列。选择题的优点是覆盖面广，答案的客观性使评卷产生的误差小，对学生的基本知识的掌握情况有较好的检测作用。但由于答案不能反映学生的答题过程，学生对选择题的解答可以猜测，因此选择题一般难以用于检查学生解题思维过程的严密性、合理性。

2. 填空题

填空题是在题干中留有空缺，让解题者填写一个术语，或一个词汇，或一句简话。从填空内容上看，填空题主要有两类：一类是定量填空，另一类是定性填空。填空题表述必须清晰，没有歧义；填空内容一般要求简短和具体，不能是冗长的；上下文不能有填空内容的线索；对数字的填空要说明精确程度和单位；所有填空题的空格都要相同。填空题题小，覆盖面广，形式灵活，可以用于训练学生准确、严谨、全面、灵活运用知识的能力和基本运算能力。但填空题的解

答缺少解答者解题的过程、运用的方法等信息。

3.问答题

问答题一般不需要计算或者只需要进行简单的计算，采用简单的口头或者文字回答。这类题目解答对于培养和训练学生运用语言和文字正确表达自己的思想，合乎逻辑地阐明物理问题的本质，具有重要作用。学生通过认真思考、分析问题，从中发现问题或预测结果，然后用文字或数字给出答案。它比计算题能更加细致、深入地发现学生掌握知识中的错误和缺陷，对于口头提问，还可以通过补充提问和追问来进一步发现问题。

4.作图题

作图题的解答，要求学生根据已有知识按照要求作图。例如，在力学中画力的图示，几何光学中画光路图，电学中按照要求完成电路图，还有判断电流方向及磁场受力等方面的问题。这类题目可以用来考查学生对物理图形、图象的理解和运用图象解决问题的能力。

5.计算题

计算题是指以定量的计算为主来解答物理问题，它包括简单计算题和综合计算题。简单计算题中研究对象的物理模型和物理过程单一，运用到的物理概念、规律也比较少，有时只需用一两个定义、定律即可得到解决。这类练习主要用于巩固知识，训练解答和计算的基本功。而综合计算题，也称综合题，一般指研究对象比较复杂，或研究对象所涉及的现象是多方面的，或研究对象所进行的过程比较复杂，需要灵活运用较多的概念、规律和方法，有的甚至需要与其他科目有关知识结合起来方能解答的题目。这类习题对于加深理解知识间的联系，扩展知识领域，特别是培养学生分析、灵活运用知识的综合能力，发展学生的高级思维能力等具有重要的作用。综合题要适时、适量，不可过深、过难和偏怪。

6.实验题

实验题是以实验情景编制，要求学生进行实验设计、仪器选择、连接方法、故障诊断等的题目。有的实验题，需要学生做实验，根据实验观测到的现象、数据、结论，而后得到解答，如测定某物质的密度、测出某物质的熔解曲线等。有的实验题，可以不用实验，只用相关实验知识就可以解答，如运用已掌握的基础知识和实验技能，独立地进行实验方案的设计。例如：请设计一个简易实验方案，估算一下在阳光直射大地的情况下，地表面每平方厘米、每分钟最多能接收多少太阳能。又如：设计一个简易的实验方案，测定玩具气枪子弹飞离枪口时的速度。再如：为了研究电源路端电压跟外电阻的关系，找出规律。请设计一个实验方案。这类实验设计练习对培养学生的观察、实验能力和创造能力是极为有益的，在物理教学中应当提倡和加强。

四、物理习题的特性

（一）典型性

从发展学生智能的需要出发，典型性的问题应在内容上或方法上都具有代表性，应能反映重点概念和规律的本质及其特征。在保证基础知识覆盖率和重点知识重复率的前提下，遵循“少而精”的原则，适当控制题目的数量和难度，可采用一题多变的办法，不断改变条件，逐步引申，要避免过于繁杂的数学计算。要对各种类型的题目进行严格筛选。选取的问题应能反映分析和处理物理问题的一般方法，问题本身不宜过多过繁。

例如，在光滑的斜面上，有一块竖直挡板挡住一个质量为 m 的小球。试分析并计算小球所受的各种力。通过分析和研究问题的典型含义，就可掌握这一类问题的分析方法和研究方法。事实上，在竖直墙壁上挂一个球及三脚架等共点力平衡问题都可归结为同一物理模型。因此就有了举一反三和触类旁通的功效。

（二）针对性

所选择的物理问题要有明确的目的性，除了巩固、深化和运用学过的知识以外，还应当有计划地教给学生正确的解题思路和基本程序，教给学生分析、处理问题的基本方法和解决某些问题的一些特殊方法，培养学生能力和提高学生智力品质，教给学生排难纠误和知识综合运用的方法。

从知识的角度出发，所选择的物理问题的深浅程度，要能针对课程、教材和学生的知识和能力实际情况，尤其是要针对学生学习的薄弱环节或在解答时容易产生的错误和障碍。

例如，针对学生在理解速度与加速度的区别、力和运动的关系理解中的问题，可以提出“物体的速度为零时其加速度是否一定为零”、“物体在运动是否一定有力的作用”等问题，让学生思考解答，并且要求在解答时通过对生活实例分析加以说明。

（三）实际性

从实际问题出发，问题的选择要注意把理想化模型同实际问题密切联系、理想化过程与实际物理过程有机结合。这样，物理问题才更有实际意义。

例如，可否发射一颗周期为 80min 的人造地球卫星？说明你的理由。又如，估算水分子的直径，通过实例分析，使学生明确理想化与实际问题间的区别与联系。

（四）启发性

从培养学生的思维能力出发，要注意同时培养学生的定式思维及变式思维，为培养创造性思维奠定基础，使学生能够从内容和方法上都有所启发。只有这样，学生在各方面的能力才会有整体性提高。例如，分析正电荷沿电场反方向进入足够大的电场中的运动情况，可以受到竖直上抛运动规律的启发，而竖直上抛运动又可通过运动学和动力学等多种途径进行分析和研究。这正体现了变式思维的作用，从而有效地培养了学生思维能力。

（五）生活性和时代性

所选择的物理问题一方面应该与学生的现实生活、生活经验联系起来，让学生用所学到的物理知识去解释生活中的一些物理现象。另一方面还应密切联系现代科技发展的新成果，激发学生学习物理的兴趣，了解物理知识在科技发展中的作用。例如，学习了光的折射，让学生解释海市蜃楼的现象；学习了电磁感应现象，要求学生分析电磁炉的工作原理等。

（六）多样性和灵活性

由于不同的问题可侧重培养学生不同的能力，因此教学中不能只偏重于一种形式的物理问题，而应适当编排多种形式的问题，既要有定量计算的，也要有定性解释的，以促进学生全面发展。此外，还应设计灵活多变的练习，力求做到“一题多变”、“一题多解”。这样不仅有利于提高教学效率、减轻学生负担，而且有利于训练学生思维的开阔性和灵活性。

五、物理习题课的设计结构

（一）复习旧知识

通过复习提问或由教师简单概述，复习与练习有关的知识和方法。复习要做到简明而有实效，不复习与本节解答问题无关的知识，不能把习题课上成复习课。

（二）问题呈现

问题呈现的方式很多，问题选自教学辅助材料的可以让学生阅读，教师选编的问题可以采用印发、板书、投影等方式。需要注意的是：只要后面带解答过程的问题，原则上不宜采取让学生阅读的办法。

（三）学生自主学习

在教师的指导下，首先让学生尝试对问题独立的解答。教师要因材施教，在巡视时对于程度不同的学生在要求上和指导上要注意区别对待，特别要注意指导在解题上困难较大的学生。

（四）小组交流

在学生自主解答后，让学生小组内交流解答过程，然后进行讨论。在学生自主学习和小组交流的过程中，教师巡回指导时，要注意发现不同的解法和典型的错误、障碍，为后面的师生共同探讨奠定基础。

（五）师生共同探讨

在小组交流的基础上，小组派代表在全班展示自己组的答案，其他组的同学可以质疑、补充或完善答案，在这个过程中教师给予启发、引导和点拨。

（六）学生练习

学生练习问题的选择应当配套，由易到难，以训练基本功、基本思路和方法为主，基本练习与综合练习相结合；应按照不同的目的，对学生解题过程分别提出不同的要求。

（七）总结提高

教师根据通过在学生自主学习、小组交流、师生共同探讨和自己联系中，多种途径所得到的学生情况的反馈信息，进行总结点评，包括分析学生解题中出现的各式各样的问题及其原因并指出正确的方法和答案，比较各种不同的解法，注意发现学生解答中的好方法并肯定推广。

教学过程中根据题目的难以程度不同，可以重复以上全部或部分环节。

第五节　物理复习教学设计

一、物理复习教学的作用

（一）巩固知识、强化记忆

所谓巩固，是通过反复的强化，把所领会了的知识牢固地保持在记忆之中的过程。知识是否巩固的标志在于是否能够正确地、迅速地再认和重现以至灵活地应用知识来解决问题。

要巩固掌握的物理知识，必须跟遗忘作斗争。根据心理学的研究，遗忘和保持是相互对立的两个方面。遗忘就是大脑皮层上暂时神经联系的抑制。从学习的角度看,遗忘有两种:一种是在学习知识以后,由于没有复习,致使大脑皮层上的暂时神经联系因得不到强化,而产生消退抑制,这就是永久性遗忘;另一种是由于某种外界强烈刺激的干扰引起外抑制,或是由于长时间的强化记忆,大脑皮层上的神经细胞因过度疲劳而引起保护性抑制,从而导致暂时性遗忘,一旦外抑制或保护性抑制消退,记忆便可恢复。从教学的角度讲,预防遗忘、巩固知识的最好方法是经常复习。

心理学研究表明,在认识新知识的同时,遗忘也就开始了。在识记的最初时间遗忘得快,后来逐渐缓慢,相当时间以后,几乎不再更多地遗忘了。根据这一规律,就要求我们在教学中不仅要加强复习,而且应及时复习。

(二)温故知新、拓宽加深

复习并不是简单的重复,它是一个知新的过程。复习是否能达到巩固的目的,主要取决于对知识内容的重新组织,同时,要针对学生的实际,针对所存在的、带有普遍性的问题。在复习过程中通过知识的内在联系,把零散的、片断的知识条理化、系统化,使学生对知识的理解更深刻、更全面,达到横向拓宽知识、纵向深化知识的目的。如学生分别学习了牛顿定律、动量定理与动量守恒定律、动能定理与机械能守恒定律,通过复习,可以使学生明确认识到这 3 条规律是动力学的核心,它给我们提供了解决动力学问题的 3 条途径。通过分析、对比,弄清它们之间的区别与联系,这对于学生掌握整个力学体系,具有重要的作用。

(三)发展能力、综合提高

通过概括而系统地复习,可以进一步掌握研究和处理问题的方法,有助于系统的物理知识与学生已有的知识体系相联系,形成新的认知结构,有助于知识向能力的转化。在复习过程中,通过教师的示范、指导和启发,使学生的概括和整理知识的能力、记忆能力、分析和解决问题的能力以及学习物理的自觉性和主动性都有较大提高。而且由于复习能够揭示物理知识的内在联系,促进学生对物质世界的多样性和统一性的认识,因此有利于学生形成辩证唯物主义的世界观。

二、物理复习教学常用的方法

应根据教材内容的特点和学生对教材掌握的具体情况,选用相应的、讲求实效的方法来实现复习的目的。物理知识复习常用的方法有以下七种。

(一)对比复习法

对比复习法有利于中学生掌握易混淆的概念和规律。通过对比,辨析易混概念、规律,达到正确掌握知识的目的。例如,速度变化量与速度变化率以及电势、电势能与电动势等知识就适宜用此法复习。

(二)提纲复习法

把主要教学内容编成提纲,引导学生按提纲进行复习。例如,力学总复习时可采取师生一起列出力学知识结构图,让学生以图为纲进行复习的方法。

(三)复现复习法

教师引导学生回忆思考一个教学单元的主要内容。随着学生的回忆教师完成板书,使复习内容复现在黑板上。例如，运动定律、电场等单元学完后，可用此法进行复习。

（四）组题复习法

认真选择彼此独立而又有联系的题目组成一套练习题，大体上能把要复习教学单元中的概念和规律组织进去。在引导学生解答这些习题的过程中，有意识地复习并突出有关概念和规律，这种复习法就是组题复习法。

（五）实验复习法

依据中学生的心理特点，设计恰当的实验不仅能有效地引导学生复习有关的物理知识，而且也有利于激发学生的学习兴趣，并且还进一步训练了学生观察和实验的能力，因此，它是进行物理复习的有效方法。例如，将课本上的演示实验让学生重演，提出问题让学生思考；变换实验部件或条件，讨论实验的成败关键及现象的因果联系；采用与课本上不同的方法进行演示；配合讲解和讨论，穿插一些小实验，举办实验仪器陈列，开放实验室等。

（六）归类复习法

将所学内容按知识的性质来划分，同一类的知识归并在一起进行复习。例如，直流电路涉及的知识多而杂，可以引导学生把这部分知识归纳整理为“1234”，即要求学生掌握“1 条定律——欧姆定律”、熟悉“2 种电路——串联电路和并联电路”、会用“3 种仪器——电流表、电压表和变阻器”、理解“4 个概念——电量、电流、电压、电阻”。然后根据每项内容的特点选用适当的方法进行复习。

（七）知识结构复习法

以知识结构理论为指导，通过复习使学生掌握所学内容的基本结构。例如浮力等单元的复习可以采用这种方法。

应该提出的是，复习方法和形式应该是多样的，它们各有所长、各有所短、各有所适。应该根据教学内容和学生情况选择适宜的方法，并且多数情况下，宜交替使用各种行之有效的方法，一般不应始终采用单一方法和形式进行。

三、物理复习课的教学环节

（一）阐明复习目标和内容

教师要认真学习和钻研“课标”和“考纲”，根据复习的内容和学生实际，确定复习目标。复习目标主要有：一要让学生梳理知识间的横向和纵向联系，进行知识的综合；二要让学生进一步巩固和深化所学的知识，强化知识的重点掌握和难点突破；三要让学生通过复习提高分析和解决问题的能力；四要深入挖掘复习课中问题所蕴涵的情感因素，让学生感受到相应的科学情感态度与价值观的教育。

要向学生简明介绍复习的主要内容，使学生明确复习的知识要求和复习的重点。复习课的内容要做到不是简单的“炒冷饭”，而要有所创新。如在学习了“伏安法测电阻”后，学生学会了根据欧姆定律，利用电压表和电流表分别测出导体两端电压和导体中电流，运用推导式 $R=U/I$ 就可以测出导体电阻。复习课上可进一步改变问题背景和条件，提出新的问题：假如没有电流表，你还有办法测出导体的电阻吗？假如没有电压表，你能想法测出导体的电阻吗？

复习课向学生阐明复习的目的和内容可以让学生在复习过程中做到胸中有数，有的放矢地参与到复习活动中来。

(二)梳理知识与技能网络

针对教师提出的复习目标和内容，教师应当让学生对已学知识进行自我梳理、整理归类，并对遗忘的知识进行强化记忆；也可以让学生查找自己掌握知识的漏洞和薄弱环节，从而带着问题去进行复习。

在引导学生梳理知识网络过程中，要注意激发学生复习的兴趣。不少教师的复习课常常简单重复已学知识，没有考虑学生的兴趣，这样的复习效果就好不到哪里去。因此，复习课要考虑学生的学习需求和兴趣。有一种切合学生生活的“问题串”复习方法，可以激发学生的兴趣，为学生创设练习和探究的机会。如在复习“声现象”时，可创设一系列的问题情景：小明和小华携手前往音乐厅去欣赏上海交响乐团的演出，还没有进入音乐厅，他们就听到了美妙的音乐。小明说：“你听，小提琴的声音多么优雅动听！”小华说：“大提琴的声音也深沉浑厚。”他们很快进厅入座，陈浸在乐海中。音乐声时而高亢，时而低沉，时而洪亮，时而轻微。当曲终之时，他们看到，指挥家将扬起的指挥棒迅速一收，所有乐器哑然无声，全场一片寂静，紧接着爆发出热烈的掌声。小明情不自禁地高声喝彩，被小华迅速制止。音乐会虽已结束，但美妙的音乐似乎还在他们的耳边萦绕，给他们留下了难忘的印象。提出的问题是：①为什么没进音乐厅就能知道有小提琴和大提琴在演奏？②“高亢、低沉、洪亮、轻微”，表明乐音有什么特性？③各种乐器是怎样发声的？为什么会突然“哑然无声”？④为什么小华要制止小明高声喝彩？并进一步提出：⑤声音是由振动发生的，我们是怎么知道的？能否举出两个证据。⑥真空不能传声，我们是怎么知道的？⑦声音有能量，我们是怎么知道的？能否举出两个例证？这些以学生熟悉的生活背景的资料来创设问题情境，能拉近学生与物理知识及应用的距离，让学生对复习的知识内容产生兴趣，进而引发学生参与到复习学习活动中的积极性。学生对这些问题的解决和解答也正好完成了“声现象”知识网络的梳理。

(三)典型例题示范，查漏补缺

教师要在清楚了解学生对知识掌握的好坏与差异的基础上，针对学生中存在的问题，有的放矢，对症下药，进行典型例题讲解。教师的例题示范不应当是教师的独角戏，而是师生双方互动的过程。教师例题示范，一方面要遵循由易到难、循序渐进的原则，澄清学生中的疑难问题；另一方面，这种澄清学生疑难问题的过程是通过启发学生思维和解决例题过程中完成的。一些难点、疑点、易混点、知识的盲点等，都要让学生思考讨论。学生通过积极思维后，教师及时引导、启发和必要点拨，对学生的知识进行查漏补缺。

(四)学生独立练习，教师巡回指导

复习课要让学生独立做一些练习。题目要有一定的代表性和普遍性，既能涵盖本节课的知识内容，突出重点和考点，又有一定的综合性，还能体现能力形成的层次。要提供一些学生错误率高的题目进行一题多变和一题多解式的练习，培养学生的发散思维能力。比如在摩擦力的复习中，如图 8-4 所示。

A、B 物体叠放在一起，当用 10N 的拉力作用在 B 上时，A、B 一起向右做匀速直线运动，问此时 A 和 B，B 和地面之间的摩擦力是多大？这样的例题可以引申为：①若把拉力作用在 A

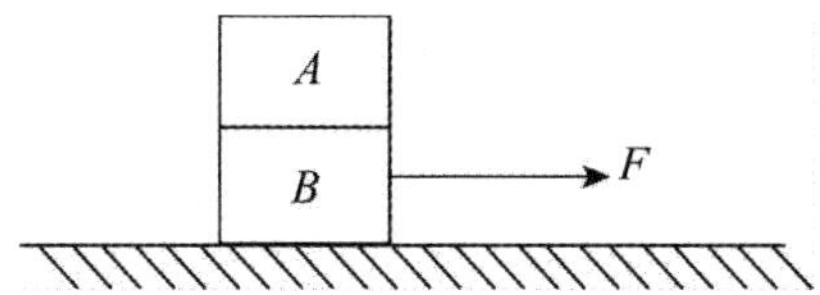

图 8-4　叠放物体在力 F 作用下示意

上，同样使 A、B 一起向右做匀速直线运动，问此时 A 和 B，B 和地面之间的摩擦力又是多大？②若 A、B 完全相同，把 A 放在 B 的旁边，要推着它们一起做匀速直线运动，推力的大小将如何变化？这样举一反三的变化，让学生觉得这样的思考很有意思，既提高了学生的兴趣，又培养了学生仔细审题和解题的能力和良好习惯。

在学生练习过程中，教师要巡回视察，及时指导。在巡回指导过程中，教师要着重通过了解学生的解题思路、解题方法等方面的问题，剖析他们在知识与技能方面的漏洞与缺陷，以便复习时查漏补缺。

（五）共同小结，交流评价

学生独立练习后，教师应要求学生对复习内容及练习做出小结。学生一般可以独立或者分组交流，通过比较、分类、概括，对复习知识形成更结构化的认识，加深对所运用的技能的理解。如根据问题模型的结构装置相同或相似，要求学生小结解题的方法与技巧，如力学中的“弹簧连接体问题”，热学中的“气缸类问题”、“连通器问题”，电学中的“含容电路类”、“分压式电路类”、“限流式电路类”等。又如根据具有相同或相似的解题原则与方法，要求学生小结适用问题的种类，如力学中的“碰撞类”，热学中的“两气体隔离物移动方向的判定类”，电学中的“动态电路分析类”等。必须说明，在学生的小结过程中，允许学生相互探讨，相互修改补充。必要的话，还可以让学生或小组在班上呈现自己的小结。

为了巩固和提高学生的复习效果，应当要求学生在小结中进行反思和自我诊断，检查自己是否理解了知识，掌握了必需的技能，原来的疑问是否已经解决，还存在哪些问题等等。

总之，复习课与其他的课一样，虽然教学有法，但也要根据实际的教学实际，灵活多变。究竟采取何种复习方法上好复习课？教师要研究学生的复习课的心理需要，根据复习内容、学生实际情况、复习的效果等因素而选择多种方法的综合运用。复习课切忌片面追求升学率，把学生当成训练机器，采用“练习 → 校对 → 再练习 → 再校对”的非人性化做法。

第九章　物理教学评价

第一节　物理教学评价方法

一、物理教学评价的类型

根据物理课程教学评价在教学过程中所发挥作用的不同，可将其分为诊断性评价、形成性评价和总结性评价。

1. 诊断性评价

诊断性评价是为探查学生的学习现状、影响学生学习的状况及造成学习困难的原因，教师为此采取相应的对策，提供补救性的教学措施。诊断性评价可以在教学过程开始时，也可以在教学过程中进行。因为它总是针对学生学习中出现的问题寻找原因，因此在因材施教、及时补救等方面凸显其价值。传统教学中，教师曾用的摸底测验就属于诊断性评价。诊断性评价所测试的内容一般为:必要的预备性知识或技能的特定样本(比如讲授有关温度计知识和使用技能前，考查学生对刻度尺知识和使用技能的掌握等)，与学生行为有关的生理、心理、环境的样本(比如学生学习有关"温度计"前，了解他们是否与温度概念和温度计实物打过交道的经历等)。显然，试题多为前概念性难度较低的题目，评价的目的在于查明学生学习准备和不利因素，以便合理安排学生自主学习和合作学习，考虑区别对待，采取补救措施等等。

2. 形成性评价

形成性评价是在教学实施过程中为了确定学生的学习效果，改进和完善教学活动而进行的评价。形成性评价是以过程反馈为中心的评价，所注重的不仅仅是学生是否达到教学目标，更注重通过了解学生的学习效果，对教学过程不断地进行测评、反馈、改进，从而使之趋于完善。由于它侧重于教学过程的改进和完善，因而是一种"前瞻式"评价。形成性评价有点类似教师在教学过程中的小测验或单元测验，比较频繁，属于非正式测验。形成性评价所测试的内容一般为课题和单元目标样本;评价的目的在于改进学习过程，调整教学方案，确定学习效果。

3. 总结性评价

总结性评价一般是指在一个大的教学单元或一门课程结束后对学生的学习效果所进行的评价。它的目的是评定学生已经达到的学习水平，预测在未来的教学进程中成功的可能性。总结性评价能够判断学生的学习水平高低及在学生群体中相对的位置，起到了鉴别和选拔的作用。它注重于已经过去的教学效果的评定，是一种"回顾式"评价。总结性评价在一定程度上与期末、期中或升学考试有相同之处。

总结性评价所测试的内容是课程和教学目标的广泛样本;评价的目的在于证明学生已达到的水平，评定学业成绩。

二、物理教学评价的方法

中学物理教学的评价方法即评价中学物理教学所采用的方式和手段，可以应用在各类评价工具中。不同的评价方法适用于不同人群和情况，这些评价方法将帮助理解教师评价和学生评价工具的建立和使用。

(一)档案袋法

学生档案袋是记录学生成长过程的档案。它是指教师和学生将各种与学生平时表现有关的材料收集起来，进行分析与解释，进而了解学生在学习物理时的努力和进步状况以及取得的成就。在世界范围内，首先采用档案袋评价方法的是美国哈佛大学教育学院的零点计划。档案袋评价时间跨度较长，需要课程的设计者和教师进行合理的计划。在整个学年里，要选取学生有代表性的作品，这些作品不但要能围绕科学教育目标，更要为教师的评价提供客观有效的信息。档案袋评价法的特点在于它充分调动了学生参与的积极性，使他们成为评价过程的参与者。此外，这种评价方式与教学紧密相连，学生的成绩不再是教师评价的唯一标准，这也使得学生更注重课后反馈和自我反思。同时，整个评价过程中，家长、社会都有机会参与。

(二)测验法

测验法是教学中常用的评价方法。应用的范围广泛。它是在每一个教学单元、一个学期或者是一个学年的教学任务完成后，用来判断学生对物理知识和技能的掌握情况。测验法的主要形式是纸笔测试，这种测试方法操作简便，耗时较少，便于考察学生的知识水平，但很难考察出学生物理技能的掌握情况。现代物理测验法，更加偏重试题中开卷部分所占有的比例，更强调试题的真实性和情景性，更注重过程，这样的趋势利于学生形成对现实生活的领悟、解释和创造力。

(三)访谈法

访谈法在物理教学评价中也有着广泛的应用。教学中所采用的访谈法一般是指评价者向学生直接提问，进而了解学生对物理所学内容的了解的情况。由于这些信息是学生自己陈述的，因而可以用作定性分析。其特点在于具有双向性，评价者和学生之间保持良好的语言沟通，评价者也可以根据学生的回答改变自己原先的问题，或调整问题提问的顺序和方式，因此对于收集了解学生的态度、价值感以及意见方面有着天然的优势。访谈一般要先拟定访谈提纲，分为封闭、半开放和全开放式，可以是一对一，也可以是焦点团体访谈，形式灵活，往往根据研究目的而定。

(四)观察法

观察法是指人们通过感官或借助仪器，有目的地对学生在自然条件下出现的现象进行考察的方法，考察内容包括学生的操作技能、情感反应、态度、兴趣和个性等。观察法在现场进行，具有较强的直接性，没有中间环节的干扰；观察所得到的结论是一手资料，评价者可以很快地捕捉到评价对象的各种表现，准确且及时。但观察法也有很大局限，会受到评价对象的限制，一旦涉及评价对象的内在问题时并不适用；作为观察者，在观察过程中难免加入主观思想，很难做到客观评价，观察过程极易受到外界因素的干扰。

由此可见，中学物理教学评价的方法各不相同，也有着各自应用的领域。档案袋法虽然烦琐，但是对于了解学生的学习进程有着重要的作用；测验法应用简便，使用条件广，便于随时了解学生的物理学习状况；访谈法使用比较复杂，对访员要求很高，但是可以辅助其他方式了解教学的基本情况，是实质性调查的重要手段；观察法具有客观且直接的特点，但是使用范围较小,而且被访者容易受到观察记录员的影响。总而言之,不同的评价方法对应不同的评价需求,了解评价方法的应用条件,才能进行更为有效的评价。

三、物理教学评价的过程

物理教学评价的过程与一般教学评价的过程相同。而一般教学评价的过程随评价理论的不同而不同,下面介绍的是目标到达度的基本评价过程。

1.确定评价的对象

主要解决评价的客体是什么或评价的领域是什么的问题。例如,评价的对象在学校范围内,主要是指学生学习成绩、学生能力水平、教师授课质量、学校领导班子与办学思想等。

2.设计评价指标体系

所谓指标体系,就是关于被评价对象的全部因素的集合。以对学生知识学习的评价为例,比较行之有效的办法是:按布卢姆的教育目标分类学认知领域的六个分类将学生的学习水平加以分类,而后,按此编制测验、收集资料、处理资料,对学生的学习进行价值判断。所以,设计评价指标体系,就是规定评价哪些因素、不评价哪些因素,将评价所依据的目标具体化、可操作化。

上述指标体系的含义是狭义的。广义的指标体系不仅包含各项指标的集合,而且还包括各项指标的权重系数的集合以及各项指标的描述和测量的方法。

因此,在实施评价之前,评价者不仅要将评价所依据的目标加以具体化、可操作化,而且要规定好各项指标的权重系数以及各项指标的描述和测量方法的选用,即评定工具的选用。

3.运用评价工具广泛地收集资料

选用效度和信度高的评价工具收集一切与评价有关的资料。例如,谈话、问卷、测验、评定量表等方法均可获得评价所需的资料。

4.处理评定资料

在评价过程中,评价者首先是对各个单项指标进行评价的,针对不同情况,可采用不同的方法将这些单项数据资料综合起来。

如果所使用的评价工具是常模参照测验,则可运用常模表找出与原始分数相应的量表分数。如果所使用的评价工具不止一个,而是几个,每种工具所测量的数值参照点相同、单位相等,则可用加权平均方法求其平均分数。

如果被评价的指标是模糊的,可用模糊综合评判法来求得综合分数。

评定资料的处理不仅有数据综合问题,有时还有数据之间相关分析,显著性检验的问题,可以运用统计方法来解决。从多个因素中找出主要因素,可用多元分析的方法。

5.做出评价结论

做出评价结论,就是指形成综合判断和分析诊断问题。所谓形成综合判断就是从整体上对评价对象做出定量或定性的综合意见。例如,做出优良程度的区分,或做出是否达到目标的结论。基于教学评价的目的,我们不仅要在评价的结果处理上做出综合评判,而且更重要的是分析问题、诊断问题和提出改进教学的措施,以促进被评对象教学状况的改善。

上面所论述的评价过程是目标达到度的评价过程,而根据斯塔克的表象模型评价过程的程序是:①描述一个方案;②向有关听取人作说明报告;③获得并分析评价听取人的看法;④再向听取人报告分析后的看法。其他的评价过程就不再一一枚举了。评价专家们在这个问题上虽然还没有一致意见，但大多数的学者认为，评价不能仅限于收集和分析资料的机械活动，而应该包括为什么要评价以及存评价结束之时报告每次评价的结果。

第二节　物理课堂教学评价

一、物理课堂教学评价的标准

教学评价一般有评价对象、评价指标体系、评价者三部分组成，评价对象包括学生学业、教师课堂教学质量；评价指标体系包括评价指标、评价标准、评价指标的权重；评价者包括专家、同行和学生等。评价指标体系是否科学、完善，直接决定着评价的有效性。现以物理课堂教学评价指标体系为例，列表如表 9-1 所示。

表 9-1　物理课堂教学评价指标体系表

结构指标（权重）	评价要素及其标准	权重	优	良	中	差	得分
教学内容（0.225）	教学目标明确，体现课标要求	0.20					
	条理清晰，详略得当，符合学生认知水平，体	0.30					
	现对学生能力培养	0.35					
	思想教育贴切	0.15					
教学方法（0.300）	善于设问，具有启发性	0.30					
	时间分配合理，各环节链接自然	0.15					
	教学方式多样化	0.25					
	熟练演示与操作，且善于引导学生观察和思考	0.30					
教学素质（0.200）	语言科学、准确、流畅	0.35					
	板书工整，布局合理	0.25					
	仪态大方，富有感染力	0.25					
	注意到课的接续技巧	0.15					
教学效果（0.275）	课堂气氛活跃，师生互动性好	0.35					
	能在一堂课内完成规定的任务	0.30					
	面向全体学生，使不同层次的学生都有所得	0.35					

二、物理课堂教学评价的方法

（一）教学要素评价法

教学要素评价法主要是对课堂教学的目标、内容、过程、原则、方法、手段等要素的处理及教学行为，对教师的课堂教学水平作出评价。它一般从以下几个方面来评价课堂教学：①教学目标的正确性；②教学内容的科学性、思想性和实践性；③教学过程的合理性；④教学原则、教学方法、教学手段等的针对性;⑤教学技能、技巧的独特性。这五个方面就成了课堂教学评价项目,然后对这五个评价项目又分解为若干个评价子项目,这样就形成了一个课堂教学评价指标体系。对每个子项目要作出明确的评价标准说明及评定等级说明,以便评价者能有根据地进行评定,如表 9-2 所示。

表 9-2 中学物理课程教学评价

评课人: 学校: 课题:

评价项目	评价子项及其标准	每项满分	评价结果			得分
			优	较好	一般	
教学目标	教学目标是否符合课程标准要求 教学目标是否符合学生实际 教学目标是否达到	20	20～17	16～14	13～8	
教学内容	阐述科学,标书明确 重点和难点的处理得当 融合能力培养的内容 教学内容联系实际	20	20～17	16～14	13～8	
教学过程	符合学生认知规律和特点 调动学生学习积极性 时间分配合理,各环节链接自然 教学过程逻辑性强 培养了学生的学习能力	20	20～17	16～14	13～8	
教学原则、方法、手段	是否针对学生的实际 是否体现教师主导和学生主体的作用 是否有利于学生自主学习的开展 教学手段是否运用得当	20	20～17	16～14	13～8	
教学技能	教学语言生动、流畅 教师板书额板画规范、熟练 教态自然、从容、和蔼 教学过程中应变能力强	20	20～17	16～14	13～8	
综合评价	好(100～85)	较好(84～70)		一般(69～40)		
综合评语						
评价说明	评价者根据情况,在相应格中打√,然后计总分;根据总分,在综合评价栏中给予相应的“好”“较好”“一般”的评定 综合评语对课的特色给予概括性的评价					

教学要素评价法能较好地对教师的课堂教学的理念、教学水平、教学能力作出价值判断,适用于学校管理部门对教师课程教学的水平及能力的鉴定和评优。但这种课堂教学评价标准

也受到批评，许多人认为，它忽略了课堂教学主体学生作用，未能关注从学生的学习效果来评价课堂教学质量，也未能突出评价对学生发展的导向与激励功能。

（二）学生表现评价法

现代物理教育的发展要求重建物理课堂教学的质量观。怎么样的课才是好的课？对这个问题需要以新的理念、新的视角来重新认识。根据教师"教"的目标、"教"的过程、"教"的方法、"教"的手段、"教"的技能等来评判一堂课的好坏，无论从理论还是从实践上看，都是难以立足的。鉴于这样的认识，当今课堂教学评价从关注教师的"教"转向关注学生的"学"。学生表现评价法的核心理念是"以学生的发展为本"，课堂教学评价的标准主要不是从教师的教的行为与表现来评判，而是从学生在课堂教学中的表现、对他们发展的效果和作用来评判。

学生表现评价法的标准一般从学生在课堂中的学习活动的质量来构建。由于对学生在课堂中的学习活动性质和质量认识的差异，学生表现评价法又呈现多姿多彩的方案。下面介绍一种以"重学"的课堂教学评价方案。这个方案的基本思路是这样的：从课堂教学中学生学习的活动方式和心理活动的性质来看，学生在课堂教学中的活动方式和性质可以分为"参与态度"、"参与广度"、"参与长度"、"参与深度"、"参与效度"五个维度。其中，"参与态度"是指学生参与课堂学习活动的心理倾向，其评价主要看在课堂中学生学习物理的兴趣是否浓厚，是否乐于自主、探究、合作，学习态度是否认真；"参与广度"是衡量学生参与学习的广泛性的指标，其评价主要看全体学生是否参与了学习，在自己的基础上是否都有了收获，是否富有个性化的学习；"参与长度"是衡量学生主动性学习活动量的大小的指标，其评价主要看学生是否有适当的自主学习时间，是否有一定探究学习活动，灌输性的学习是否较少；"参与深度"是衡量学生学习品质的指标，其评价主要看学生是否敢于质疑问难，是否善于独立思考，是否善于科学探究，是否善于交流合作；"参与效度"是指学生参与课堂教学的学习效果的有效程度，其评价主要看学生的"知识与技能"是否学习效果好，学生学习能力是否提高显著，学生学习志趣和态度是否得到了培养。根据以上论述，可以构建出如表 9-3 所示的物理课堂教学评价量表。

表 9-3　中学物理课程教学评价

评课人姓名：　　　　学校：　　　　课题名称：

评价项目	权重分	评价子项和要求	优秀	良好	中等	较差	计分
参与态度	15	1. 学习兴趣浓厚	5	4	3	2	
		2. 乐于自主、探究、合作	5	4	3	2	
		3. 学习态度认真	5	4	3	2	
参与广度	15	4. 全体学生参与学习	5	4	3	2	
		5. 全体学生均有收获	5	4	3	2	
		6. 个性化的学习	5	4	3	2	

续表

评价项目	权重分	评价子项和要求	优秀	良好	中等	较差	计分
参与长度	15	7.较长自主学习时间	5	4	3	2	
		8.有一定的探究学习活动	5	4	3	2	
		9.灌输性的学习较少	5	4	3	2	
参与深度	20	10.学生敢于质疑问难	5	4	3	2	
		11.学生善于独立思考	5	4	3	2	
		12.学生善学科学探讨	5	4	3	2	
		13.学生善于交流合作	5	4	3	2	
参与效果	15	14.知识与技能学习效果好	5	4	3	2	
		15.学些能力提高显著	5	4	3	2	
		16.学些志趣和态度得到培养	5	4	3	2	
评价等级	A级		B级		C级		D级
说明:根据授课情况,在表中相应方格中打√。然后计算每个评价项目的分数,最后评价项目的分数相加,得到总分。评价等级说明:满分80分,总分72,为A级;72>总分64,为B级;64>总分45,为C级;总分45以下,为D级							

三、现行课堂教学评价的弊端

传统的课堂评价由于存在以下弊端,已不再适应新课程理念的要求,改革势在必行。

(一)评价主体单一

长期以来,对学生的评价主要是教师。教师评价在教学中占有极重要的地位,具有示范性、指导性和权威性。学生常常把教师的言语当作旨意,只有执行、听从,没有反驳、背叛。教师一句无心的批评或表扬,都会对学生产生较大的影响,甚至是在班级里的地位。但并不是每一次教师的评价都是正确的,他会受到多方面条件的制约,例如心情、知识水平、对学生的偏向性、评价手段,等等。如果单凭教师一个人的主观评断就肯定或否定学生的全部,而忽视学生的主体地位和对自身价值的追求,这样的片面化评价不符合课程改革"以人为本"、"为了每一个学生发展"的理念。

(二)评价方式单调

通常,教师对于学生的回答善于进行口头评价,"很好"、"不错"、"不对",等等。当然,口头评价是学生学习过程中一种重要的发展式评价,也是最直接、最快捷的评价方式,但如果教师一味重复这种单调、毫无新意的评价,学生慢慢习惯了这种评价方式,回答问题的积极性逐渐消失,评价也就失去了实际的意义。

（三）重视结果的“对”与“错”，忽视过程性评价

传统的课堂评价注重的是学生的课堂回答与教师预设的答案吻合的程度，这种评价标准的绝对化，忽视了考查学生回答问题的本质所在，如果我们把问题的全过程压缩到只剩下一个结果的话，那么评价也就无价值可言。对于回答结果正确的学生，他们的思考方式、解题步骤也不会完全相同，那么解法也就有简单、复杂、陈旧和新颖的区别；对于回答错误的学生，错的地方更不尽相同，错在哪里，为什么错，这些疑惑在一个答案中都是体现不出来的。长此以往，学生在回答问题的时候，不是从自己对问题的思考研究出发，而是千方百计揣摩教师提问的意图，在记忆库中搜索教师讲过的有关内容，努力使自己的答案得到教师的认同。学生的个性与创新意识在这种猜谜式的回答中消磨殆尽。

（四）缺乏鼓励性

传统的课堂评价缺乏对学生的激励性评价。这主要表现在两个方面：一是对表现较好的学生，教师往往觉得理所当然，忽视了对学生的积极评价，久而久之，伤害了学生回答问题的积极性，导致学生即便会答，也不愿回答的情况；另一方面，由于学生分析问题角度单一、对知识的理解和概括能力不强等原因，学生常常对问题回答不全面或者答非所问，有的教师就不顾学生的自尊心，采用讽刺、挖苦性的语言来评价学生。当学生提出一些与课堂上无关的好奇问题时，教师也会认为他是在故意捣乱，置之不理。长此以往，逐渐造成恶性循环，学生害怕回答问题，更不敢提问题，极大挫伤了学生的自信心，阻碍了学生思维能力的培养。

四、物理课堂教学评价的改革

（一）多样评价方式

1.运用多媒体进行评价

多媒体的应用是一种区别于传统讲授方式的新型教学手段。学生容易对新事物产生兴趣，所以应用多媒体来对学生进行评价，学生接受起来比较直接、客观，可以达到很好的效果，即掌握了知识，又培养了学习兴趣，实现了现代信息技术与课堂教学的整合。

2.体态语评价

体态语是指通过教师的眼、手、表情等传达信息的表达方式。教师给予正确的肯定时，可以用鼓励的眼神、满意的微笑、轻轻的点头，甚至拍拍学生的肩膀等方式，这些行为无不触动被评价者的心灵，使师生引起共鸣，达到良好的评价效果。

（二）多元评价主体

发展性评价强调评价主体多元化，学生的自我评价和相互评价，对于发挥学生矫正信息的能力，有着胜过教师的作用。物理课程标准明确提出：“在物理课程中，学生自己在学习中发现问题是至关重要的。”教师要善于引导学生发现自己存在的问题，能够对自己的学习态度、学习体验、学习方法与学习过程有更清楚的认识，培养学生矫正信息的能力，真正唤醒学生的主体意识。在自我评价的基础上，教师要拓展自主评价的空间，让同学之间相互评价，使每个学生都积极参与到课堂中，让学生在互评中受启发，深入理解知识，在互评中明辨是非，在比较中获得发展。

（三）激励性评价

心理学研究表明："缺乏激励，一个人自身潜力只能发挥20%～30%，正确充分的激励则能使人发挥其自身潜力的80%～90%"。教师在评价教学过程中若能正确地运用激励手段，让学生体会到自我的价值，必定能提高学习效率，激发学生的学习热情。用肯定、鼓励、希望的语言激发行为者的积极性，叫正面激励。用否定的语言激发行为者的积极性叫反面激励，即激将。在课堂评价过程中，应正面激励为主，激将为辅。教师可根据学生的不同个性特征，采取不同的激励方式。在评价时，还要多表扬，少批评。"一句赞美可使我快乐两个月"，马克·吐温的这一快乐效应运用在课堂回答评价中，就是教师要对学生多加肯定和表扬，从而使学生产生愉悦感。对于自己感到满意的学生，教师要学会流露出认可的态度；对于相对表现不好的学生，教师也要善于寻找身上的闪光点，肯定他们的细微进步，精心呵护学生的自尊心，燃起学生学习的热情。

（四）关注过程性评价

《物理课程标准》强调教师要关注学生过程性评价，注重个性差异。发展性课堂评价虽然也重视答案的正确度，但更重视学生回答过程中所表现出的态度、知识水平、思维方式和独到见解的呈现，肯定思维过程中正确的一面，给予学生客观的评价，以使学生保留好的，改进不足的，接受正确的，在一点一滴中进步，朝着有利于自身学习的方向发展。

第三节 物理测验的评价

一、确定评价的目标和目的

在编制测验试卷前，首先要明确评价的目的。要明确下列问题：该测验用于哪些被试或哪些团体？测验是作为形成性评价还是总结性评价？测验是用于绝对性评价还是相对性评价？等等。评价的目的不同，测验的编制在命题方式、试题覆盖面、难度及对结果的阐释等方面也不同。

明确评价目的后，还要明确评价的目标。测验的目标就是对测验要测量的内容提出具体的要求。为兼顾方便可行，"知识与技能"领域的测验目标就有识记、理解、应用三个层次；"过程与方法"领域的测验目标主要是科学探究能力的目标；"情感态度与价值观"领域的测验目标主要是对科学技术与社会关系的认识及科学精神等目标（见表9-4）。明确了测验目的和目标，知道测什么，怎样测，是编制高质量的测验的前提。

二、编制测试试卷

一般按照测试目标用命题计划表（也称双向细目表）来规划试卷的结构。命题计划表是编制测验的"蓝图"，它详细说明了测验内容、测验目标及其权重，对试题数量、考试时间安排、测验分数分配等，都作了简明的规定。它是确保测验有较高内容效度不可缺少的环节。

表9-4是命题计划表最常用到的一种形式。

表 9-4 高中物理必修 1 第三章《相互作用》目标参考测验命题计划

测验目标 / 测验内容	知识与技能			过程与方法	情感态度与价值观	合计(%)
	识记	理解	应用			
重力 基本相互作用	1	2	2	1		22
弹力	1	1	1			13
摩擦力	1	2	1	1	1	22
力的合成	2	2	1	1		23
力的分解	2	2	1		1	20
合计(%)	65	20	15	100		

表的顶端横行开列了测验的目标，测验目标分为“知识与技能”、“过程与方法”和“情感态度与价值观”三个领域的目标，其中“知识与技能”目标分为识记、理解、应用三个层次。表的最下一行的数值为各项目标的试题分值占全卷总分的百分比。左端纵列是测验内容，有“重力基本相互作用”、“弹力”、“摩擦力”、“力的合成”、“力的分解”五块内容。表的右边的合计栏的百分比表示该测验内容的试题分值占全卷总分的百分比。这些百分比(权重)的确定依赖于测验编制者的经验或专家的意见。

设计好命题计划表后，就要搜集有关资料作为命题的材料，并选择试题形式，编写题目。测验题的形式可分为两大类：客观测验题和主观测验题。前者包括填充题、是非题、选择题，后者包括问答题、计算题、实验题、综合题等。它们各有优点和局限。在实际使用时，应考虑测验目的、对象、条件，灵活运用两种试题的形式。

用纸笔测验评价科学探究能力，需要编制探究性试题。探究性试题一般是以技术、社会、环境、生活为情景，以科学知识为载体来编制；也可以结合物理学史来编制；或者可以以科学实验为题材来编制；还可以在旧题目的基础上改编成探究性试题。这些试题的内容能引发学生相应的科学探究思维的活动或部分探究活动。

利用纸笔测验评价学生的科学情感与价值观，需要选编能够考查学生“情感态度与价值观”领域学业成就的试题，用以考查学生对科学、技术、社会关系的正确认识，衡量学生的科学态度与精神等等。

编选的初始题量应超过所需题量，经过试做、分析，确定各试题的难度和区分度，并筛选确定最终的试题。在编制测验题时，还需要考虑测验的时间、测验题的数量、测验的计分方法等。

物理测验的评价指标一般是难度、效度、信度和区分度，难度、效度、信度和区分度的分析如下：

(一)难度

难度指测验的难易程度，难度的数值用 P 表示。

对选择题或判断题(也称二值性试题)，若总人数为 n，某题答对人数为 R，难度的计算公式为

$$P=\frac{R}{n}$$

对于非选择题和判断题(非二值性试题),可用某个题目所得的平均数 $\overline{x}$ 与该题满分 $x_{满}$ 的比值来计算难度的数值。

$$p=\frac{\overline{x}}{x_{满}}$$

难度在 0 至 1 之间。$P>0.8$ 时,则试题太易;$P<0.2$ 时,则试题太难。试卷应该由不同难度题目按一定比例组成。如 $P>0.8$、$P<0.2$ 的试题各占 10%;P=0.2～0.4 和 P=0.6～0.8的试题各占 20%;$P>0.4$、$P<0.6$ 的中等难度试题应占 60%。整套试卷平均难度在 0.4～0.6 之间。根据测验的目的不同,试卷的平均难度也应有所差异。

(二)效度

效度是测验的准确性指标。对学生学业成就测验考查的指标主要是内容效度。所谓内容效度是指测验内容对所要测量内容的相符程度。分析内容效度从以下两方面考虑:

(1)要从测验的教材内容、范围(覆盖面)和教育目标以及它们所占的比例分析。

(2)考查题目内容与命题的双向细目表是否相符,参考答案、评分标准是否合理。

(三)信度

信度是指一次测验结果稳定性、可靠性的程度,是描述一份试卷可靠性的指标。信度的计算方法很多,这里只介绍一种实际应用较多的折半法,即折半信度的计算方法。首先将一份试卷分成尽可能等值的两半(可将试卷中的试题按奇、偶数分成两份),使这两份试卷考查目的、内容、题型、题数、难度分布、分值分配等相同或大致相同,这样就相当于把其中的一半试卷在相同的条件下,对同一批学生考了两次,从而考查考生在两半测验上得分的一致程度。先计算两半测验的关联程度(即相关系数),用 r 表示。若考生总数为 n,用 $x_1,x_2,\cdots,x_n$ 及 $y_1,y_2,\cdots,y_n$ 表示两组试卷分数,则

$$r=\frac{\sum_{i=1}^{n}[(x_i-\overline{x})(y_i-\overline{y})]}{ns_xs_y}$$

s_x 是变量 x 的标准差,s_y 是变量 y 的标准差

最后用斯皮尔曼一布朗公式求出折半信度:

$$r_{xx}=\frac{2r}{1+r}$$

测验的折半信度为 0.8 为基本合格。影响信度的因素主要有评分的标准和试题数量,要提高信度,就要求排除评分的主观随意性,客观评分;题量要足够多。

(四)区分度

区分度指题目对不同学生的区分程度(或鉴别力)。区分度计算方法很多(曲线法、相关法、极端组法),下面介绍最常用的方法。D 在 -1 至 $+1$ 之间。$D\geqslant 0.4$ 时,说明该题目区分性高;$D\leqslant 0.2$ 时,说明该题目的区分性很差;D 值为负数时,说明试题或答案有问题;一般要求试题的区分度在 0.3 以上。

试题区分度计算方法如下:

客观性试题区分度 $D=(R_H-R_L)/\frac{T}{2}$，其中 R_H、R_L 分别为高分组和低分组答对的人数，T 为高分组和低分组总人数。

具体步骤为：①将考生的总分由高至低排列；②从最高分向下取全部试卷的 27%作为高分组；③从最低分向上取全部试卷的 27%作为低分组；④按上面的公式计算。

主观试题(非选择题)区分度 $D=(X_H-X_L)/X_m$，其中，X_H、X_L 表示高分组和低分组在该题上的平均分，X_m 表示该题的满分。

整个试卷的区分度可以用所有试题区分度的平均值来表示。

然后，把试题组合成测验卷。组合试卷时，试题排列顺序要合理，先易后难。一般采用按题型分类，各类试题先易后难排列组合而成；也可采用混合式，将各种类型的试题按难度分成若干不同的层次，再将同等难度水平的不同性质和类型题目组合在一起。每份测验的前面或各类试题前面都撰写如何解答的说明语，以尽量减少测验时被试者的不解和提问。

接下来，要编制参考答案并确定评分标准。参考答案既要求简明和准确，又要灵活鼓励创新。评分标准既要严格又要便于灵活操作。要确保客观公正的评分，防止评卷人主观因素的偏差，尽可能减小评分误差。

三、实施测试

实施测试是学生解答试卷的题目的过程。为了确保测试的效度和公平性，在实施测验过程中要遵守统一的规范。对如何发卷和收卷，如何向被试说明，如何解答问题，如何控制时间等都应严格按实施测验的要求执行。

四、批改评分、数理统计

批改评分是根据参考答案和评分标准，对试卷进行批改并评分的过程。为了确保评分的信度，要严格遵循统一的主要标准和参考答案，给予公正的评分，特别对主观题的评分要注意科学、合理和公正；要防止批改者身心疲劳或情绪干扰造成评分差错；力求评分正确。

在批改评分后，要进行的是数理统计，数理统计的内容包括：平均分、次数分布和标准差。

1. 平均分数

平均数是用来描述被测团体水平的集中程度的数值。设被测人数为 n，每人的成绩分别为 $x_1,x_2,\cdots x_n$，则平均分数 $\overline{x}$ 为

$$\overline{x}=\frac{\sum_{i=1}^{n}x_i}{n}$$

如果被测人数较多，利用上式求平均分数较繁，又易出错，这时，可用次数分布表求出平均数(注意：只有人数较多时，这种计算方法才较准确). 若总次数为 n，分组的个数为 k，各组的组中值分别为 $x_{c1},x_{c2},\cdots,x_{ck}$，各组的次数分别为 $f_1,f_2,\cdots,f_k$，则

$$\overline{x}=\frac{1}{n}(f_1x_{c1}+f_2x_{c2}+\cdots+f_kx_{ck})=\frac{1}{n}\sum_{i=1}^{k}f_ix_{ci}$$

2. 次数分布

为了知道测验成绩的平均水平和差异情况以及分布的特点，试卷分析时要将测验得到的成绩分类、排列成序，绘制成反映这群数据在各组上出现次数的统计表格，即次数分布表。

例如，第一次物理测验某班48名学生成绩为：

35 78 95 67 88 45 87 90 67 75 79 78 74 72 73 76
44 77 79 67 80 56 68 78 98 49 80 78 87 72 67 58
40 65 80 57 29 70 84 85 73 57 37 79 68 75 87 68

由这些数据绘制次数分布表9-5

表9-5 次数分布

分数区间	0～9	10～19	20～29	30～39	40～49	50～59	60～69	70～79	80～89	90～100
组中值(中点值)	4.5	14.5	24.5	34.5	44.5	54.5	64.5	74.5	84.5	95
人数(次数)	0	0	1	2	4	4	8	17	9	3
占总数的比率	0	0	2.1%	4.2%	8.3%	8.3%	16.7%	35.4%	18.8%	6.3%

在数据统计时，除编制次数分布表外，一般还附有次数分布图(如图9-1)。图中以直角坐标系的横轴代表分数，以纵轴代表次数，以次数分布表中每组的组中值和次数在坐标中描点，用一条平滑的曲线连接各点，这条曲线称为次数分布曲线。

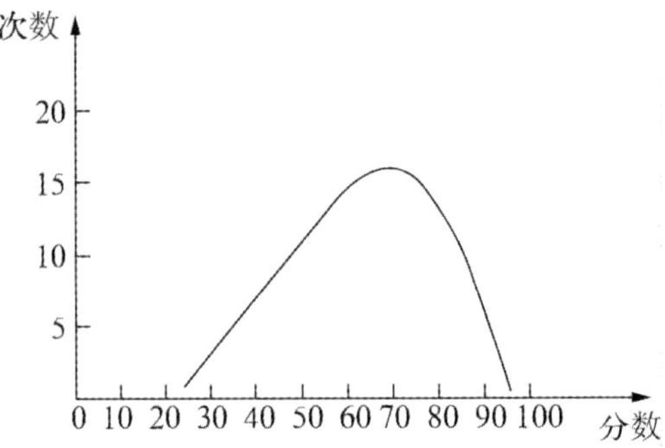

图9-1 次数分布曲线

分布曲线的形状是多种多样的，常见的有正态分布曲线和偏态分布曲线。正态分布曲线是中间高、两边低、左右对称的曲线，曲线的最高峰即次数的最多处是曲线的中间位置。偏态又可分为正偏态曲线(峰值偏向左侧)和负偏态曲线(峰值偏向右侧)，一般来说，对学业水平的测验要求次数分布曲线呈负偏态曲线。

3. 标准差

在测验统计中还经常用到标准差，标准差是表征一组数据的离散程度的量，用s表示。

$$s=\sqrt{\frac{1}{n}\sum_{i=1}^{n}(x_i-\bar{x})^2}$$

五、解释结果、标准分数

根据评价目的和目标，在试卷评分后和对数据进行分析后，对测验结果进行解释。如表9-4所示的测验目的是检测学生学习高中物理必修 1 第三章后是否达到"知识与技能"、"过程与方法"和"情感态度与价值观"方面的预期目标，测试的结果要解释成为学生高中物理必修 1 第三章的达标的水平和程度。

一般情况下，由测验的实际分数不能看出考生在团体中的位置，有必要将实际分数转化为标准分数，标准分数是以标准差为单位，表示一个分数在团体中的相对位置。

标准分数用符号 Z 表示，也称 Z 分数，计算公式为

$$Z=\frac{x-\overline{x}}{s}$$

其中 s 是这组分数的标准差，是这组分数的平均数，Z 是某一原始分数。标准分数可为正值，也可为负值。平均数以上的各数的 Z 分数为正；平均数以下各数的 Z 分数为负；等于平均数时，Z 分数为零。

标准分数的应用主要在于确定原始分数在分数分布中的相对地位；也可接受代数运算，有广泛的应用。

例如：某班学生李红在期中、期末考试中，语文成绩分别是 88 和 84，物理成绩分别是 77 和 80，是否由此可得结论：李红物理学习有进步，语文学习有退步？（各科班级平均分、标准差已知，见表 9-6。

表 9-6　李红各科班级平均分、标准差

科目	班级平均分 $\overline{x}$		班级标准差 s		李红原始分数 x		李红标准分数 Z	
	期中	期末	期中	期末	期中	期末		
语文	80	74	8	8	88	84		
物理	66	69	9	9	77	80		

解：这是对同科不同次考试成绩进行比较的问题，用标准分数进行分析。

把数值代入式 $Z=\frac{r-\overline{r}}{s}$ 得

$Z_{语中}=(88-80)/8=1$，$Z_{物中}=(77-66)/9=1.22$

$Z_{语末}=(84-74)/8=1.25$，$Z_{物末}=(80-69)/9=1.22$

结果说明，李红的语文考试分数虽然降低了，但标准分数从 1 升至 1.25，也就是相对位置升高了。物理考试分数虽然提高了，但标准分一样，即相对位置没有变化，因此不能简单地认为李红语文学习退步了，物理学习有进步。

在高考招生中，通常采用各科成绩相加比较总分高低的办法来录取学生，使用范围较广泛。但却有不够合理、不够科学的成分。这是因为各个学科考试试题的难易程度总不会相同，评分标准也不一样，这必然形成有的科目的考分偏高，有的科目考分偏低，因此，各科目的分值并不相同。这种情况下，将各科成绩相加求和，比较总分就不合理了。如果先将各原始分数转

换成标准分数，不管各科目的原始分数的平均分和标准差有多不同，一经转化成标准分数，就变为以平均数为零，标准差为1的标准形式。也就是说，各科的标准分数的单位都相同。因此，将考生的各科标准分相加求和，来比较总分的高低就比较科学合理了。

在标准分数Z的应用中，由于标准分数Z分值过小，并往往带有小数和负值等缺陷，在许多情形下直接使用不大合乎人们表示分数的习惯，故通常把标准分数Z通过线性变换，转到更大的标准分数量表上，其一般转换公式为：

$$T = a + bZ$$

上式中，a 和 b 为选定的两个常数，Z 为标准分数，T 为线性变换的标准分数。常见的有如下几种：

教育与心理测验中的T分数：$T = 50 + 10Z$

韦氏智力量表中各分测验的量表分：$T = 10 + 3Z$

韦氏智力量表智商（离差智商）：$IQ = 100 + 15Z$

美国大学入学考试报告分数：$CEEB = 500 + 100Z$

为出国人员举行的英语水平考试：$EPT = 90 + 20Z$

美国教育测验中心举办“托福”考试：$TOEFL = 500 + 70Z$

第四节　新课程倡导的教学评价

在关于高中课改问题的调研中，有些教师曾这样表达自己的思想顾虑：面对高中新课程的要求，过去那种只是一味强调单向传递书本知识的课堂教学方式，的确要进行彻底改革。可是，如果各级相关部门所制定的课堂教学评价体系不彻底进行改革，又如何依据新课程的要求大胆进行教学的创新改革呢？换句话说，旧的课堂教学评价体系一日不改，我们的手脚便不能真正得以解放。这样，新课程旨在促进学生全面而有个性的发展的目标恐怕也难以真正实现。

一、传统的课堂教学评价中存在的问题

长期以来，关于中学物理课堂教学评价的改革问题，一直是基础教育界不断努力探索的重要课题之一。尽管我们过去在这个问题上曾取得了许多重要成果，构建起了一套课堂教学评价体系，但我们仍然发现，其中存在着许多问题。

（一）评价重心的偏移

评价只重视教师“教”的课堂表现，而忽视作为学习主体的学生“学”的行为状态。在评价课堂教学时，往往就是看教师在课堂上首先提出了什么问题，然后看教师是不是紧紧围绕所提出的问题对学生进行充分地讲授和分析，最后看学生是否搞清楚了教师重点讲解的这些问题。一旦学生对所提出的问题能够按照课本和教师的讲解准确地回答出来了，就被认为这是一堂非常成功的课。在这种评价的眼光之下，我们往往只是一味强调教师的语言表达、板书设计、教学技巧和教学结构的安排以及课本内容处理详略得当与否，等等，却忽视了学生发现问题和主动提出问题的能力。课堂教学审视重心的这种强烈反差，就从一个侧面反映出了传统的课堂教学评价所出现的问题。

（二）评价主体的单一

从评价主体来看，传统的课堂教学评价基本上是由学校的教学管理者、上级有关部门的教研人员或有关专家等垄断进行的，虽然我们也曾倡导包括被评价者本人在内的教师乃至学生都要参与到课堂教学评价中来，但在事实上却一直未能建立起相应的机制。被评价的教师甚至成了"局外人"，其他参与活动的教师即使有许多真知灼见，也没有机会表达。

（三）评价目的的异化

对于课堂教学评价而言，评价的目的只作为奖惩的依据，忽视促进发展的功能。传统的课堂教学评价的目的，基本上是为了对教师作出名次高低的甄别，其评价结果往往被用于被评价者进行奖惩甚至"淘汰"的主要依据之一。如果真是如此，幸运者可能凭着某一堂课就会引来一连串的荣誉和鲜花，而不幸者则可能会因为某一次课的偶然失误而被打入"冷宫"。这样，教学评价应有的不断促进被评价者职业道德和专业发展的激励、引领功能，也就丧失殆尽了。

二、高中新课程课堂教学评价改革的基本依据

有人认为，无论课改如何进行，盯住高考才是关键。这涉及一个我们必须要搞清楚的原则性问题，进行课堂教学评价改革的基本依据究竟是什么？课堂教学质量评价能够按我们个人的喜好随心所欲地下结论吗？

如果说，课堂教学评价指标体系和评价方式的改革必须按照课堂教学的改革发展趋势和要求而建构的话，那么，我们的普通高中（包括初中义务教育阶段）课堂教学评价的改革，必须关注新课程的"知识与能力"、"过程与方法"、"情感态度与价值观"等三维目标，具体反映在以下几个方面：

（一）新课程的基本特点及对课堂教学行为带来的新要求

高中新课程的最大变化，就是在不同的学习领域里，每一科目都由若干模块组成。课程模块是围绕一定的主题，并通过整合学生的经验及相关内容而形成的。学生将不再象过去那样只是线性地学习物理学知识点，而是在一个特定的问题情境中，以相互联系的方式学习课程模块的最基本的概念和最基本的原理，并形成自己的知识结构和相应的思维与方法。这种变化也就决定了在高中新课程的教学实施中，我们不可能再象过去那样只是针对某一知识点进行讲授，而是"要以相互联系的方式，使学生习得内在的原理及其思想方法"。换言之，"学生生活经验的介入以及学生主动的探究就成为必须的学习方式"。课堂教学的操作程序就不能再象过去那样运用过分讲求所谓"统一"或"固定"化的模块了，而应当建构多序列和多样化的开放性、探究性教学活动设计；教师应当努力通过多样化的方法尽量激发学生对问题的质疑和讨论，并根据不同学科即不同模块内容的具体情况，安排适当比例的学生讨论时间；同时，还应当注意为学生提供猎取有关信息资料的路径，设计合理的探究方法，并启发学生理解本模块的内在思想等。

（二）新课程背景下课堂教学行为的新变化

除了以上分析的种种变化之外，我们在审视新课程下的课堂教学行为时，还必须充分注意以下几个问题。

1. 要有模块整体安排的教学设计观念

由于在课程模块的背景下，教学内容的基本单位就是主题模块本身，它不再细分为单节课的与固定的单位时间相对应的内容，而是以一个模块的内容整体对应 36 个课时。这样，我们的教学设计就应当尽量保证课程模块的整体特性，建立起模块时间概念，而非传统的课时概念。这意味着我们再也不能人为地将其割裂为像过去一样的以每一课时为单位的内容长度，而应该将模块内容整体安排于 36 课时之中。

2. 要充分尊重学生的差异，因学定教

在高中新课程背景下的课堂教学，应当充分把握学生自主选择而形成的教学班的特点，把握学生个性发展的差异性及不同需求，采取"以学定教、分类指导"等多样化、个性化的教学组织形式和教学策略。

3. 要树立"大课堂"观念，重视与实践相结合

在高中新课程背景下的课堂教学，由于强调更多地注意与学生的经验和现实生活世界的联系，因而，所谓课堂就不仅仅是指教室，它同时也包括各种进行教学活动的场所。根据学习内容的特点和需要，有一些教学活动将会突破原有的教学空间的局限，而采取"现场教学"的方式进行，等等。

三、高中新课程教学的评价内容

新课程对中学物理教学提出更高的要求，因此我们必须改革传统课堂教学评价方式和内容。在新课程课堂教学评价内容中，要注意以下几个方面的问题：

（一）在教学要求上不能忽视基础性

我们知道，普通高中阶段仍是基础教育阶段的重要组成部分之一，所以，在高中的课堂教学中，仍不能漠视"基础性"要求。当然，对"基础性"内涵的理解，必须注入新理念，它关注学生对基本知识与基本技能的掌握，更关注学生良好的学习兴趣、学习行为习惯等基础的形成；它既关注保证学生思维水平、学习能力等智力因素的培养，更关注学生的情感、个性等非智力因素的形成和发展；它既关注学生对各学科知识的内化与巩固，更重视学生综合分析、灵活运用知识能力的形成。这里的基础知识和基本技能是指被学生内化了的、活的和可应用的知识与方法，是为学生能动地探究问题和解决问题而服务的。因此，教师在处理教材内容方面应当具有创造性，在教学目标的设定上要特别关注学生的差异性，在教学程序的设计上应当特别注重捕捉和利用教学过程中动态生成的教学资源，等等。

（二）教学设计要保证课程模块的整体性

教师要建构整体教学设计观，对每一堂课的教学设计都不仅仅是就某一个知识点就事论事，而应当将教学设计始终置于课程模块的整体视野之中来考虑。这是基于课程模块所具有的整体性特点而决定的。所以，在审视高中新课程背景下的课堂教学设计时，也就必然应当强调课程模块的整体特性是否得到了体现；必然要特别注意教师的课堂教学行为是否将过去那种将教学内容机械地条缕分割、单一线性学习的传统课时教学行为及观念，真正转向着眼于确保课程模块的教学完整性上来了。

（三）要关注学生的差异性

众所周知，学生的差异性是客观存在的。高中新课程的重要特征之一，就是充分考虑到学

生的这种客观差异及个性化发展问题，而强调了学生对课程学习内容上的选择性。这样，在根据学生个性化发展需求而开设了不同的选修课程，这就会产生一个新的问题，即在同一个教学班内学习同一个选修课程模块的学生，可能是分别来自不同的行政班，所以他们原有的知识经验基础和学习习惯的差异将可能变得更为突出。这样，在评价课堂教学时，我们就有必要关注其教学目标、学习指导等诸方面是否最大限度地体现出了对不同学生个体差异的理解和尊重，是否注意了因材施教及个别化学习指导，学生在认知、智能、情感等各方面的个性化学习需求是否得到了最大限度的满足。同时，还应当注意教师是否意识到学生的个体差异本身也是一种宝贵的课程教学资源，等等。

（四）应强调学生在教师引导下对知识的自主建构

学生对知识的真正“授受”，只能在教师引导下依靠自己的自主建构来完成。这就是说，学习者既要对自己所学的新知识能理解，更要以一种思辨性的眼光对其进行分析、检查甚至批判，从而使之真正变成自己的东西。从学习的角度来看，这种知识观也就意识着，所谓学习的过程不仅仅是一个由教师向学生单向输出、传递知识的过程，不是学生机械地、被动地接受信息的过程，而是学生在教师的引导下积极、主动地建构这些知识信息的意义和自我发展的过程。很显然，这个知识建构的过程是不可能由别人来替代的，而必须借助于学生自己已有的知识经验与这些新的知识经验之间发生交互作用来完成。这也就意味着我们必须要想方设法地将学生置身于一个个真实的生活情境或问题情境之中，让学生在其中进行多方面的主体性探究活动，在这种亲身的活动体验中，最终获得对问题或知识精髓的深切领会与感悟。学生通过自主建构所获得的知识，才是对他们具有实实在在意义的知识，才是真知识，而不仅仅是一堆游离于他们身外的毫无实际意义的信息。

（五）关注课堂教学的开放性与动态生成性

要关注教师所采取的教学方法和教学形式是否具有开放性，是否善于设计开放性问题，特别是是否具有敏锐捕捉动态生成的教学资源并随机有效引导学生深入探究问题和科学处理学生的探究结果的能力；还应注意学生的学习心态是否自由放松，是否具有自主发展的空间和发表自己见解的机会等。同时，还要注意教师能否在创造性地处理教材和开发利用多样化的课程资源的基础上，不断结合具体的教学情境灵活引导学生进行研究性学习，强调重视教学的过程性和研究方法的指导。另外，要关注教师自身是否能从教学过程中不断获得有益的启示，使自身的专业化水平获得持续性的发展与提高，要关注不同资质的学生在多方面尤其终身学习能力方面是否都得到了进步与发展。

（六）关注课堂教学的情感性

要关注教师能否紧密联系生活实际，并注意挖掘教材中的情感因素；学生能否为学习内容的情感所感染并产生共鸣，从中获得积极的情感体验，等等。

四、新课程背景下课堂教学评价改革发展的基本趋势

当前新课程背景下的课堂教学评价改革呈现出下列一些新的基本趋势和特点：一是在评价功能上，淡化评比与选拔，强调发挥评价促进课堂教学质量改进与提高的作用；二是在评价主体上，改变过去教师被动接受评价的局面，注重教师的自我评价，并将自评和他评有机结合

起来；三是在评价内容上，既重视教师的教，更关心学生的学，课堂教学要促进学生在知识与技能、过程与方法、情感态度与价值观等几个方面和谐发展；四是在评价标准与要求上，体现灵活性与开放性，弘扬教师个人的教学风格，鼓励教师创造性地实施课堂教学；五是在评价方法上，重视案例分析、课堂观察和成长记录袋等质性评价方法的应用，等等。

第五节　学生发展的评价

一、学生发展评价的基本理念

（一）评价的宗旨是促进学生的发展

物理学习评价既要关注学生掌握物理知识程度和其理解能力、推理能力、技能的水平，又要关注对过程和方法的理解，还要重视对学生科学态度、情感、价值观形成的评价，而不能过分强调评价的鉴别与选拔功能。

（二）既要评价成绩，又要评价学生参与学习的表现

评价学生的学业成就不是检查学生记住了多少信息，而是要了解学生对知识的理解、推理和应用，因此对学生学业成就评价的重点要集中在对学生来说最重要的科学内容和具有良好结构的知识上。同时也要对学生参与学习机会的情况进行评价。要重视对学生在活动、实验、制作、讨论等方面表现的评价。

（三）倡导过程评价，淡化等级评价

评价和学习是一个事物的两个方面。评价的主要功能是为教师的教和学生的学提供有价值的反馈信息。而有关学生学习效果的信息也只有通过关注学生的学习过程才能获得。

（四）重视自我评价

自我评价的能力是学生在学习中自我反思的重要工具，学生通过反思，明确了他们应学习什么，就会把学习物理的外部期望转化为内在的动力。让学生经常参与下列评价活动，可以提高学生自我评价的能力。

(1)选择一份自己的探究作业来证明自己对物理概念和规律的理解或者是进行科学探究的能力。

(2)以口头、书面或图解的方式解释如何利用一份作业标本来证明自己的理解力。

(3)根据教师制定的标准和要求来评判自己的一份作业标本。

(4)对其他同学的作业提出建设性的意见。

（五）突出真实性评价

真实评价要求评价活动要尽可能接近物理教育的预期效果，同时要求学生把掌握的物理知识和推理能力运用于与现实世界中可能遇到的情况和科学家实际工作的情况很相似的情景。

二、学生发展评价的目标

学生学习评价的目的是促进学生在知识与技能、过程与方法、情感态度与价值观方面的发

展，发现学生多方面的潜能，了解学生发展中的需求，使每一个学生通过评价都能看到自己在发展中的长处，增强学习的信心。评价应全面客观地反映教学的真实情况，为改进教学提供真实可靠的依据。

三、学生发展评价的内容

（一）对科学探究过程的评价

科学探究的重要目标是体验科学探究过程，形成科学探究能力，增进对科学探究的理解。要理解探究和进行探究取决于学生对物理概念和规律的了解，探究还需要推理能力和基本实验技能。评价的具体内容包括提出问题、猜想和假设、制定计划与设计实验、进行实验与收集证据、分析与论证、评估、交流与合作等七个方面。但对于每一个具体的科学探究活动，可以有重点地选择其中几项，有针对性地制定评价标准。

对学生科学探究过程评价要特别注意形成性评价与终结性评价的结合。既要注意学生通过探究过程的学习获得了什么，更应该记录学生参加了哪些活动、投入的程度如何、在活动中有什么表现和进步等情况。通过对学生的表现和探究成果的观察与记录，为教师推测每个学生对概念和科学探究本质的理解提供了丰富的数据来源。例如，在制订计划时，学生提出要进行调查研究的问题，并且对问题的意义进行论述，就为教师提供了进行一系列推论的依据，如对科学探究的理解程度和理解质量、对物理知识理解的深度和准确程度以及进行科学推理的能力等。

学生科学推理能力的证据来自学生对自己探究课题的理由的说明，来自从所收集事实和证据的模式到结论的推理过程。即学生从自然现象和实际观察中提炼出研究课题的过程，学生根据收集的事实和证据得出科学信息的过程。无论从哪一个过程中评价学生的推理能力都可以从下述因素推断出推理的质量，即推理环节之间的联系是否严密、学生是否明确交代了所做的假设以及在多大程度上猜测了、若采用其他假设将产生的后果等。

（二）对物理知识与技能的评价

对物理知识与技能的评价，主要是学生对物理知识的理解力。这种理解力需要学生对物理概念和规律的理解，需要运用知识进行推理的能力。当然，没有交流，就不可能辨别学生学到些什么和学生如何进行推理，因此，交流是理解力的核心要素。其中包括口头交流和书面交流。

根据对学生课堂活动表现和对其学习成果的分析，可以推断出学生的理解力。活动的类型包括在课堂上和公开场合的研究报告、与同学或老师讨论科学问题以及在实验室进行实验。学生的学习成果包括考试成绩、每天的笔记、撰写的报告、图表、数据等。对于以活动表现和成果为依据的评价来说，交流至关重要。

理解具有不同的角度和不同的深度，显然每个学生对知识的理解存在着角度和理解深度的合理差异，如何将这种差异性转化为对一个或一组学生理解知识程度的判断，是评价过程中所面临的一个挑战。

（三）对科学态度、情感与价值观的评价

主要依据学生在学习的各类活动中的表现（如是否积极参与、是否热情关注、记录实验结

果、是否实事求是、是否有学习物理课程的兴趣)来评价学生在情感、科学态度和价值观方面的现状和变化。要注意观察,做出记录,并和过去的记录进行比较。学生也应该在这些方面反思自己的表现和内心体验。

(四)对科学技术与社会关系认识的评价

要联系实际、创设情景和寻找范例来评价学生对有关科学、技术与社会问题的关注程度、参与决策的意识以及对科学、技术与社会关系的认识。

例如,噪声污染是一个联系学生生活实际和体现科学、技术与社会之间关系的问题。可以根据学生在调查讨论过程中的关注和参与程度以及能否从科学、技术和社会多个角度分析噪声污染的来源和提出解决方法,对学生做出评价。

第十章　物理教学研究

第一节　物理教学研究的意义

一、深化物理课程与教学改革

物理课程与教学范式的转型，只有落实到课堂教学的层面，才能真实得以实现。而物理教师作为物理课程的实施者，需要实现理念的更新、师生角色的定位、教学方式的转变。在物理教学中，要实现这种转变，有赖于教师基于物理教学实践中的不断研究——教师参与物理教学研究，可以更好地认识到自己秉持着什么样的教育理念开展物理教学，可以在对平时的教育教学实践反思中探寻教育教学实践的新方式，从而促进物理课程与教学适应时代要求的改革与发展。

二、促进物理教师的专业发展、培养研究型教师

波斯纳曾提出一条教师成长的公式：经验＋反思＝成长。虽然这种说法有失偏颇，但它足以说明教师的成长离不开教学实践。教师只有把开展自己的教研、发表自己的见解、解决自己的问题、改进自己的教学作为教学研究目的，才能完成“在教育中研究，在研究中学习，在学习中发展”，亲身体验“研—做—思—提升”这样一个循环往复、螺旋式上升的过程，完成从经验知识向理论性知识的转化。把教学研究与教师的日常教学实践、在职培训融为一体，使之成为教师的一种职业生活方式，促进教师专业化发展。

基础教育新课程确立了教师即研究者的理念，教师为教学而研究，在教学中研究，在研究中教学，形成研究与教学之间的“共生互补”。实践表明，教学研究是滋养教师学术精神、提升教师专业能力的大众化的职业活动。教师通过研究更深刻认识、理解、掌握现代教育教学规律和学习规律，从而自觉地运用到教学活动中去。经过不断的探索、反思、质疑和总结，改进教学的弊端，使教学更有效。事实上，我们的很多教师，正是通过教学研究，使自己实现了由“教书匠”向“研究型”教师的转变。

三、构建完善物理教学体系

物理教学论是一门研究物理教学系统及物理教学过程中相互联系、相互制约、相互作用的客观规律的综合性边缘科学。它运用心理学、教育学、哲学、系统科学、教学论、科学方法论等学科的一般原理、观点和基础理论，探索或发展物理教学理论。目前，物理教学论还没形成一个完整的理论体系，物理教学全过程的内容极其丰富，很多课题和内容都有待深入开展研究。

四、顺利实施新课程的基本保证

基础教育新课程，使教师的教学方式、学生的学习方式发生根本性的变化，这一切都要求教师加强教学改革与研究，以教学研究来推动教学改革，以教学来推进新课程改革。由此可

见，扎实而有效的教学研究是实施新课程的保证。由于课程标准重视对学生所应达到的基本标准的刻画，而对实现目标的手段与过程，特别是知识的前后顺序和时间安排，不做硬性规定，这就给教师留下了广阔的研究空间。例如，教什么、用什么去教、什么时候教、怎么教等一系列的新问题都需要教师去研究。可以这样说，新课程“逼”出了教师对教学研究的“真参与”，因研究问题而苦，因解决问题而乐，通过对问题的研究与解决，探索实施新课程的策略，从而顺利地进入新课程。

第二节　物理教学研究课题的选定

一、确定研究课题

(一)选题的基本原则

1.重要性原则

物理教学研究选题要符合重要性原则。选择的物理教学研究课题要有一定的必要性和实际意义，必须紧扣物理教育发展与改革过程中重大的理论问题与现实问题。课题研究的结果应能对物理教育的理论问题和现实问题产生一定的影响或作用，或对物理教学有明显的促进作用，等等。因此，要时时处处留心观察物理教育的现象，多动脑筋思考物理教育的实际问题。只有这样，才可能发现一些需要解决的、具有一定意义的研究课题。有些人临时去找问题、去搞教育研究，对问题的考虑和认识往往是肤浅的。

2.科学性原则

选题的科学性，表现在两方面：一是要有一定的事实依据，这是选题的实践基础。因为实践经验为课题的形成提供了确定的依据。二是要以教育科学基本原理为依据，这是选题的理论基础。因为教育科学理论将对选题起到定向、规范、选择和解释作用。没有一定的科学理论依据，选定的课题必然起点低、盲目性大。应该认识到，选题的实践基础和理论基础制约着选题的全过程，影响着选题的方向和水平。

3.独创性原则

物理教学研究选题要符合独创性原则。选择的物理教学研究课题要有创新之处，或者课题的某些部分具有新意，而不是简单地重复他人的研究。因此，物理教学研究选题时要了解有关的信息，了解在这个研究问题上哪些工作是前人已经做过的，哪些问题是已经解决了的，哪些是遗留下来待解决的，它们研究的方法是什么，它们所得结论的科学性如何。如果不了解前人已有的成就，贸然行事，可能只是重复别人的路子，甚至是枉费精力。因此，选题时要考虑物理教学研究的课题是否是对未知事物探究，如对物理教育新现象新事实的揭示，物理教育新概念的界定和新论点的提出，物理教育新方法的创造、新手段的发明和应用，物理教育新理论的构建等等。

4.可行性原则

可行性是指研究者在自己熟悉的范围内和现有的条件下，经过努力可以达到预期的目的。选题时应当注意以下几点：

(1)选题要小，要具体明确。题目小容易写得深，题目所涉及的范围具体明确，容易把握，

内容也会比较集中。一些成功的论文选题都做到了这一点我们在选题时，应当从大处着眼，从小处人手，小题大做，以小见大

(2)要发挥自己的专业特长。我们在选题时，如果想全面出击，事实上是不可能的也是难以奏效的。因此，选题时应当扬长避短，才能有所贡献

(3)要能找到资料。资料是教学的基础，所以我们在确定选题时还要考虑能否找到资料的问题。

(二)选题的途径

因为教学研究活动是以教师为主体的，所以这就决定了，教学研究问题主要来源于学校、课堂和本学科的教学实践这三方面。因此我们围绕着物理教学实践这个中心来选择研究课题，是容易获得成功的一条基本途径。这是因为：第一，难度小。由于所研究的内容是本学科的，教师对教材、教学与研究现状、学生现状均比较了解，可以很快找到突破口，再做研究，易取得好效果，不需要先决条件。第二，见效快。这类研究的切入点往往较小，因此，研究的时间短，长则一年，短则几个月就可以见效，易取得成果，很快可满足教师的一种自我实现的需要，从而树立投身教育科研的信心。第三，实用性强。这些题目都是教师在实践过程中亲身遇到的问题，它直接为教师自己的教育、教学改革服务，研究成功了，可以提高本学科的教育质量；失败了，也取得一定的经验，可以在今后的教学中避免走弯路。这样，可以科学地指导自己的教学，对提高教师自身的素质会有很大帮助。第四，投入小。教学研究是在教学活动中进行的，不需要另辟天地，花费时间相对较少，也没有太多的额外负担，可以直接在自己所教的班级中进行，横向干扰少，投入也不大。因此，我们认为教师在开展教学研究时，可以从以下几方面进行选题。

1.在阅读中选题

在你阅读的过程中我们应善于思考，从而找到发现问题。在这个基础上选题一般有两类：一是在可深化处选课题；二是在疑问处选课题。例如，《“分子间斥力与引力变化规律”的再认识》。

2.在观察中选题

在日常生活、教学工作中，通过观察，联系到某有价值的问题，就可以作为课题，写成文章。例如，《热水器用电与用气的费用比较》。

3.从教学的实践中选题

教师是教学活动的直接实践者，教学过程中成功的范例和失败的教训都是教师开展教学研究最为鲜活的素材，这方面的论文很多。例如，《关于“变压器”难点教学的反思》。

4.从公开课暨研讨会上选题

通常情况下，具有示范和观摩作用的公开课都是经过千锤百炼的，“含金量”颇高，因而也使得它具有重要的研究价值。例如《教学大赛参赛课的启示》。

二、制定研究计划

(一)查阅相关文献

研究文献是指记录、保存、交流和传播一切科学知识的材料。通常指书籍、期刊、科技档案

及其他图书资料或非图书资料。

任何一项科学研究工作,都是在前人的研究基础上进行的。查阅文献资料有助于研究者对有关领域的研究状况有一个系统全面的认识,吸取有关研究成果,指导或改进自己的研究工作。因此,查阅研究文献是物理教学研究过程中不可缺少的重要环节。

查阅研究文献也是一项技术性很强的工作。在时间上应从现在到过去,采用倒查法;在范围上重视一些学术性强、质量高、有代表性的论著;在性质上注意收集第一手资料,少收集多次转述的资料;也要注意邻近学科领域的研究文献。研究文献的查阅对整个研究过程各个阶段工作的顺利完成和提高研究水平都有重要的作用。事实上,它与其他环节并不是截然分开、完全独立的,而是相互紧密联系、有时是交叉或同时进行的。研究者花在文献查阅方面的时间往往很多。研究者平时对有关文献资料的了解和积累,以及研究中对有关文献资料的检查、收集和阅读,直接影响着研究工作的质量水平。当前国内外研究文献迅速增加,文献检索逐渐规范,在技术上也已实现计算机联网。研究者需要掌握研究文献的检索技术,以便快速准确地获取信息,把握新动态,使自己走在研究领域的前沿。

(二)提出研究假设

研究假设指的是理智的猜测,它是人们根据理论知识、经验事实或逻辑推理对研究课题设想出的可能答案,为设计研究方案提供预见性的规定和框架。对于实验研究,通常是描述因变量和自变量的可能关系。

我们把研究问题明确化,对研究结果的设想这个过程称为研究假设。研究假设通常是以变量之间的关系性质或相互作用的程度为内容,以简明的词语做出说明。例如,使用形成性评价能大面积提高考试成绩。提出研究假设具有非常重要的作用,它使研究目标更加具体,便于根据研究假设的性质和限定的范围设计具体的研究方案。

提出研究假设要注意的是:第一,研究假设一般是对两个或两个以上的变量间关系做出推测,并且应当是可以在研究中加以检验的;第二,研究假设要以一定的理论或经验为依据,具有科学性和一定的研究价值,不是毫无根据的臆测或猜想;第三,研究假设应以陈述句的形式简单明了地叙述。

一个好的课题研究假设应具备三个特点:①科学性。它是以理论和事实为依据的,并不是毫无根据的推测和主观的臆断而来的。如"永动机"就是一个没有科学依据的命题。②可检验性。即研究假设的结论是可以检验的,可检验性是研究假设科学性的必要条件,它是指研究的结果是可以在同等的条件下进行重复的实验,并能证明同一结论的存在性和它的可靠性。③可预测性。一个课题的假设应该有可以预测的结果。如"在中小学合理地运用现代教学技术进行课堂教学,可以提高学生的学习热情",其结果是可以预测的,因为它符合中小学学生的学习心理和生理需求以及性格特点。

(三)选择研究方法

物理研究方法是多种多样的。如教育观察、教育调查、教育实验等。每种方法又可采用不同的设计方式,有一些不同的类型,并分别有其特定的适用范围和条件;处理资料、数据的方式也不相同。在研究设计中应依据研究的具体问题做出恰当的选择,这是研究设计的关键。在下一节中将对一些具体的研究方法分别说明。

随着教育科学研究的不断深入，现代科学技术的不断发展，物理教学研究方法表现出许多新特点，在选择研究方法时值得注意。

1.研究背景的现场化

自20世纪70年代以来，教育研究的背景开始以传统的实验室研究转向各种形式的教育现场。由于研究设计方法的不断完善，采用现代化技术手段（录音、摄像和计算机技术），保证了现场研究的客观性和准确性。在现场背景下控制和操纵教育活动，其研究结果不但能揭示教育规律，还能直接应用于教育实践。

2.研究方式的多学科化

物理教育学是一门综合学科，一些研究课题涉及了物理学、教育学、心理学、教育技术及制造技术等，这意味着必须从多学科的角度，研究和解决物理教育中的各类问题。当前，有关物理教育心理、教育技术等方面的研究已取得一定的成绩，并促进了物理教育学的发展。

3.研究方法的综合化

在物理教学研究中可以采用的研究方法很多，而每一种研究方法都有它的优点和不足。使用单一研究方法往往只能获得部分信息，难以做出全面、准确的结论。因此，在研究方法上出现综合化趋势，特别是定性分析和定量分析相结合的方法的发展，提高了物理教学研究的水平。

4.研究手段的现代化

随着现代科学技术的迅速发展，教育研究的手段和技术日益现代化。在研究中使用无线通信、录音、电视、摄影、计算机系统等设备，获得真实、详尽的现场资料，提高了研究的水平和功能。此外，还采用现代化技术手段建立了一些实验研究基地，也正发挥着重要作用。

（四）制定研究程序

物理教学研究是一项复杂的工作，在研究设计时，要计划好研究的技术路线和实施步骤，为完成研究的每一阶段作出静心的安排。

三、实施研究计划

在完成研究设计之后，就要按选择的研究方法和拟定的研究程序实施运作。在研究实施过程中的一个重要问题是收集研究资料和数据及分析处理，并做出研究结论、解释研究结果。如果研究假设得以证实，就可以在此基础上开展进一步的研究；如果被证伪，或研究失败，则可根据研究中提供的信息，修订研究设计，重新进行研究。

在研究实施过程中的一切研究活动都要严格遵照研究设计中的规范和程序，以保证研究的可靠性和有效性。研究往往受到许多随机因素的影响，如学生或教师的健康状况、动机、态度，研究环境等各种难以控制的因素。这些因素可能在研究设计时难以预料，要在研究实施中做出调整和补救。

四、撰写研究报告和论文

（一）草拟提纲

首先在对研究报告或论文的内容和形式充分考虑的基础上，对资料进一步提炼，选择表达研究成果的最佳方式，拟定一个总体计划。然后以充分表达研究者的思想、见解及研究成果的表达为主线，考虑读者对象的特点、组织报告或论文的层次结构、材料安排的顺序及取舍，突出重点地拟定一个最佳的写作提纲。

（二）撰写初稿

1. 题目

教育研究论文和报告的题目必须准确、简练和醒目。题目要能准确概括或反映文章的主要内容，使读者一看题目，就能大体知道这篇教育研究论文或报告的主题，并产生阅读全文的兴趣。所以，教育研究论文或报告的题目必须以最恰当、最简明的词句组合，概括全篇内容，并能引入注目。

2. 前言

前言是教育研究论文或报告的序言，写在正文之前。前言主要阐明这项研究工作的缘由和重要性；国内外在这一方面的研究进展情况，存在什么问题；本研究的目的，采用什么方法，计划解决什么问题，在学术上有什么意义。前言部分要力求简单扼要，直截了当，不要拖泥带水。

3. 正文

教育研究论文或报告的正文是研究文章的主体部分。学术论文的正文包括论点、论据和论证。有的主要阐明科学的研究方法和严谨的研究过程，以事实材料和数据论证论点的科学性和准确性；有的则依据论点与论据相结合，通过由表及里、由此及彼的推理论证，表明研究论点的正确性。学术论文必须以论为纲、论点明确，并以确凿的论据来说明论点，做到论点和论据的统一。

调查报告的正文即为调查的内容。通过叙述、统计图表、统计数字及有关文献资料，用纲、目、项或篇、章、节的形式把调查内容有条理地、准确地揭示出来。

4. 结论与讨论

教育研究论文或报告的结论与讨论部分是作者经过反复研究后形成的总体论点，并指出哪些问题已经解决了，还有什么问题尚待研究。有的教育研究论文或报告可以不写结论，但应做一简单的总结或对研究结果开展一番讨论。有的教育研究论文或者报告不专门写结论性的段落，而是把结论与讨论分散到整篇文章的各个部分。

不管是学术论文的结论部分，或研究报告的结束语，都是分析问题和解决问题的必然结果。结论部分必须总结全文，深化主题，揭示规律，而不是正文内容的简单重复。所以写结论必须十分谨慎，措词要严谨，逻辑要严密，文字要简明准确，不能模棱两可、含糊其辞。

5. 引文注释和参考文献

教育研究成果是前人工作的继续和发展，是教育界共同努力的结晶。所以，在撰写研究论文和研究报告时，引用他人的材料、数据、论点和文章时要注明出处。这样做，反映出作者严肃的科学态度，体现出研究成果的科学依据和质量，同时也是尊重别人劳动的表现。

引文注释书写格式如下：

(1)期刊书写格式

引用序号. 作者(前 3 名，超过 3 名，加“等”). 文题. 期刊名，年，卷(期)：起止页

例如：[1]朱铁成. 物理教学发现问题情景的创设. 课程教材教法，2005，，2(9)：66—69.

(2)书籍书写格式

引用序号.作者(前3名,超过3名,加“等”).书名(卷、册次).版次(第一版可不写).出版地:出版单位,年:起止页

例如:[1]陶洪.物理实验论.南宁:广西教育出版社,1996:5—8.

参考文献主要有以下类型:M——专著;C——论文集;N——报纸文章;J——期刊文章;D——学位论文;R——研究报告;S——标准;P——专利;A——专著、论文集中的文献;DB——数据库;DB/OL——联机网上数据库;J/OL——网上期刊;EB/OL——网上电子公告;Z——其他未说明文件类型。

6.摘要

有的文章篇幅长,为了使读者在看全文之前对文章有个概括的了解,常常在文章的前面写一段“摘要”。那些篇幅较小的教育研究文章,则可以不写。摘要是能够单独存在的完整短文,必须概括全文的主要内容,起到简要介绍全文的作用。摘要的文字要求准确精练,一般不包含评述性的描写。

7.关键词

关键词是能反映学术论文主题的最重要的词汇,它们列在论文的摘要和正文之间,一般3～7个。关键词必须是规范和准确的科学名词,能反映文章主题。

(三)修改与定稿

初稿完成后应加以修改,是指更加完善、规范。可以请别人帮助修改,自己修改时最好先将初稿搁置一段时间,以便能客观、棱镜地评价、修改。在对内容、结构和文字符号修改后,就可以定稿。

第三节　物理教学研究的基本方法

一、文献研究法

(一)什么是文献研究法

“文献”一词,最早见于《论语·八佾》。朱熹注:“文,典籍也;献,贤也。”古人以“文”为典籍记录,“献”就是贤者及其学识。后来发展为专指著述。文献是把人类的知识用文字、图形、符号、音像等手段记录下来的有价值的典籍。包括各种手稿、书籍、报刊、文物、影片、录音录像、磁带、幻灯片及微缩胶片等。

文献研究法主要指从所要研究课题的历史出发,收集与该课题有关的文献资料,并以此为基础,进一步调查与分析,形成对事实的科学认识的方法。作为研究问题的方法,它起源于历史领域里的研究,但其应用范围已远远超越了它的“诞生地”,逐渐成为一种相对独立的方法,在教育科学研究中具有不可替代的重要位置。

(二)文献研究的意义

在物理教育研究中,文献研究贯彻于整个课题研究的自始至终,无论在哪个研究阶段都是不可或缺的,其重要意义可以概括为以下三个方面。

1.有利于全面了解所要研究问题的现状,帮助研究者选定研究课题和确定研究方向

文献是人类知识、智慧和经验的结晶，是选题依据。通过查阅有关文献、搜集现有的与所选问题相关的信息，对所要研究的问题作系统的评判分析，弄清他人的主要研究成果、达到的研究水平、研究的重点、方法、经验和问题，弄清目前哪些问题有待于进一步修正或补充、此问题争论的焦点是什么等，从而进一步明确研究课题的价值，找准自己研究的突破点。有利于

2.为教学研究提供科学的论证依据和研究方法

我们进行教育研究，必须了解国内外最新的理论、手段和方法。通过查阅文献资料，从过去和现在的有关研究成果中受到启发，不仅可以找到获得课题的线索，使研究范围内的概念、理论具体化，而且为更科学地论证自己的观点提供有说服力的、丰富的事实和数据资料，使研究结论建立在可靠的材料基础上。特别是全球计算机网络技术的发展，更为资料的检索和获得开辟了便利、快捷、有效的通道，为研究结果的有效、合理、科学提供了有力的保障。

3.避免重复劳动，提高科学研究的效益

文献资料提供科学研究的有关信息，使研究者充分占有材料，从而避免重做前人已经解决了的问题、重复前人已经提出的正确观点，甚至避免重犯前人已经犯过的错误。

（三）文献研究法的一般过程

文献法的一般过程包括五个基本环节，分别是：提出课题或假设、研究设计、搜集文献、整理文献和进行文献综述。

文献法的提出课题或假设是指依据现有的理论、事实和需要，对有关文献进行分析整理或重新归类研究的构思。

研究设计首先要建立研究目标，研究目标是指使用可操作的定义方式，将课题或假设的内容设计成具体的、可以操作的、可以重复的文献研究活动。

（四）文献的搜集与整理

搜集和整理文献是文献研究法的重要内容，也是奠基性的工作环节。要做到科学、有效而又全面地查到文献，应注意以下四点。

1.要科学地考虑文献检索的范围

对文献涉及的时间、空间、载体形式和主题有周全的覆盖，才能整体把握该项研究的基本状况。

2.要有意识地拓宽文献搜集的渠道

搜集文献的渠道多种多样，文献的类别不同，其所需要的搜集渠道也不尽相同。搜集教研文献的渠道主要有图书馆、博物馆、学术会议和个人交往、互联网等，除此之外，还要有自己丰富的藏书供自己研究之用。

3.文献的搜集要全面、客观

通过浏览：要广泛查阅自己特定范围内的有关研究成果；要搜集与自己观点一致的、不一致或与自己构思相矛盾的资料；特别要着力搜集第一手资料，以保证研究的客观全面。

4.要注明所有文献的来源和出处

这是一种科学严谨的研究态度，便于后来的研究者在已有的基础上开展工作，以避免不必要的重复性劳动。

二、观察研究法

(一)观察研究法的类型

教育观察法是研究者通过感官或借助于仪器设备,有目的、有计划地考察在教育过程中研究对象的活动和行为,以收集研究资料的一种研究方法。它的优点是简单易行、可靠性较高。由于采用现代化技术手段,且观察技术和策略不断提高和完善,教育观察法已成为教育研究中最普遍、最基本的一种方法。

我们根据教育观察法(以下简称观察法)的某些特征,将其分为不同类型并加以比较,其目的不在于分类,而在于通过比较认识观察法的基本特性。

1. 自然观察与实验观察

自然观察是指对观察对象不加干预和控制的状态下,即自然发生的条件下进行的。观察分为隐蔽和公开两种。由于被观察对象处于正常活动的自然状态,因而能收集到被观察对象在现实活动中的真实、典型、一般的行为表现。

实验观察是指人为控制和操纵某些条件,有目的地引起被观察对象的某些心理或教育现象,以便在最有利的条件下对他们进行观察和收集资料的一种方法。实验观察可以排除一些无关的、次要的因素的影响,使被观察对象的典型特征行为更加清楚,而且可以重复进行。

2. 参与观察和非参与观察

参与观察是研究者参与到被观察对象的实际环境中,并通过共同活动从内部进行观察。非参与观察是观察者不参与被观察者的群体,以局外人(旁观者)的身份进行观察。非参与观察的优点是它比较客观,但缺点是研究者不甚了解被观察者的活动规律,会产生主观片面的观点和资料。

3. 直接观察和间接观察

直接观察有时是指直接通过感官进行观察。它直观、具体,避免其他中介环节引起的延误或差错。但由于人的注意和记忆是有限的,不可能同时注意到同时发生的许多行为,也难以及时、准确地记录下来。现在经常使用摄像、录音、照相等设备进行现场摄录,使观察法的技术手段和研究水平得以提高。这种借助于仪器设备的观察,也应称为直接观察。

间接观察过去主要是指隐蔽观察。即通过隐蔽的摄影机或摄像机将现场活动记录下来之后,研究者再进行分析整理的方法。对于不能直接在现场观察的行为和活动,通过对这些行为或活动留下的痕迹和线索获得相关信息的方法,经过对这些资料的整理、分析后做出有关的教育现象的分析判断。例如,通过图书馆书籍磨损或破旧的程度以及外借图书的情况研究一个时期内学生的阅读倾向。

(二)观察研究法的特点

(1)观察法总是通过感觉器官或借助于仪器设备为工具的感知活动。它是根据研究课题的需要获取第一手事实和经验材料的研究方法,是研究者自觉的、主动的、持久的、有选择性的活动。

(2)观察的对象是正在发生的事件或行为,或者是这些事件和行为遗留的痕迹或线索。它不是人们凭借记忆对过去发生的事件或行为的陈述。

(3)观察法是在一定的科学理论指导下进行的，观察计划和方案的制订，对观察结果的解释，都要以有关的理论为前提。不同的研究者由于他们具有的经验和知识结构存在差别，对于同一观察对象可能得出不同的结论。

可见，观察法的主要优点在于它是现场观察记录的资料，比较真实、准确和全面，在观察的基础上能较有把握地做出有关因果关系的推论或概括出有关现象和过程的特征。观察法的主要缺点是观察的质量在很大程度上取决于观察者的水平、能力、价值倾向及心理因素等主观因素。

(三)观察研究法的步骤

完整的观察研究大体上包括观察设计和观察实施两个主要阶段。

1. 观察设计

要保证观察研究达到预期的目的，事先必须进行观察设计，包括：确定观察内容、观察策略；选择观察对象、地点；规定观察的手段及记录方式等。必要时应对观察人员进行培训，以提高素质，保证观察资料的可靠性和有效性。

2. 观察实施

观察法的实施是一项技术性很强的工作。通常包括以下五个步骤：

(1)获准进入观察领域。观察人员进入现场以熟悉环境。

(2)建立和谐的关系。在观察初期，观察人员要与有关人员建立一种和谐的关系，取得被观察对象的信任或理解。

(3)观察和记录。观察研究的时间可长可短。可以进行为期数日、数月甚至数年的观察研究。观察时要仔细地进行观察记录。

(4)处理发生的问题。由于观察实施是在具体环境下进行的，可能出现许多在设计时未能预料的问题，要求观察人员能及时调整、灵活处理。

(5)分析资料。在结束观察后，要对观察的资料进行初步整理、分类、核查、存档，以便于进一步进行定性的或定量的分析，做出结论。

三、调查研究法

(一)调查法的类型

根据不同的分类标准，调查法可分区别调查、现状调查和发展调查三类。

1. 区别调查

它主要用以比较两种教育现象之间有无联系和联系是否密切。区别调查主要有相关调查、比较调查、因果关系调查等。

相关调查用以研究两种特征之间的关系是否有联系或联系是否密切。

它要解决“……两种特征之间是不是有联系”的问题，例如“学生物理中考成绩与物理高考成绩是否高度正相关”、“学生物理知识的掌握程度与物理学习能力是否存在同步发展的关系”等等均属相关调查研究。相关调查对数据的处理可以通过画直观的相关图或计算相关系数来确定这两种事物之间是正相关、负相关还是零相关，以及相关的程度有多大。

比较调查旨在比较两个调查对象的教育情况。比较调查要解决“……差别的状况如何”的问题，例如，要研究某地区同类两所中学的某次物理毕业会考成绩的差别，要研究高成效的物理教师与低成效的物理教师在教学行为上有什么不同，都要用到比较调查。

因果关系调查是通过对两类教育事物、现象或人的调查，了解它们或他们之间可能存在的因果关系并作出描述。因果关系调查要解决“……的可能原因是什么”的问题。例如“某校高中女生物理成绩下降的原因是什么”、“某班学生学习兴趣高的主要原因是什么等”均属于因果关系调查。

要注意的是，因果调查找到的知识产生这一特征的可能原因，要确定原因需要进一步的深入调查或研究。例如，通过调查发现：课堂上经常主动举手发言的学生，学习成绩一般比较好，不主动举手发言或很少举手发言的学生，学习成绩一般不太好。能不能说，举手发言是学习成绩好的一个原因呢？一般是不能贸然作出肯定的结论的，因为在“举手发言”这一现象的背后，可能有三种因果关系：①经常举手是学习好的一个原因；②因为学得好才经常举手；③举手与学习好坏本身不存在因果关系。这就需要进一步的研究。

2. 现状调查

现状调查要研究教育人或事物目前的基本状况和基本特征，其目的是了解教育的一般情况、或寻找教育的有关状况的数据。现状调查要解决“……目前状况是怎样”的问题，例如“初中物理学习分化现象”的调查、“高一物理学习台阶的研究”、“××学校中学生物理学习负担和疲劳度的研究”、“某市物理教师学历和教龄情况的调查”、“某县物理课堂电教手段使用情况的调查”等等均属现状调查。

3. 发展调查

它用来调查教育事物随时间变化情况。它要解决“……特征随时间是怎样的变化的”问题。例如，“学生的动手能力在中学阶段是怎样随年龄增长而发展变化的”、“物理优秀学生的追踪研究”等等均属于发展调查研究。

（二）调查法的方式

1. 访谈法

访谈法是研究者通过与被访谈者语言交流的方式获取有关研究资料的方法。访谈法在教育研究中具有特殊的意义和作用。通过访谈可以了解教师、学生或家长的态度、情感、观念和主观感受，从而对他们的各种心理活动和行为特征进行多方面的分析和研究。历史上许多心理和教育学家以访谈法为主要研究工具，辅以其他研究方法，取得了重大研究成果。

访谈的一个特点是：整个访谈过程中访谈者与被访谈者互相影响、互相作用，整个过程不仅是访谈者通过提问方式作用于被访谈者，它也是人与人之间的交往过程。在访谈过程中，访谈者应努力掌握访谈的主动权，积极影响被访谈者，尽可能使访谈按计划进行下去。而访谈者只有与被访谈者建立起基本的信任和一定的感情，并根据对方的具体情况采取恰当的方式，才能使被访谈者积极配合，坦率地谈出他们的真实思想、观点、态度、情感、兴趣等有关情况。访谈法的另一个特点是：访谈是根据研究课题的需要直接获取有关访谈对象的信息资料的研究活动，不同于一般的交谈或聊天，访谈必须编制计划、设计问题。包括访谈实施中的记录、访谈结果的整理与分析，都需要按照一定的科学原则来进行，这样才能保证访谈法的科学性和有效性，才能得出客观的结论。

访谈法中访谈的技巧至关重要，例如，接近访谈对象、谈话和提问、追问及应付拒绝、访谈记录等。访谈者的素质、技巧及主观意识方面都会对访谈法的可靠性和有效性产生影响。在一定程度上，访谈法能比其他研究方法获得更有价值、更丰富的资料，但也更难掌握。目前存在一种认为访谈不如实验法严密和科学，从而轻视访谈法的倾向，然而，由于教育科学研究对象的特殊性，访谈法有着其他方法难以代替的作用。这也是在物理教学研究中应当引起注意的。

2.问卷法

问卷法也称问卷调查。它是研究者根据研究课题的需要编制一套问题表格，构成一份“问卷”，由被调查对象经过思考后对问题做出反应而自填回答，然后整理问卷以获取信息的调查方法。问卷调查是最基本、最常用的收集研究资料的方法之一。由于问卷调查的技术最完善，它在社会科学领域中发挥着重要的作用。

问卷调查通常用于了解有关的事实和数据及了解对问题的看法、倾向性意见和态度等方面的资料；它可以涉及多类问题，也可以仅就某个问题进行调查；它可以对有关群体的全部样本或抽取的有代表性的样本，用以了解一般性情况或用以比较不同群体、不同地区、不同时期的情况。

（三）调查法的特点

（1）以间接的方法研究教育、教学现象，可以不受时间和空间的限制；

（2）可以通过如访问、座谈、问卷等方式，向熟悉研究对象的第三者或当事人了解情况，也可以通过测验、收集书面材料等途径来了解情况，或者采用查询汇集有关资料的方法，从而掌握教育、教学现状；

（3）方法简便易行。

（四）调查法的步骤

调查研究法包括观察、谈话、问卷、测验等不同的具体方法，程序上虽各有侧重，但是一般都要经过以下四个步骤。

1.做好调查的准备工作

第一，要根据科研课题确定调查的题目是什么，选则具有理论价值和实用价值的题目；第二，要确定调查的对象，调查对象应该具有全面性、代表性；第三，要制定调查计划，包括草拟调查研究的提纲，确定调查研究的具体方案，此时需要考虑三方面的问题。一是调查项目能否有效地反映所要研究的问题，项目的构成是否合理简便；二是如何对项目进行比较科学的分类，大项目如何分解成若干具体的小项目并形成较完整的可操作的调查提纲；三是如何制定与分类标准相适应的评价标准，以便对获得的资料能进行统计处理。

2.具体实施调查

具体调查实施在调查研究中占有很重要的地位。科研工作是否取得成功、在多大程度上取得成功、具有多大的理论和应用价值，往往都取决于这一步。最大限度地获得第一手真实的资料是这一阶段的根本目的。

3.对材料进行研究分析

通过对所搜集到的资料进行科学的整理、定性和定量相结合的分析推断出结论，找出问题的症结所在，思考解决问题的办法。

4.总结、撰写报告

根据资料分析对所研究的问题作出解释，提出问题的意见和建议。

四、实验研究法

（一）实验研究法的概念

实验是观察的最重要的补充，是更精确的有组织的观察。所谓教育实验法，就是根据教育研究课题所规定的任务，按照特定设计的条件和过程，对研究的对象进行控制，变革研究对象以便在有利的条件下，对其进行观察研究，取得实验事实材料，从而得到客观可靠的结论的教育科学研究方法。

实验法的核心问题是如何控制所要研究的因素以外的其他各种干扰因素或变化因素。实验时，要先根据实验的目的和提出的问题，考虑把什么作为实验变量，以及如何操作和控制实验变量。然后，确定实验对象的多少。若要求精度高些，实验对象一般也要相应多些，但要从实际出发。然后进行编组实施实验。通常采用单组法、等组法、循环法三种方法。

（二）实验研究法的特点

因为实验研究在本质上是科学实验，所以，实验研究法具有以下三个特点。

1.实验研究的重点在于论证因果关系

实验研究揭示变量间的因果关系，回答“为什么”这一深层次的问题。

2.研究者可有目的地操纵自变量

实验研究法最重要的特征之一是采取一系列控制手段，如主动地突出并操纵某些变量，排除一些无关因素的干扰，突出所要研究的实验因素，从而比较准确地探索出事物的因果关系。

3.实验研究具有可重复性

在相同的条件下，研究者本人或其他人可重复试验、主动试验，是某种现象重复出现，验证其结果的可靠性和有效性。

（三）实验研究的三种基本方法

1.单组实验法

对一个或一组研究对象，施加某一个或数个实验因子，然后，通过测量所产生的一种或数种变化，从而确定实验因子效果的方法称为单组实验法。例如，在某个实验班采用某一种教学方法，在保持其他条件尽可能不变的情况下，进行实验前后的对比分析。

2.等组实验法

等组实验法是选择两个条件相同或相似的组进行实验，一组施加实验因子（实验组），另一组不施加这种实验因子（对照组或者控制组），把两组所得的效果进行比较，判断实验因子所起的作用。

例如，某中学在物理教学中开展研究性学习的实验。选择高一年级在知识、能力、性别等相似的两个班当做实验的研究对象。A班作实验班(只改变教学方法)，开展研究性学习；B班为对照班(所有条件不变)。比较实验班和对照班在实验期间教学效果产生的差异，如果实验班的教学效果好于对照班(经过科学的教学评价)，就说明在物理教学中开展研究性学习比原来的教学方法效果好。

3. 循环实验法

循环实验法就是把不同的实验因子(不管几个)按一定的排列次序轮流施加于不同的组上(各组可以相等，也可以不相等)，然后，根据每个因子所发生的变化的总和来决定实验的效果。

例如，有A、B两个实验因子，分别施加于甲、乙两组进行循环实验。第一次先分别将A因子施加于甲组、B因子施加于乙组进行实验，经过一段时间，测量其实验结果。第二次将A因子施加于乙组、B因子施加于甲组进行实验，经过一段时间，测量其实验结果。最后，汇集两次的结果，进行比较，就得到了这次实验的结果。

五、个案研究法

(一)个案研究法的概念

个案研究法是一种通过研究个体来反映总体的研究方法。它是从某个具体的单位为研究对象，通过解剖麻雀的方法，从中、总结出规律性的东西，作为研究相同、相似或相对问题的范本或借鉴。这个研究对象就称为个案。

个案研究一般应用在描述、评定学生的智力、学习成绩等方面的发展状况和趋势；研究某种类型的学生个体或群体或某种现象的特点及原因；探讨加以倡导或防止的对策等教学研究的方面。例如，在"物理教学中人格心理辅导个案研究"一文中，作者就自己如何对初中二年级的一名"问题学生"进行学习、人格分析，制订训练计划以及实施计划的过程作了较为详细的介绍，具有一定的借鉴意义。

在"以学生发展为本"的基础教育新课程实施中，个案研究法无疑是新课程教学研究的一个重要方法。

(二)个案研究法的优点

1. 全面系统

个案研究法所进行的研究一般均为较长期的连续追踪研究，因此可以把握研究对象的全貌，获取研究对象全面系统的资料。

2. 细致深入

"麻雀虽小，五脏俱全"，通过深入的解剖和分析，搞清楚典型个案的方方面面、事情的来龙去脉、问题的前因后果，只有这样才可以对一系列的问题进行集中了解，从而为同类的人和事提供有益的参考和借鉴。

3. 及时灵活

由于研究对象一般带有特殊性，研究过程中需要采用多种方法、多种途径，随时可以根据研究的进展调整研究方案，灵活机动。

（三）个案研究法的基本步骤

1.选择研究的个案

怎样选择个案呢？首先，要确定研究的问题；其次，要根据研究目的和内容，精心挑选几个预案，并通过实地察看、调查访问、查阅资料等方式，粗略了解预案的大致情况，从中挑选一个适合的、有研究价值的、可行的个案。

2.搜集资料

个案的资料来源主要有：①个人档案资料。包括姓名、性别、出生年月日、健康状况，日记、自传、作业、鉴定、考试成绩等。这类纪实性资料是事件发生的有形线索，它能帮助研究者重现事件的一些情况。②文件资料。包括学校的成绩记载、教学日志、会议记录、图片资料、录音录像等，对个案研究有很大的价值。值得注意的是，有些文件资料不应作为发生过的事件的原始记录，只能为其他资料提供佐证。③实地调查资料。是指在现场或现场附近寻找、收集到的有关事件的信息。

3.整理与分析资料

对个案资料进行分析时，要进行特别具体、详细的描述，注重对研究对象的形成过程、发展历史的追溯和探讨，彻底弄清问题的来龙去脉，做好研究对象社会文化背景的分析。还要和其他类似个案进行比较，得出结论。

4.撰写研究报告

实施个案研究法，要注意以下两个方面的问题：

(1)不要轻率地将结论推及总体。不管怎么样，个案研究考察的毕竟只是同类事物的局部，其研究结果富有代表意义，但绝不能代表全部，所以，我们不能轻率地将结论推广到全体。

(2)要排除主观干扰。典型个案的选择往往会受到研究者主观因素的干扰，因而不好把握。典型个案的典型性和代表性也只具有相对的含义，此时此地的典型换到彼时彼地就不一定是典型了。

第四节　物理教学研究成果的表述与评赏

一、教学研究成果的主要表现形式

当一项教学研究取得一定成果后，就要以各种形式把研究成果表述出来。不同体例的研究成果，其结构也有所不同。其中主要表现形式有：

（一）调查报告

一般来说，调查报告从提出问题、分析问题到解决问题，调查报告的内容一般包括题目、前言、正文、总结及附录五部分。

例如，《新课改下中学物理教师知识结构调查与分析》(参阅《物理教师》2005.2)

（二）实验研究报告

实验研究报告是对整个实验研究的全面总结。通过阅读实验报告使人们对该实验有全面系统的了解，为评判、接受或应用这一实验研究成果提供依据。因此实验研究报告的撰写对该实验的总结与推广起着重要的作用。

实验研究报告的基本框架结构包括题目、前言、方法、结果、讨论等部分。需要指出的是讨论与结论是不相同的，主要区别在于：研究结论呈现的是研究中的客观事实，它应该是基本肯定的，并可以在相同的研究中重复出现，而讨论则是

主观的认识与分析，这部分能够使研究者的洞察力和创造力得以充分发挥。例如，《高中生物理学习成绩的归因研究》（参阅《中学物理教与学》2004.12）

（三）学术论文

什么是学术论文？从字义上解，"学术"指专深而系统的学问，"论文"指研究讨论问题的文章。简而言之，学术论文是科学研究成果的文字表述，它所展示的是一个新的论点及理论体系的形成，是一个创造性的认识活动过程。

二、教学研究论文的撰写及评赏

对教师来说，撰写教研论文是提高自身综合素质的过程。通过撰写论文能将教学与研究有机地结合进来，使自己成为研究型（学者型）教师。如果自己的论文有幸发表，对提高教学质量起到指导作用，也是教师自身价值的体现，同时也有助于提高教师个人的社会声誉，当然是一件很有意义的事情。

（一）撰写教学论文的基本要求

1.在科学性的基础上创新

学术论文的中心是创新，能反映作者在研究中获得的新见解、新理论，不能人云亦云，重复别人的工作。当然，所谓创新也不能太过，不是说一篇论文从头到尾都要新，但要有一些新的开拓，要根据原有的基础，深入挖掘一些新的研究成果。

2.观点和材料的一致性

观点和材料的统一，主要问题在于如何选材。首先要紧紧围绕研究的主要问题，分清主次；其次要选取典型、具有广泛代表性和说服力的材料；最后要选取真实准确、符合客观实际的材料，在此基础上提取论点，选择论据，概括出结论。

3.在独立思考的基础上借鉴吸收

在论文的撰写中，必须正确处理借鉴吸收别人研究成果与自己的独立思考的关系。

4.表达要准确、鲜明、生动

准确是指忠实客观地反映现实，忌浮华夸张；鲜明，无论要点、要义或要据，要清楚明白；生动，即语言要讲求文采，以最少的文字表达更多的内容。

（二）论文的撰写过程

1.选定问题

在选择教学研究课题时，为了确保研究能有效地开展下去，教师应根据自身的优势，遵循第二节中谈到的几个选题原则来恰当选题，在选题上总的要求是宜小不宜大，宜实不宜虚，宜活不宜死，就是说应尽量选择小题，"小题大做"，以小见大，做深做透；要选择实实在在的具体

问题,不选择抽象空泛的问题。

例如,有位老师在中学物理教学中,着重研究了如何发挥观察的作用和培养

学生观察能力的问题,他把自己的心得体会写成了12万字的《怎样培养物理观察能力》一书。在这本书中作者把自己的重要经验和具体感受都写了出来,而且写得朴素,写得实在,无论是书中的内容、还是文风都很值得我们学习。

2.命名标题

一个论文的标题,就是论文的眼睛,所谓"画龙点睛",一个醒目的标题可以先于美容吸引读者。并且论文标题在整个论文中的地位和作用的恰当概括。

在给文章命名时,一要恰如其分。不能过大或过小。过大,让人读后会觉得太空;过小,则涵盖不了所写的内容;二要简洁明了。一个好的论文题目应尽量直截了当、一目了然,根据国际标准化组织(ISO)的标准及我国标准总局制定的规定,题目不得超出20个字,而且中间不能用标点符号;三要讲究语法,反复锤炼,着力突出文章核心。

常用的标题命名方法有:

(1)直叙式:这是一种最常用的命题方式,要求把所写的内容用一个完整的句子概括出来。例如,《变式训练与能力培养初探》;

(2)工整式:这种方式讲究对仗排列,给人耳目一新的感觉。例如,《善用图和表复习效果好》、《运用一题多解提高解题技能》;

(3)疑问式:这样的题目能造成悬念,给人以急切地想看其内容的愿望。例如,《海啸为什么会有巨大的破坏力?》;

(4)主、副结合式:这是一种较高的命题技巧,即在运用工整式含蓄地概括出文章内容的基础上,配以简洁、明了的副标题。例如,《巧思妙解见创新——例析物理解题中特殊思维方法》。

3.拟订提纲

提纲是论文成文之前的一个大致描述和勾画,提纲越细,有关问题考虑越全面,写作起来就越顺畅。拟订提纲首先要理顺文章的逻辑结构,根据文章内容和思维规律的要求把文章划分成既能相互区别又有有机联系的若干层次和段落,要注意使文章的前后左右紧密照应,形成一个无懈可击的整体。其次要根据文章的逻辑要求,对所掌握的大量材料进行鉴别、筛选和初步加工。总之,从论点的提出到操作方法、实验数据的处理,直到结果的分析、论据的论证,都需要经过缜密的推理,绝不可前后倒置。由此可见,拟订写作提纲不仅是重要的,而且是必须的。

4.撰写初稿

有了写作提纲,就可以撰写初稿了。这一过程主要是细致构思提纲的每一项内容,尽可能恰当地安排内容,尽可能准确无误,避免语法上的错误。写初稿要一气呵成,快速推进,不宜急于修改,以免打断思路;要尽量把选用的材料插进去,使之充分、丰富、翔实,同时也为文章修改提供较多的素材。

5.修改文稿

初稿还只是一个雏形,要真正成为可发表的论文必须经过通读全文、反复推敲(包括标题、

逻辑结构、段落安排等)、检验内容、斟酌字句、增删修改等必不可少的环节,即必须进行认真审议,精心修改。一般来说,物理教研论文的修改可从以下几方面进行:

(1)检验内容。论文的价值取决于内容的质量。检验内容首先要看有无足够有份量的材料来支持论文的观点;再要看内容的论述与标题、前言是否吻合。通过反复检验做到材料充实,论据可靠,防止有科学性错误和华而不实的内容。

(2)推敲结构。结构是整篇论文的骨架,合理的结构能相对提高论文的学术水平。论文结构要看布局是否合理,重点是否突出,内部关系是否和谐,前后是否吻合,这些都要精心推敲,不断修改,以期达到最佳效果。

另外,标题的文句也要认真斟酌,做到简明、醒目、无语病。如果条件允许尽可能请些同仁进行评审,以集思广益,提高论文的学术水平。不要把撰写论文看得很神秘,最好有感就写,逐渐积累。只要勤于写作,总能写出高质量的论文。但也不要操之过急,期望过高,要在期刊上发表论文也并不容易。

总之,教学论文的撰写,既大体有"法"又无定"法",必须靠自己的不断探索、深刻领悟和反复实践。鲁迅先生曾说过:"文章应该怎样写,我说不出来,因为自己的作文,是由于多看和练习,此外并无心得或方法的。"只要我们胸怀强烈的"论文意识",渴望成功,带着问题学习、博览、精思、多写、勤改,熟能生巧,必然会成为中学物理界的一支好笔。

(三)论文的评赏

论文的质量主要取决于教研课题的选择和研究的深度,但论文本身并非千篇一律,很有评赏的必要。优秀论文应具有四方面的的特征。

1.言之有理

论文对研究问题的论述从论点到论据都应科学、严谨,并讲清来龙去脉。如果通过理论分析,还能将问题的一般认识上升到概念和规律的高度,使人觉得准确、可靠、有理论价值、并能指导教学实际,那就是一篇有理论水平的论文。

2.言之有物

学术论文最忌空泛。优秀论文应开门见山地将自己对某个问题的独到见解和研究成果准确无误地介绍给同行。读者要品赏论文提出的理论观点,解决问题的办法和对当今中学物理教学的指导作用。如果它能给人启发、可以效仿,那它就是一篇"有血有肉"的好论文。

3.言之有序

论文结构要具有完善性。论文要撰写得层次、段落分明,重点突出,内在的逻辑性强。使论文整体和谐自洽融为一体,要尽量删除一些不必要的内容,令人读来有一种顺畅、自然的感觉,这也是论文的结构美。

4.言之有艺

写学术论文如同作画也要讲究艺术感。论文的艺术感大体表现在结构美和语言美上。所谓结构美主要是指论文主题突出,布局合理,结构严谨,环环相扣,适当起伏,通达流畅,给读者以美的享受。切忌平铺直叙,思绪不清,语句重复等。所谓文句美就是要求论文的语言文字有一定的艺术性,但并不是要求文句多么华丽,而是要求用流畅的书面语言和科技术语,将问题准确简明地表达出来。如果在论文撰写中能应用一些鲜明、生动的词句,提出一些启发性小问题，作些幽默的介绍等，就可以防止呆板枯燥，增加读者的兴趣，提高论文的色彩，达到论文艺术美的要求。

第五节　物理教学研究的发展趋势

近年来，我国中学物理教学研究出现了新的发展趋势。

一、科学素养观

中学物理教学研究由以往的"应试教育"研究逐渐向"科学素养"研究转变。在基础教育课程改革中，中学物理课程旨在进一步提高学生的科学素养，从知识与技能、过程与方法、情感态度与价值观三个方面培养学生，为学生终身发展、应对现代社会和未来发展的挑战奠定基础；义务教育阶段的中学物理课程应以提高全体学生的科学素养为主要目标。中学物理教学重点将由注重教师的教转到重视学生的学，由注重知识的学习转到注重能力培养和情感价值观的熏陶。这些措施必然为中学物理教学研究提出了新的、正确的发展方向。

二、研究思路的综合观

当前的中学物理教学研究已转向科学素养这一热点，而学生的科学素养应是综合的、多元化的。因此，中学物理教学研究方法的方向逐渐呈现出综合化的趋势，即运用心理学、教育学、社会学等科学中的基本原理来研究中学物理教育过程中教师与学生的心理因素、经验因素、知识因素等个人因素和家庭因素、学校因素、社会因素等众多因素与其教与学的行为、结果之间的相互作用，以期全面了解和掌握影响中学物理教学过程中师生行为的各种因素，从而找出最佳途径来提高中学物理教育质量。

三、研究的规模化

由于研究内容的日益丰富，研究任务的日益加重，仅靠个别研究人员的力量已很难完成整个研究任务。研究规模已出现越来越大的趋势。一般是由数名有关专家做总策划与指导，多名专业研究人员做具体工作，众多班级或学校参与做教育实验，经过数年甚至更长时间的系统化的研究，才能最终得出比较有普遍意义的研究成果。这也是现代教育发展的一个必然要求。

四、研究形式的科学化、规范化

随着研究规模的扩大，研究成本的增加，研究的影响也越来越可观。因此，必须保证研究结果的可靠性与有效性。另一方面，由于人力、物力投入上的保证，我国的中学物理教学研究已愈来愈向科学化方向发展。既有科学的方法论做指导，又有正确有效的研究方法被采用，研究过程也更加严谨、有序、系统，因而研究结果也更加精确化、客观化、普遍化。这也是中学物理教学研究逐渐走向成熟的表现。

五、研究技术手段的现代化

现代科技的飞速发展，为中学物理教学研究提供了愈来愈先进、有效的技术手段。录音机、摄像机、电视与计算机等多媒体设备和技术已被大量用于中学物理教学研究，使研究更加快捷、准确、客观。

六、研究范围的国际化

改革开放的日益深入，使国内物理教育界的有识之士认识到我国中学物理教学研究水平与发达国家之间的差距。因此，他们积极地开展中学物理比较教育研究，使之成为一个新的研究热点，并已有研究成果陆续问世。国际互联网的日益普及，更为他们提供了方便、快捷的有利渠道。他们将国外发达国家成功的中学物理教育研究成果和理论，以及有关中学物理教育制度、教材等介绍到国内，与我国的中学物理教育情况作比较，取长补短，结合我国的具体国情进行消化、吸收，以此来提高我国的中学物理教学水平。

第十一章　物理教师的专业知识与技能发展

第一节　物理教师的基本素养

一、物理教师的道德素养

(一)热爱教育事业,喜爱教师职业

一个教师的成就不仅看他的教育才能,更要求他具备对教育事业的主观热情。作为一名教师,如果不热爱自己的工作,就无法全身心的投入教育教学工作,也不可能取得良好的教育效果。相反,一个对教育事业充满激情的教师则会不断努力和积极创新,用自己的教育热情不断去激发学生,达到理想的教育效果。

如果一个老师没有良好的职业道德精神和职业道德素养,他是不可能在教育教学工作中作出突出贡献和取得卓越成就的。对教育事业的无限热爱和对教师职业发自内心的喜爱是做好教育工作的源动力,这是一种高尚的道德情操,它激励着教师不断去转变更新教育观念、改革教学和课堂模式,从而培养学生独立思考的学习习惯,发展学生的创造个性,促进学生的身心全面健康的发展。

(二)具有团队意识,善于互助协作

教师的劳动是一种群体性和个体性相结合的劳动,培养学生是教师群体共同实施劳动的过程,在一个教师群体当中,不同的教师往往有不同的思想、观念、教学模式、教学方法。只有团结协作的教师集体,才能保证教育的一致性,使教育工作有效开展,因此教师应该加强团队意识,群策群力。教学经验丰富、成绩突出的教师,应帮助和指导新任教师,使其尽快适应角色和教学的需要。年轻教师应该勇于创新,为老教师带来新的启迪和触动。每个教师都要有团队精神和合作意识,并且善于在平时的工作中互相学习、吸取经验,增强团队间的互动合作,促进个人的专业发展和成长。

(三)关爱所有学生,平等对待他们

关注每一位学生的身心发展是课程改革的核心理念。教师要关爱所有学生,只有爱学生,教师才可能走进学生的情感世界,感受他们的喜怒哀乐,才能处处为学生着想,也只有真挚的爱才会感染学生,成为激发学生积极上进的源动力。当今是个乐于颠覆权威的时代,学生的思维尤其活跃,要让学生相信你、配合你,就要做到与学生平等对话。要注意发现学生的优点,针对不同类型的学生,采取不同的、有针对性的策略及手段。例如,针对对行为习惯不好的学生,可以引导学生学习他们所喜爱的偶像,如刘翔、姚明等坚持训练不断向上的精神;此外,还要多在劳动观念、人生价值取向、是非观、集体观念上给予新的指导,使他们明白:只有做一个正直的公民、积极向上、助人为乐,才能得到别人的尊重和崇敬。针对学习习惯不好的学生,要注意养成教育和规范教育,使学生明白:人如果战胜不了惰性,就被惰性战胜,鼓励其不断挑战自我。对学习成绩差的学生,要注意分析造成学科弱势的原因,帮助学生制订合理、科学的学习计划，改进学习方法，提高学习效率。

春雨能温暖冰封的泥土。爱学生，就要像春风化雨般无声。学生并没有差距，只有差异，作为教师，既要能欣赏菊花的摇曳多姿，也要能欣赏梅花的冰清玉洁。只有关爱所有学生，并平等对待每个学生的教师才是真正意义上的好教师。

（四）坚持严谨治学，不断学习钻研

教师的主要职责是帮助学生学习，并且引导和促进学生学会知识并提高能力。教师会通过他们的言行举止，潜移默化地影响着学生的世界观、价值观、学习和生活态度。因此教师应坚持严谨治学、不断学习钻研，这也是教师道德素养的一个重要方面。

教师应“传道、授业、解惑”。首先必须掌握渊博的知识，而教师要具备渊博的知识，需要不断累积和学习。教师治学，既要刻苦，还要严谨。尤其对于物理学这门逻辑性和科学性极强的学科来说，刻苦能使教师的知识扎实而深厚，严谨能使知识去伪存真、求根溯源。教师坚持严谨治学，还可以引导学生坚忍不拔、锲而不舍的精神，有助于学生科学思维和科学方法的掌握及科学素养的提高。孔子说：“学而不思则罔。”教师严谨治学的态度，还会帮助学生养成善于思考的良好学习习惯，这样才可以培养出创造性开拓型人才。

面对科学技术日新月异的发展，教师自身应该有强烈的危机感，要不断学习钻研，树立起“终身学习”的学习理念，通过不断学习和钻研的方式更新自身的知识，而不是墨守成规、故步自封。教师要不断努力学习、刻苦钻研，不断改进自己的教学方法，运用最新的物理教育方法指导物理教育教学实践，才能使自己在教育教学中有汩汩而流的源头活水。

二、物理教师的专业素养

新世纪的物理教师作为一种专门的职业，有其特定的知识和能力要求。近年来，城市中学对教师岗位的要求越来越高，教育知识和技能的考核成为竞争取胜的关键环节。

一直以来，我国的物理教师的门槛不高，大专院校物理专业毕业生顺理成章地可以成为物理教师。物理学科知识是必要条件，模仿自己的老师是充分条件。通过观察不难发现，物理教师的成长比语文教师更困难，这是学科特点决定的。可见，要成为一名优秀的物理教师很不容易，仅仅有物理学科的知识是远远不够的，伟大的物理学家也不一定是好的教师，更不一定是好的物理教育家。

例如牛顿担任剑桥大学卢卡斯讲座教授时，最初以光学为主题，主要讲自己的发现，加上严格的数学支持，学生没有办法接受，以至于第二次讲课时没有学生来听。他担任卢卡斯讲座教授的 17 年间很少有学生去听他的课，更不用说有学生听懂他的课。没有听众他就对着墙壁念讲义。牛顿毫不在乎学生对他的课敬而远之的态度，事实上牛顿只不过尽他的教学责任而已。他一向不喜欢教书，也不喜欢学生，难以与青年或是学识不足的人相处。

牛顿不能成为优秀的教师是不难理解的，尽管他的物理学科的知识是世界一流的，但是有三个致命的弱点阻碍他搞好教学：第一，他性格孤僻、傲慢，不喜欢与学生打交道；第二，他仅仅把讲课当作完成责任；第三，他不重视教学的方法和技巧。

从伟大物理学家牛顿的例子中我们可以看到，教学和科研是完全不相同的两回事，教学是和人打交道，是培养人的工作，而科研是与物打交道，发现规律和做实验探索。物理教师需要教育理念、人文知识和教学技术。物理教师，特别是综合大学培养出来的物理教师，容易受物理中心主义影响，认为物理教师的任务就是系统传授物理知识，只见物理不见学生。作为特定的职业，物理教师要胜任这份工作，必定要有相应的心理素质、知识结构和能力结构。

三、物理教师的专业发展

物理教师的专业发展主要通过专业引领来实现。所谓专业引领就是通过对话、现场指导、专题讲座及亲身示范等方式，向教师展示教育理论与教师实践智慧应有的内在一致性及转化性的可能性，以此培养教师的教育智慧和教育直觉，并从整体上提升教师个人的教育哲学。

(一)专业引领的主体

专业引领的实施者是专家等专业人员，引领者以一定的理念为指导，帮助、指导教师寻找能够促进问题解决的策略与技术，引领教师专业发展。专业引领的目的和任务是帮助教师解决问题促进教师专业发展，从这个意义上说，教师是专业引领的对象，专业人员不能代替教师的这种主体地位。同时，专业引领要从教师的实际需要及其专业发展特点出发，因此教师才应该是专业引领活动中真正的主体。

专家必须了解待引领教师群体或个体的性格特点、学科基础、专业需要、实际困难、迫切待解决的问题，只有将其作为引领活动的主体设计引领的策略，在内容和形式上都要注重理论和实践的结合，充分发挥教师的主体性，才能收到预期的效果。

(二)专业引领的原则

1.操作性

促进教师发展是专业引领的重要目的。因此专业引领的特点是具有实践、操作性。它不是简单的理论宣传和讲座，必须结合具体实际问题，使理论具体化和实践化。任何专业引领应以尊重事实为基本的前提，将优秀成果的推广应用与教师的业务提高培训相结合，才能被教师认可、接受。专业引领要实现对教育教学实践和教师专业发展的引导，必须抓住如何将理论思维转化为操作思维这个关键。

2.真实性

专业引领的另一个特点是真实性，即从实际出发。专业引领能否从学校的实际出发、从教师的实际出发、从学科的实际出发，从而解决教师专业发展的具体问题是判断专业引领是否有效的重要标准。因此必须结合具体的问题展开，以问题解决为归宿。

3.针对性

有时引领者所设计内容虽然有非常重要的价值和意义，但对于被引领者的教师群体不适用，如当前很多学校为提高物理实验教学效率引进的数字实验室技术，对于发达地区来说非常急需，但对于偏远城镇教师来说可能不如开发乡土课程资源更迫在眉睫。因此，一方面引领专家需要了解教师需求，有针对性进行设计，另一方面作为引领主体的教师需要真实地反映自己的问题以及对问题的需要、认识，有利于提高专业引领的针对性。

4.互动性

专业引领的本质是促进教师专业发展，其直接任务是以对问题的研究为基础，最终提出有利于问题解决的基本策略，并最终实现问题的高效解决，这通常需要引领者和教师之间进行交流与互动才能实现。被引领的教师需要积极配合专家的问题，反馈自身真实的认识和实践，作为引领者的专业人员需要认真、冷静地分析教师已有的认识和实践，判断出值得肯定的方面和存在的症结，并坦诚地将自己的认识与策略同教师开展交流，进行示范，与教师建立相互信任的合作关系，共同探讨有效策略。

5.理论性

专业引领还需有理论性。专业引领为避免陷入经验性的重复，必须以一定的理念和理论为指导，为相关教育理论的应用寻找路径，结合具体问题，开发出解决问题的策略与技术。

(三)专业引领的内容

专业引领重在通过解决实际问题促进教师发展，进而更好地促进学生发展。因此专业引领的具体内容应该包括作为载体的实际问题、作为支撑和依据的理论观念、作为有效途径的技术策略这三类。

首先，任何专业引领都应依据一定的问题展开，只有借助于特定的问题，教育理论、解决问题的思路和措施才能具体化，才会由意识形态变成实践形态。问题是专业引领的载体，而且结合实际更能收到理想的效果。

其次，专业引领不同于一般的备课活动，应更有利于教师在理论和观念方面的提升，教师的观念也是实现教师发展的先导，它可以引导教师自觉地发展自身的能力。因此理论和观念是专业引领的基础和支撑。

另外，教师能力的形成是教师发展的核心。教师问题的解决、观念的转变、能力的发展是通过教师掌握相应的策略和技术得以实现的。因此，专业引领应当包含策略与技术的引领，促进教师综合素质的发展。

任何偏重一个方面内容的专业引领都是不全面的，势必会削弱专业引领的实效、降低教师专业发展的可持续性。在专业引领中，无论是问题、理论观念，还是技术策略，都宜进行多层次、多角度地加工、展示。只有这样，教师才会有思考、选择、应用的机会，才能将引领的内容内化，最终实现专业发展。

(四)专业引领的方式

引领方式决定着引领的效果，常用的引领方式包括对话、现场指导、专题讲座、亲身示范、成果推广等。不管是采用什么形式的引领方式，客观上均要求围绕共同的问题和实例，坦诚地交流，平等地探讨，提出解决问题的策略、技术，最终由被引领教师结合自身实际，选择、使用策略和技术。由于引领者把握对话、交流的方向、过程、节奏等的控制，容易使被引领者处于一种不平等地位，造成交流与对话成为单向的信息流动。因此，在引领活动中注重对教师平等的话语权的尊重是引领者应当重视的一个问题。只有将教师作为主体给予话语权的尊重，引领者才会对引领内容的科学性、可行性进行批判性反思，才能从实践的角度深刻地分析和把握教师真正需要什么样的引领，从而提高引领的实效性。

第二节　物理教师的知识结构

一、物理文化知识

物理教师应具备物理文化知识，这是在物理学界和物理教育界已经达成共识的观点。物理是一种文化，物理教育不仅仅是传授知识，更是传播文化，物理教学要体现物理文化。20 世纪 90 年代笔者出版了《物理文化论》，首次系统论述了物理文化的概念和相关理论，2009 年出版了物理教育文化研究方向的升级版《物理文化与教育》，2005 年陈佳洱院士在国内外做了物理与文化的报告，发表文章《物理与文化》，2012 年郝柏林院士为浙江大学学生做了《物理是一种文化》的报告，发表了同题文章，中国教育学会物理教学专业委员会、高等物理教育研究会在众多地方，利用多种方法宣传物理文化观点和意识。物理文化知识包括物理学知识体系的内容知识、实验设计与操作知识、物理学发展过程的方法论知识、物理学的价值和科学精神的知识、著名物理学家的文化背景知识和科学道德知识等。

（一）物理学知识体系的内容知识

这是在大学学习的且终生受用的物理专业知识，按照现行物理学专业人才培养方案，包括纯粹物理的主干知识系列：力学、热学、电磁学、光学、原子物理学、理论力学、电动力学、热力学与统计物理学、量子力学、固体物理学；包括应用物理的主干知识系列：数字电路、模拟电路、电路分析等。

（二）实验设计与操作知识

这也是传统物理教师培养相当重视的知识，在现行物理学专业人才培养方案中，包括普通物理实验，近代物理实验，电工、电子实验，中学物理实验研究，物理创新实验等。

（三）物理学发展过程的方法论知识

这些知识是隐含在物理知识建立过程和物理知识体系中的。物理教师必须重视这些知识的积累，这些知识使教学变得有趣并富有哲理，使学生终生不忘。最好的教学方法就是通过讲故事的方式呈现知识给学生，这就要求教师要有在物理学发展过程中激动人心事件的知识和表达这些知识的技巧。不少学校物理学专业人才培养方案中开设有物理方法论、物理学史等课程，但是物理方法论的领悟往往是需要有好的教师结合内容进行点拨，遗憾的是许多物理教师往往对此认识不足，理解不深，重视不够。

（四）物理学的价值和科学精神的知识

这部分知识是物理课程标准中特别强调的，教学的三维目标的第三维就是情感态度和价值观，应该说这部分知识属于物理哲学的范畴。科学究竟有哪些价值呢？费曼曾经做过题为“科学的价值”的演讲，他对科学的价值有着极其全面和深刻的认识。其他科学家也有各自的见解，综合各家之言，笔者认为：物理学的第一个价值是对自然的合理解释，它改变了人们对世界的看法。由于科学的发展，我们今天可以想象无穷奇妙的东西，比诗人和梦想者的想象丰富且离奇千万倍。人类为了满足自身的物质和精神需要而创造出来的科学知识，成为一种文化背景，改变人们对自然和世界的认识方式。物理学的第二个价值是它的应用价值，人们利用物理知识和原理能制造许多产品，如医疗方面的设备、光学仪器设备等；做许多事业，如我国的航天事业、核工业等。物理学的第三个价值是提供智慧与思辨的享受。这种享受一些人可以从阅读、学习、思考中得到，而另一些人则要从真正的深入研究中方能满足，例如牛顿为他万有引力的发现感到无比的自豪和满足。为了奖励科学家发现理论和定律的成就，就用科学家的名字命名该理论和定律，这是物理学界对科学家的最高奖赏。物理学的第四个价值是精神价值，物理学总是对未知世界进行永无止境的探索。物理学家对研究对象不知道答案时他是无知的；当他大概有了猜测时他是不确定的；只要当他的猜想被实验证实的时候，理论才会被接受。物理教师有责任把科学方法和科学求真的理性思维习惯传递给青年一代，推进真、善、美的统一，人和自然的和谐统一。

（五）著名物理学家的文化背景知识

“科学教师就是科学界在课堂上的代表”，这是美国国家科学教育标准中的精辟论点，给物理教师提出了很高的要求。我们能代表物理界吗？我们怎样代表物理界？这就需要我们物理教师了解物理界、熟悉物理界，要在物理界有朋友。知道他们在想什么、做什么、怎么想、怎么做、为什么想、为什么做，他们的喜怒哀乐、他们的思维方式、他们的价值观、他们贡献社会的方式等，都是我们物理教师需要学习的知识。我们要研读古今中外著名物理学家的专著和传记，要和亚里士多德、伽利略、牛顿、爱因斯坦、费米、波尔、费曼、霍金、杨振宁、李政道、邓稼先做朋友，要熟悉他们的成长经历、性格、爱好、逸闻趣事和主要学术贡献与观点，要读一些研究科学家群体的著作如《科学界的精英》、《科学的社会运行》、《人理与物理》、《百年物理学诺贝尔奖》，还要常常浏览科学新闻，使我们真正能够熟悉和代表物理界。

（六）科学道德知识

这是一个物理教师必备的知识，你若违反了科学道德准则，会在你的学生中产生不良的影响，甚至会使你不可以再站在讲台上。科学道德知识中，最重要的一条是尊重首创、尊重发明权、尊重著作权。科学创新是科学的灵魂，科学家终生就是想要有自己的一点原创成果，这是他们对科学界最好的贡献，也是他们的成就感、自豪感、自信感的源泉。因此剽窃、抄袭别人的成果，或把别人的成果占为已有，都是违反科学道德的。科学道德知识中，最重要的第二条是尊重事实、尊重实验，绝不可以杜撰数据，编造实验，如果没有第谷用了一生时间观测天体运行的客观数据，就不可能有开普勒行星运动三定律的发现，也就没有牛顿万有引力的平方反比公式。

科学道德知识中，最重要的第三条是合理利用科学发现，保证科学真正造福人类，滥用科学必然导致人类的毁灭。费曼提醒我们：“科学知识给予人们能力去行善，也可以去作恶，它本身并没有附带使用说明。”它既是“一把能够开启天堂之门的钥匙，也同样能够打开地狱之门的钥匙”。

二、渊博的学术知识

（一）物理学科知识体系

作为新课程要求下的物理教师应当具备完整的物理学科的知识体系，首先要掌握学科的基础知识，即经典物理学的知识，这是做物理教师的前提和基础。其次要稳固物理学发展的两个支柱——量子理论和相对论，它保证了教师可以深入浅出地在课堂上传授知识。第三，要涉足三向发展——微观、宏观和复杂系统。第四，要开启“窗口”——前沿学科和“接口”——交叉学科。第五，要掌握物理实验的基本技术和技能。第六，要了解科学技术史、科学方法论、自然哲学等科学背景。

（二）一般学科文化知识和工具性知识

当前基础教育课程改革对广大中小学教师的知识结构提出了很大的挑战，也给师资培训带来了一些亟待解决的问题。目前，在教育理论、专业知识和技能等方面，大多数教师认为自己最擅长的方面是语言表达、学科专业知识、指导应对高考等，普遍地认为自己知识结构陈旧、计算机操作能力差、外语水平低、运用现代化教育手段的能力差，对综合理科知识——化学、生物学、地理学和综合文科知识——文史、政治、艺术等知之甚少。这种现状显然不能适应新一轮课改的要求。因此，在基础教育课程改革推进的过程中，一方面需要对教育行政人员和一线教师进行相应的培训，提供一些让其认识新课程的机会，如在教师教育课程、新教师岗前培训和在职教师进修中增加有关新课程改革的内容，加强对新课程改革的宣传等。另一方面，要针对教师在专业知识和技能方面存在的缺陷进行培训，在职前培训中强化对教育理论知识的传授，强化师范生外语和计算机能力的养成，同时为更多的在职教师提供进修的机会，不断“充电”，促进广大教师专业上的不断发展。

三、物理教师教学知识

（一）教师教学知识

物理教师的教学知识，可以细分为：课堂教学设计、物理课堂教学知识与教学技能知识。

我国教师教育现在比以往更加重视这方面的知识的传授，特别是从 2009 年开始的校级、省级和国家级“物理师范生教师技能实践创新大赛”对物理教学论课程改革与创新有极大的推动。但是课堂教学设计和教学技能是实践性和时代性很强的知识，加上中学物理教学论课程总课时就很少，真正用来探讨教学设计和教学技能的时间非常少，只可以说知道一点皮毛。因此作为物理教师，不论是师范院校毕业的还是综合大学毕业的，都必须花大力气学习研究这两部分的内容。教学设计和教学技能是与时俱进的，需要不断地更新和发展。

物理课堂教学知识。物理学在人们心中是深奥的，是复杂的公式和计算。怎样利用形象生动的例子和方法揭示物理内容，把鲜活的物理文化还原给学生。怎样通过对生活中的物理现象的解剖，随手进行物理实验的演示，物理方法的移植、类比，保持学生的好奇心。这些既是知识又是艺术，需要在实践中不断交流、学习和创造。

（二）教育心理科学知识

伴随着科学主义教育与人本主义教育逐步走向融合，新课程也强调人的科学素质与人文修养的辩证统一，作为教师应当致力于科学知识、科学精神和人文精神的沟通与融合，力求把“学会生存”、“学会关心”、“学会尊重，理解与宽容”、“学会共同生活”、“学会创造”等当代教育理论贯穿到课程发展的各个方面。

师范院校物理院系的必修课之一是中学物理教学法，要求教师必须掌握物理教学与研究的理论与方法，同时还要求掌握普通教育学、普通心理学及教育心理学的基础知识；为便于进行定性或定量的课题研究，或指导学生的研究性学习等，还应掌握教育实验、心理实验的测量与统计的基本理论和方法；作为学习过程的指导者、参与者，应当掌握学生学习的必经之路，因此还应了解一些有关发展心理学、认知心理学、个性心理学等的初步知识。

第三节 物理教师的教学技能

一、课题引导技能

俗话说:“好的开头是成功的一半。”开好头,起好步是做好任何事情的基础。物理课程教学怎样开好头,是物理教师的基本功。无论我们上什么类型的课,都要设计一个好的开头。这种设计好的开头叫做课题导入技能。

(一)导入技能的作用

激发学生学习兴趣,引起学生的学习动机。兴趣是入门的向导,是情感的体现,能促进动机的产生。学生有学习兴趣,就能全神贯注、积极思考。兴趣是学习动机中最现实、最活跃的成分。通过巧妙的导入,可以激发出极大的学习热情。

引起对所学课堂的关注,引导进入学习情境。注意力是心灵唯一的门户,意识中的一切必然要经过它才能进来。在开始授课时,给学生较强的、新颖的刺激,就可以帮助学生收敛课前活动的各种思绪,迅速集中注意力,进入学习状态。

为学习新东西做铺垫,做引子,并明确学习的基本内容。高效率地讲学习目的、内容,让学生了解,使学生增强学习的针对性和主动性。

(二)导入技能的类型

问题导入。为了创设情境,引入要讲的内容,教师提出一个问题,让学生思考。如用哪些方法可以取火?热的本质是什么?

故事导入。讲故事是一种容易集中人的注意力,让人在不知不觉中学到知识的好方法。在物理学发展过程中有许多动人的、妙趣横生的故事,根据课堂内容的需要可以选择相应的故事。教材上有的故事可以让学生讲,如王冠之谜、曹冲称象、比萨斜塔落体实验等,教材中没有的故事,如天然放射性的发现、电流磁效应发现、阿房宫的磁性门等,可由教师讲。

复习旧知识导入。若讲新课前先复习相关的旧知识,可以降低新知识的难度,也可以达到相关的联想和类比,这种方法常常达到温故而知新的效果。

演示实验导入。演示实验对于提高学生的学习兴趣、增强感性认识非常重要,讲新课前配合随手实验、自制的小实验或者计算机模拟实验均可以应用。如大气压、浮力、电流磁效应、电阻等课题必须要有实验导入,才能讲得精彩。

视频导入。生活中的物理现象、物理应用、自然物理现象,以及精彩的历史瞬间(火箭升空、航天员出舱、原子弹爆炸等),在多媒体教室播放,极大地吸引学生,从而使学生轻松地进入物理课堂。

二、说课技能

1.说课能有效促进教学研究活动

说课是在教学实践中产生和发展的新型教学研究活动,它是集体备课的特殊形式,因此是集体教学研究活动的一个重要组成部分,它的形成建立在教师互相交流合作的基础上,也为教师从事教学研究提供了进一步交流、切磋和合作的平台。每个参与说课的教师都可以通过说课，展示自己独特的教学思想、理念和特色，也可以从他人评析中获取宝贵的建议；每个听取说课的教师可以从他人说课中汲取有益的素材，也通过对他人进行评议促进自身教学反思。因此说课能有效促进研究氛围的形成，有利于教学研究活动的开展。

2.说课能有效促进教师专业发展

说课能有效促进教师专业发展。首先作为说课者，说课准备和实施过程，要求说课者钻研教材、了解和研究学生，进行教学手段创新，对教学设计反复推敲，为了完善教学设计还需要学习和领悟教育理论。作为听课者，说课活动也获得了学习的机会，可以从说课中加深对教材的把握、领悟新的教育理论和理念、学习不同的教学方法和学习方法、接触更多教学设计思想等。通过说课进行有效的信息交流，能促进教师对说课和听课进行反思，从而有效促进教师专业发展。具体地说，通过说课能促使教师得到以下几方面的提高。

(1)说课能促进物理教师教育理论素养的提升

说课不仅要求说明教学如何设计，还要明确如此设计的理论依据，因此没有相应理论的基础，教师就无法更好地改革自身的教育实践活动。在教师撰写说课讲稿到实施说课的准备过程中，需要翻阅大量的教育教学的理论文献，并进行选择性的理解吸收，因而能促进物理教师教育教学理论素养的提升。

(2)说课能促使物理教师专业知识的巩固

说课时要求教师对物理教材深入分析，对所教物理学知识进行科学合理的组织，探寻突出重点和突破难点的创新方法。因此可以使物理教师努力钻研物理学知识，促进教师专业知识的巩固。

(3)说课能促进物理教师深入研究学生

说课时需要物理教师对学情进行分析，因此要求物理教师深入研究学生的个性特征、心理特点，了解学生已有知识基础和学力水平，联系学生的生活经验，调查学生学习物理的前概念，从而为实现学生由错误概念到科学概念的转化、达到探究的目的而进行教学设计。通过说学生达到确立学生主体地位，充分调动学生主动性和因材施教的目的。

(4)说课能促进物理教师基本素养的提高

说课对语言、思考和设计的要求更高，要求物理教师不仅要设计精彩，更要阐述清晰，因此对语言、逻辑组织和基本功的要求更高。由于说课的倾听对象是物理专家、教研员或教师同行，因此对说课者的表达和展示期望值也高，这些都可以促进教师不断提高自身的基本素养。

3.说课能有效提高教学质量

尽管说课是与教学工作相对独立的环节，但它同样有助于教学质量的提高。

(1)说课能有效克服备课的盲目性，提高备课的效率

有些物理教师备课时仅备内容，有些教师各课仅备习题，甚至还有部分较有经验的物理教师甚至不备课，这样致使备课很大程度上存在盲目性，说课可以使教师对教学内容、教学方式、学生情况等进行更深入的思考，从而提高备课的效率。

(2)说课能克服讲课中的随意性，提高上课的效率

说课能够使物理教师对教学目的更加明确、教学内容和过程更加清晰、教学时间的安排更加精细，因此在课堂上能够更有效地完成预设的内容，更能创造性地发挥各人特色，更有效地调动学生的积极性，发挥学生的主体地位，从而提高课堂效率。

(3)说课有利于促进课堂教学改革、提高学习的效率

说课使得教师可以更多地分析学生的已有知识基础、现有生活经验、学习可能存在的困难,并针对学生的学习进行更有效的学习活动安排,这些有利于学生学习和物理知识的建构,也有利于提高学生对物理学习的兴趣、提高科学素养和探究能力,因此也将提高学生的学习效率。

三、提问技能

提问是教师教学中经常采用的方法,提问的不同应用有不同的作用。提问也可细分为几种类型。

(一)提问技能的作用

设悬作用。根据内容要求,教师设计一个问题,给学生制造一个悬念,引发学生的思考,甚至给出几个可能的答案,让学生争论,使得学生急于要知道正确答案,保持高度的兴奋和猜想状态,使课堂具有良好的学习氛围。

检查作用。教师为了解学生学习的情况,常常通过提问方式得到反馈信息,了解学生知识掌握情况,诊断学生学习中存在的问题。

激发思维作用。有经验的教师常常通过提问来激发学生的创新思维、发散思维和聚合思维。例如学习完自由落体的计算公式以后,可以提出一个问题:计算出楼高有多少种方法?

强化记忆作用。对于某些知识点的记忆,可以通过提问的方式,促进全体学生迅速集中精力,收集信息,完成知识的应用,达到强化作用。

帮助作用。通过提一些较为简单的或容易解答的问题给学习有困难的学生回答,答对后,表扬他,帮助他建立自信。

课堂管理作用。当课堂气氛比较沉闷或者比较嘈杂时可以通过提问来激活或安静课堂。

交流互动作用。师生之间、同学之间的交流互动作用,常常是通过提问来实现的。

(二)提问技能的类型

提问技能按形式可分为:

随机提问。可按点名册或其他形式随机提问学生。这种提问不带有特别明确的目的,往往用于问题的导入,或检查学生是否基本掌握了知识点等。

典型提问。对好、中、差三种典型学生提问,看看他们掌握知识的情况,提问前教师有预设,有明确的目的。

针对性提问。典型提问是对特定对象的提问,针对性提问是对一个具体人的提问。可以检查学习情况,可以提醒注意,可以让他发挥特长等。

学生互相提问。教师提问一个学生,由该学生答后再问其他学生,形成连环提问。这种方式非常适合于复习讨论或者发散思维讨论,通常课堂气氛非常活跃。

分组竞赛提问。分组对教师提出的问题进行讨论后,由各组代表提问另一组学生,形成对抗竞赛。

提问技能按内容可划分为:

确定性提问。如提问某一概念的定义、单位的名称、公式的数学形式等。

判断性提问。教师给出几个答案，让学生判断正误。

选答性提问。给出几个选项，从中选一二。

开放式提问。即问题没有唯一的答案，让学生发挥想象，自由问答。如哪些东西是导体，怎样演示大气压等。

（三）提问中应注意的问题

紧扣主题，富有层次性。提问应根据每堂课的主题展开，由浅入深，有层次性、有节奏。例如教学中可以先设问，诱导学生准确理解物理意义；再反问，把学生的思维引向准确的方向；最后追问，使学生的认识逐步深化。

难易得当，量力而行。教师所问问题要有针对性，适合被问者的实际水平，要让好学生有挑战，有“跳一跳摘桃子”的感觉，让差生有自尊，帮助他们建立自信。

真诚民主，和谐平等。问问题要民主，要亲切，消除学生紧张心理，不让学生受惩罚、受歧视。要有笑声、有掌声、有启发。

激发思维、鼓励创新。对于一些可以进行发散性思维的讨论问题，要让学生异想天开、天马行空，不压抑学生，不批评学生。

及时反馈、表扬为主。要认真听取学生的回答，学生答对要肯定，学生打错不怒斥，要鼓励，学生的答案有创意要大加赞扬，不让学生心理受伤害。评语由衷、真诚，有爱心。

四、强化技能

学生的行为受教师的影响很大，强化技能是教师依据“操作条件反射”的教育心理学原理，对学生的反应采取各种奖励的方式，使学生的知识、技能、行为得以巩固的教学行为。

（一）强化技能的作用

促进学生注意力集中，积极参与教学活动，防止学生走偏。

承认学生的努力和成绩，将正确的、积极的品质巩固下来。

在学生尝试性认识活动中，帮助学生自我定向，达到内部强化。

强化技能体现了教师在教学中的主导性，是师生互动的关键环节，肯定正确，赞扬成绩，帮助学生建立自信。

（二）强化技能的类型

语言强化。教师通过语言对学生的行为、动作、作业进行判断，即通过表扬、鼓励、否定、批评来达到强化的目的。例如“你的文章写得非常好，将来可以当作家”。这也许是不经意的话，但是可以给学生带来极大的鼓舞。“你的动手能力非常强”，“你的解题过程很简洁，很有天赋”，“你的前途无量”等，这些发自教师内心的赞许的语言，对学生的影响是无与伦比的。书面批语对强化学生的行为非常有用，“你的作图很好”，“你的解题步骤很规范”，“你的进步大”都是具有强化作用的。

动作强化。它是利用师生之间的体态语言进行交流，用以强化教学行为。

严肃的老师的一个微笑，会给学生很大的安慰。

一次全班发自内心的鼓掌会让学生终生难忘。

拍拍男孩子的肩，那是多难得的激励。

走到学生身边，用心倾听回答，观察实验动作，学生强烈地感到被关注，内心美美的。

展示强化。学生做得好的作业本、自制的作品、写得好的文章，以某种方法公开展示，是学生成就感的极大满足。在真实空间展示是难得的，在虚拟空间展示也是有强化作用的。学生的学习成果在班级微博上发表，如果有老师或同学的评论、跟帖，那无疑是很好的鼓励和强化。

五、课后说课技能

1.说落实情况

即所设计的教学方法、教学程序等通过实际操作，是否达到预期效果。教学实践的复杂决定了总会有新生成的内容，并不能完全按照预设完成。原来的某些具体设计在实际操作中，可能难尽如人意，经过实践检验后通过说课后说课进行反思并加以改进有利于对今后教学实践的指导。总结说课与授课之间存在的差异，分析哪些预设达到预期效果、符合客观实际需要、行之有效；另有哪些设想与客观实际之间存在偏差，造成预设无法实现的原因如何，并对此提出及时地调整与补救措施。

2.说成败

即对课前所作设计中各项内容与实际操作的效果进行对应，从反馈获得的经验和教训两个角度进行反思。经验是教学设计中落实好的部分，应该总结效果，在肯定原来设计的基础上能否进一步完善。具体来讲，教训就是进行实际操作后，针对没有达到预期效果的环节和部分，反思造成这种教训的原因，并能从理论上探讨成败得失的原因。

3.说改进

在教学设计实施之后，探讨教学设计实际操作后的成败情况，这些只是浅表性的总结，更为重要的是对产生这些状况的原因进行探讨。只有在探究清楚背后的深层次原因后，才有提出改进措施和设计的可能。说课的过程是一种教学研究过程，实践之后通过课后说课进行科学的总结与评价，也是一种教学研究活动。课后说课可以获得新的启迪，得出自我完善的新设想，从而推动教师素质的进一步完善和提高。

六、合作学习指导技能

以学生为本、自主学习的教育理念，催生了学生小组合作学习，这与教师课堂讲授互为补充。对学生合作学习的指导与教师自己教学完全不同，需要更多的智慧。

1.小组合作学习的意义

小组合作学习可增强学生学习的针对性、主动性和相互依赖性，有助于学生交往能力的提高。

小组合作学习可增强学习的互动性，有助于学生的相互激励和启发。

小组合作学习可增强学生个人的责任感，不可以不动脑、不读书、不开口。

小组合作学习可增强优秀学生在班级学习中的示范带动作用。

2.小组合作学习的基本方法

任务驱动方法。每个学习小组在教师的指导下，领取一项或多项任务，大家分工合作，共同完成任务。

相互检查方法。各自独立完成学习任务，小组成员相互检查学习任务完成情况，并相互纠错。

分组竞赛方法。各个小组独立完成学习任务，然后选出报告人、评委，对小组学习成绩进行评价、竞赛。

学习辅导方法。将学习困难的学生和优秀学生有目的地组合在一起，让成绩好的学生辅导成绩差的学生。

3. 小组合作学习的注意事项

学习小组划分要科学，要根据小组学习的目的进行分组，有时随机，有时自由组合，有时成绩好差搭配。

小组报告和竞赛要有一两个主持人，主持人可以通过竞争选取，也可以轮流。

小组学习要有奖励或考核，让学生有胜任感、进步感、成就感。

七、PPT 制作技能

使用多媒体课件、网络进行教学已经是物理教师必不可少的教学技能之一，虽然可以找到很多现成的课件，但是自己学会制作 PPT 课件，就可以更好地表达自己的见解。缺乏训练的教师做出来的课件，往往存在各种各样的问题，所以首先要知道什么是好课件。

1. 好课件的几个基本要素

整个课件条理清楚，主要问题占据主要篇幅，对与主题无关的或者冲淡主题的内容要毫不客气地删掉。

语言简明扼要，提纲清晰，每页字数不能太多，要少而精，尽可能用较大的字号，使后排的人能看清楚。

图文并茂，生动活泼，图片、图表配合文字。

连接必要的视频材料，但是每段视频时间不宜太长，一两分钟为限。

穿插动画模拟实验。

根据需要可以配背景音乐，但不能喧宾夺主。

文字一般不配音效，特别忌讳每换一行就有一次声音。

课件的色彩要协调，不要大量使用红色和浅色字，注重清晰、清新、有美感。

根据讲课或报告的时间，适当选择长度，信息量过大过小都不好。

2. 课件制作注意事项

课件只是一个教学设计或报告的辅助材料，教学设计通常还有实验、板书、口头补充材料、师生互动等。

课件归属于总的设计，不能使之成为教师或报告人照 PPT 宣读的脚本。

3. 怎样提高制作水平

(1)要学习掌握一般的制作技能、设计思想。

(2)要注意大量收集各种有用的素材和优异的课件，作为模仿学习的样本和表达观点的材料。

八、评课技能

1. 要坚持“以学生的发展为本”，促进学习方式的变革基础教育课程改革的核心理念是“以学生的发展为本”，即改变学生被动接受、重复操练的学习方式，倡导自主、合作、探究的学习方式。学生是学习的主体，更是自身发展的主体，课堂要为学生的个性发展创造条件。评课除了要注重学生知识与技能的获得外，还应重视学生的学习过程、学习状态和情感体验，注重教学过程中学生主体地位的体现和主体作用的发挥，强调尊重学生人格和个性，鼓励发现、探究与质疑，以利于培养学生的创新精神和实践能力。

2.要促进教师的专业发展，体现创新性和反思性

评课应该有利于促进物理教师的专业发展、调动教师的积极性和开发教师的潜能。创新是教师专业发展的动力，是教师课程改革中的生存方式。应让教师在具体的教育情境中不断反思，实现自我超越和完善。评课要给教师更多更广阔的空间，鼓励教师发挥创新的潜能。注意不断发扬教师的个人特色，逐渐形成和树立带有个性的教学风格。

3.建立新型的、和谐的师生关系

新课程强调教学过程是师生交往、共同发展的互动过程，应该构建平等合作式的师生关系。教师既是课程的实施者，更是课程的研究者，教师应该具有课堂设计、组织和管理能力、注重培养学生的独立性和自主性、引导学生质疑、调查、探究、尊重学生的人格、关注个体差异等。教师的教学个性是心理倾向和行为方式的展示，教师的言谈举止在课堂上对学生潜移默化的影响，这些在评课时都应加以关注。

4.提倡评教与评学相结合，侧重评学

课堂教学是教师组织和引导学生进行有效学习的过程，是师生互动、生生互动共同实现具体发展目标的过程。课堂教学评价的目的归根到底是提高教学有效性和创造性。因此物理教师进行评课时，除了要“评教”，更应关注“评学”，侧重评价学生的学习状态和学习效果、评价学生主体性的发挥，即学生参与教学活动的态度、深度和广度。课堂教学评价应以评学为重点，以此来促进教师转变观念，改进教学。

5.体现开放性和动态生成的过程

物理课堂教学具有丰富的内涵，学生、教师、教学条件诸方面的不同，使课堂教学情况千变万化。物理课堂教学评价既要体现课堂教学的一般特征，又要体现物理学特色，并且为不同条件的课堂教学留有可变通的余地。提倡构思新颖、情境创新、方法创新、内容创新，鼓励个性化教学。建构主义理论把学习看成一个不断建构和永恒发展的过程，一方面主体按照自身的知识结构同化、建构客体，使客体内容不断丰富与创新，另一方面客观世界的不断发展又使主体不断地扩展自己的知识容量、提高认识能力，这种发展是人与自然和谐发展的动态发展过程。教学活动要尽可能提高参与的辐射面，不要让课堂成为教师表演的舞台，应该是师生互动的平台。物理评课要处理好学习知识和发展能力的关系，处理好夯实基础与发展个性的关系，处理好接受学习与探究学习的关系，处理好传统与现代的关系，评价必须体现这种开放性和动态生成过程。

6.关注可行性和社会性

可行性是物理教师实施评课的前提。评课的标准既要体现新课改的要求，又要符合课堂教学改革的实际，以利于发挥评价的激励功能；评价的要点必须是可观察、可感受、可测量、可

判断的，力求简单、便于操作；还应体现科学技术的迅速发展，关注社会规范和热点问题。对于所用教学资源，也不能过于狭隘的进行理解，应认识到教材不是唯一的课程资源，应注意开发包括社会资源在内的多种资源。

7.重视物理学特点和教学特色

不同学科、不同教师的课堂教学应该有自己不同的特色。物理是以实验为基础的学科，物理课堂教学要尽量多做实验，以发展学生的动手操作能力。提倡创新、鼓励不同的特色等，这些在物理课堂教学评价中都应当有所体现。

九、听课技能

1.听课前要搜集信息，做好准备

教师为了能通过听课学习到更多内容、真正得到提高，听课前一定要适度搜集相关信息，做好准备工作。首先是搜集关于授课者的信息，了解授课者教学风格和特色，清楚他的一贯教学优势，有利于在课堂上认真领悟。其次是了解授课内容，先行熟悉教材、明确教学目的，对教材中的主要教学内容和教学重点、难点有所了解，初步在头脑中形成个人设计方案，如果可能形成书面材料更好，便于在听课过程进行对比，能更有效地得到提高。此外还应了解学生信息，初步清楚学生的程度，便于在听课中体会针对不同学生主体所做的不同教学设计。这样做到有备而来，使听课更有针对性，也更能提升学习效果。

2.听课中要认真观察，做好记录

教师在听课过程中要听、看结合，在听的同时，应仔细捕捉授课者的语气节奏变化、肢体动作幅度和眼神、表情等，以欣赏的角度进行记录。虽然听课有评议的任务，但要有虚怀若谷的胸怀，不能抱有挑剔的情绪和心理进行听课，否则将失去学习和提高自己的机会。

教师在听课过程中还要边听边观察思考。既要观察教师还要观察学生，做到二者兼顾。观察教师的教，即教师对教材的把握和挖掘、对教学重点的处理、对难点的突破、教法学法的设计、教学手段的应用和教学基本功的展示；观察学生的学，即根据学生的课堂表现，判断学生参与的热情、掌握的程度、遇到的困难和学习的习惯等。

当然，教师在听课时也并非要面面俱到地关注课堂上的每个方面，可以根据授课者的特点和听课者的目的，适当进行选择并有所侧重。通常说来，对教学风格和特色比较熟悉的教师，重点体会教学设计的新意；对授课班级学生情况有所了解的，可选择特殊个案，就课堂学生状态、学习反馈等进行动态跟踪分析；对于探究型课程设计，重点比较其与常规教学设计的差异及其效果比较：对于教学名师，则着重领略其教学艺术、教学风格及其在课堂上的创造性发挥等。并且在听课的过程中，应详尽记录，甚至随时记下自己的主观感受及点评。

3.听课后要仔细整理，认真反思

由于在听课的过程中，精力更多地集中于听和看，因此对比、批判等思维活动有时来不及整理，加之其他教师也在听课后有不同角度的评析。因此在听课后，应该仔细整理自己的听课记录，认真补充个人的体会和思考，还要将他人的评析进行记录与自己的体会进行对比。如果有机会，还可以与执教者沟通，了解教师在进行教学设计时的思维过程，从而获取更多的启发。

更为重要的是，要在整理的基础上，认真分析总结他人上课时的优点，注意比较、研究，做到取长补短。因不同教师在不同的教学环境、教学经历和一定阶段的教学实践活动中，都会形成个人独特的教学风格，所以对于同一问题，通常不同的教师会有不同的教学设计。听课的老师要善于进行比较，客观、准确地评价各种教学设计、教学策略的优点和不足，吸收他人有益的经验，并结合自己教学实际，改进个人的教学。经常进行听课并整理反思，会使听课者受益匪浅。同样，授课者也应该多争取与听课者沟通，获取更多的评析，帮助自身专业能力的提升。

第四节　物理教师的角色行转变

一、新课程下教师角色转变

随着社会的发展，教师角色的定义也发生着转变。在过去，社会对教师职业价值的认定，主要局限于教师对社会贡献的层面上，把教师比作蜡烛、春蚕、园丁、人类灵魂工程师……而忽视了教师在劳动过程中的创造性和自我价值的实现，忽视了教师自身教育生命的成长和发展。

自古至今，我国在教育过程中形成的传统的师生关系是一种不平等的关系。教师在教学过程中是绝对的权威的体现，而不仅仅是教学过程的控制者、教学活动的组织者、教学内容的制定者和学生学习成绩的评判者。多年来，教师已经习惯了根据自己的设计思路进行教学，总是千方百计地将学生虽不大规范，但却完全正确，甚至是有创造的见地，按自己的要求“格式化”。

在《学会生存——教育世界的今天和明天》一书中，对未来教师角色作了这样的描述：传递知识在教师职责中所占的比例正在逐渐下降，相反，取而代之的是越来越多的激励思考的职责。教师必须集中更多的时间和精力从事那些有效果的和有创造性的活动，互相了解、影响、激励、鼓舞。教师不再只是知识的传授者和管理者，而是学生发展的促进者和引导者。

1.由学生的管理者转化为学生发展的引导者

学生素质的形成过程并非整齐划一的加工过程，它是具有差异性、多样性和创造性的个体构建过程。教师作为引导者，教师要具有如下的一些角色行为：教师要记住自己的职责是教育所有的学生，因而要坚信每个学生都有学习的潜力；在课堂教学中要尽量地给每位学生同等的参与讨论的机会；教师要慎重地运用学生原有的鉴定和评价材料；要经常检查、反省自己是否在对待不同学生上有差别；要尽量公开地评价学生的学习过程和结果；要常常了解学生的意见，看看他们是否觉察到了教师在期望上的偏差，随时审视、随时修正；在实施激励时，要做到公平、公正、公开，不可有不同的对待。

2.由知识的传授者转化为学生发展的促进者

教师作为促进者，要帮助学生确定适当的学习目标，并确认和协调达到目标的最佳途径；创设丰富的教学情境，激发学生的学习动机和学习兴趣，充分调动学生的学习积极性；指导学生形成良好的学习习惯、掌握学习策略和发展动力；与学生一起分享他们的情感体验和成功喜悦；和学生一道寻找真理；为学生提供各种便利，为学生服务；建立一个接纳的、支持性的、宽容的课堂气氛；要有承认自身国事和错误的勇气。

二、新课程下教师教学行为的转变

在新课程的研究下，要求对教师教学行为进行深刻地变革，要教师从传统地角色中尽快走出来，并能够称为新课程的研究者、实施者和创造者。

新课程下教师的教学行为有三个方面的重要转变：一是由传统的教学支配者、控制者向学生学习的组织者、促进者和指导者转变；二是由传统的知识传授者向学习活动的参与者、引导者和合作者转变；三是由传统的静态知识占有者向动态的研究者转变。

（一）由传统的知识传授者向学习活动的参与者、引导者和合作者转变

在物理新课程的实施中，一方面要改变学生在教学中被动、消极接受知识的状态，让学生真正参与到教学过程中来，构建自主学习意义的过程，在这样的教学过程中，学生是知识构建的参与者；另一方面要改变教师单向传递知识的教学行为，树立"以活动促发展"的教学观念，教师不再是传统教学中教学过程的控制者、教学活动的支配者、教学内容的制定者和学生学习成绩的评判者，应是学习环境的设计者，学生自主学习活动的引导者、组织者和指导者。

1.教师需要研究的问题

（1）研究学生，"以学论教"。教师应当认真研究学生内在的知识结构、生活经验以及社会文化背景等因素间的关系，从而确保所教内容学生能够接受并理解，在自己的脑中形成知识结构。

（2）研究学习策略，实现有效的知识建构。通过研究学生认知策略和自我监控能力，指导、帮助和促进学生的自我建构。

（3）研究合作交往，实现交往互动。研究如何激发学生的学习意向，研究师生间、学生间的"合作学习"，交往互动的机制。

2.实现教师角色与行为转变的途径

（1）教师应尽量在教学过程中创设一个良好的，有利于师生共创共生、合作交往，有利于意义建构的外部学习环境，来支持、帮助学生通过"自主学习活动"来促进新意义的生成。教师与学生互相合作使整个教学过程自始至终呈现着积极主动的学习气息，在合作交往中获取知识技能、学会学习，在平等、尊重、和谐的氛围中形成丰富的人生态度与情感体验。

（2）设置问题情境。在情境中制造学生认知上的冲突，通过这种冲突激发学生学习探究的兴趣，引导学生通过自主活动去组合、批判和澄清新旧知识的差异，解决"认知不平衡"，进而不断改善、发展自己的认知结构，且在认知发展的同时，获得轻松、愉悦、成功的情感体验。

（二）由传统的教学支配者、控制者向学生学习的组织者、促进者和指导者转变

在新课程教学目标中明确要求，教师应帮助学生制定适宜的学习目标，并确认和协调达到目标的最佳途径；指导学生形成良好的学习习惯，掌握学习策略；创设丰富的教学环境，激发学生的学习动机，培养学生的学习兴趣；为学生提供各种便利，为学生的学习服务；建立一个支持性的、接纳性的、宽容的课堂气氛；作为学习的参与者，与学生分享自己的感情和想法；和学生一道寻找真理，并且能够承认自己的过失和错误。这需要教师做到以下四点：

（1）积极地旁观。旁观是指学生在自主观察、实验或讨论时，教师要积极地看，积极地听，

并且想学生所想，通过这种手段随时掌握教学中的各种情况，设想下一步如何组织、指导学生学习。

（2）注意与没有明确需要的学生进行个别交流，指导他们确立目标，从而激起他们的学习欲望和动机；要最大限度地培养学生的学习兴趣，激发他们的学习动机，使他们的需要不断提升，从而积极地、全身心地投入到自主学习活动之中；要了解学生的需要类型，尽可能地创造条件满足他们的不同需要。

（3）注意培养学生的自觉、自律能力，并指导学生与他人友好相处，积极合作，共同学习。

（4）创设良好的学习氛围，给学生心理上的支持。在教学过程中，适当的鼓励会让学生心理和精神上得到安慰和鼓舞，使学生的思维更加活跃，探索热情更加高涨，在交往互动中共同发展。

（三）由传统的静态知识占有者向动态的研究者转变

这里主要指的是，在新课程中，教师应当成为孜孜不倦的学习者、教学问题的探索者、新的教学思想的实践者和教育改革的专业决策者。教师通过对自己教育教学行为的反思、研究和改进，努力实现教师的自我发展和自我提高，进而从策略层面上提高教师行为的合理性和有效性，增强“时态性”。教师在成为动态的研究者过程中，既培养了教师自觉的反思行为，又密切了教师群体间的合作关系，使动态研究成为促进教师专业发展的持久动力。

1.需要经历的过程

（1）找到研究的起点。俗话说：一个好的开始，就代表事情成功了一半。教师可以根据自身实际情况或自身的兴趣，发现实际工作中存在的尚待解决的重要问题，亦或从教学中的一种不明情况出发，确定所要研究的问题，找到感兴趣的研究起点。

（2）围绕选定的问题进行资料收集、查阅有关文献，与专家合作进行对话交流。

（3）对收集的材料进行分析。通过阅读资料、选择资料、分析资料，对问题从理论与实践结合点上作出解释及结论。

（4）建构行动策略。行动研究中，应充分利用教学情境中的多种资源与力量，不要受执行中可能遇到困难的干扰，也不要只满足于一个构想。

（5）实施与检验行动策略。在这个过程中包括明确行动策略的实施和行动策略成功的标准，分析行动策略检验时可能发现的问题，等等。

2.应坚持的具体研究途径

（1）在积累经验的教学实践中，加大新的教育理论学习与分析的力度，对遇到的问题进行研究，使经验得以不断提炼、发展，然后然后对实践过程进行改善，从而形成一种有意识地进行研究的良好习惯，避免工作中走弯路。

（2）用先进的现代教育理论对已经积累的丰富经验进行提炼、升华，并科学地指导教育教学工作的有效开展。研究型教师这种不断自我充电的过程，对提高专业素养、完善师德人格、形成终身学习的习惯是至关重要的。

3.教师应具备的教学技能和实施新的教学策略的能力

（1）需要教师首先具备和课程开发、课程设计和课程整合的能力，具备提高信息技术与学科教学有机结合的能力，要具备主动地、有创造性地利用一切可用资源，为教育教学服务的能力。

(2)教师在实际教学的过程中，要改变传统教学中的重知识轻能力的弊端，注重学生整体的素质教育，教学重点由结果向过程转变，由教师向学生转变，由重统一规格教育向重差异性教育转变。

总之，教师要成功地完成教育教学行为的根本转变，就必须坚持在实践中学习、研究、改进，坚持不懈地对自己的知识、观念进行更新、重组，使自己永远成为适应时代的研究型教师。

参考文献

[1]王晶莹.中学物理课程与教学导论.北京:科学出版社,2014.
[2]魏日升,张宪魁.新课程中学物理教材教法与实验.北京:北京师范大学出版社,2006.
[3]李新乡,张军朋.物理教学论(第二版).北京:科学出版社,2009.
[4]解世雄.物理教学论课程的理论与实践探究.广州:广东高等教育出版社,2013.
[5]郭怀中.物理教学论.芜湖:安徽师范大学出版社,2011.
[6]冯杰.中学物理课程与教学论.北京:北京大学出版社,2011.
[7]卢巧.物理教学论.成都:四川大学出版社,2010.
[8]闫桂琴.中学物理教学论.北京:北京师范大学出版社,2010.
[9]阎金铎,郭玉英.中学物理新课程教学概论.北京:北京师范大学出版社,2008.
[10]宋树杰.高中物理新课程理念与教学实践.北京:商务印书馆,2006.
[11]陈刚.新编物理教学论.上海:华东师范大学出版社,2006.
[12]陈刚.物理教学设计.上海:华东师范大学出版社,2009.
[13]李新乡,张军朋.物理教学论.北京:科学出版社,2009.
[14]朱铁成.物理课程与教学论.杭州:浙江大学出版社,2010.
[15]封小超,王力邦.物理课程与教学论.北京:科学出版社,2005.
[16]罗质华.物理课程与教学论.广州:广东高等教育出版社,2013.
[17]潘苏东.物理案例教学论.合肥:安徽教育出版社,2012.
[18]孟昭辉.物理课程与教学论.长春:东北师范大学出版社,2005.
[19]应向东,胡来林. 物理课程与教学论.北京:科学出版社,2013.
[20]叶建柱,蔡志凌,胡来林等.物理教学中的逻辑.北京:科学出版社,2013.
[21]杨薇.物理课程与教学论.北京:北京师范大学出版集团;北京师范大学出版社,2012.